Otto Stobbe

Beiträge zur Geschichte des Deutschen Rechts

Otto Stobbe

Beiträge zur Geschichte des Deutschen Rechts

ISBN/EAN: 9783743318847

Hergestellt in Europa, USA, Kanada, Australien, Japan

Cover: Foto ©ninafisch / pixelio.de

Manufactured and distributed by brebook publishing software
(www.brebook.com)

Otto Stobbe

Beiträge zur Geschichte des Deutschen Rechts

Beiträge

zur

Geschichte des deutschen Rechts

von

Otto Stobbe.

Braunschweig,

C. A. Schwetschke und Sohn.

(M. Bruhn.)

1865.

Diesen kleinen Beiträgen, welche innerhalb der letzten Jahre entstanden sind und zum Theil ursprünglich für Zeitschriften bestimmt waren, habe ich nichts als Vorwort vorauszuschicken. Dagegen ergreife ich an dieser Stelle die Gelegenheit, um allen denen, welche mich bei der Ausarbeitung gefördert oder mir einzelne Quellen zugänglich gemacht haben, meinen wärmsten Dank auszusprechen. Besonders aber fühle ich mich Herrn Dr. jur. Steffenhagen in Königsberg verpflichtet, welcher die im 7. Beitrage enthaltenen Schöffensprüche mit der gewissenhaftesten Sorgfalt bei der Correctur mit dem Originale verglichen hat. Auch verdanke ich Herrn Steffenhagen die Berichtigung, dass der 6. Schöffenspruch, welchen ich für ungedruckt hielt, schon von Johannes Voigt (Darstellung der Rechtsverfassung Preussens S. 18, 19) veröffentlicht worden ist.

Breslau, den 22. April 1865.

I.

Die Aufhebung der väterlichen Gewalt nach dem Recht des Mittelalters.

Nachdem Kraut in seinem gelehrten und umfassenden Werk über die deutsche Vormundschaft für das ältere deutsche Recht den Satz aufgestellt hatte, dass die väterliche Gewalt für die Söhne im Allgemeinen nur mit Erreichung der Grossjährigkeit ein Ende nehme und dass die Absonderung des Sohnes von dem Haushalt des Vaters keinen Einfluss auf das Weiterbestehen der väterlichen Gewalt übe, wurde diese Ansicht fast überall ohne Bedenken und ohne genauere Prüfung der Argumente Kraut's und der Nachrichten der Quellen angenommen und die sogenannte Emancipatio Saxonica oder tacita für ein Erzeugniss des späteren Rechts, der communis opinio doctorum erklärt. Kraut, welcher im Allgemeinen geneigt ist, Vormundschaft und väterliche Gewalt einander zu parallelisiren, thut es auch in Rücksicht auf die Beendigung des Verhältnisses (II. S. 597 f.); da die Vormundschaft nur für Personen eines gewissen Alters angeordnet sei, und die Mündigkeit oder Grossjährigkeit mit der Erreichung bestimmter Jahre eintrete, so müsste auch die väterliche Vormundschaft oder, was dasselbe bedeute, die väterliche Gewalt unter denselben Voraussetzungen bestehen und aufhören, wie die Vormundschaft eines anderen Vormundes über ein Kind, welches vor erreichter Mündigkeit seinen Vater verloren hat. Mit anderen Worten, es höre die väterliche Gewalt mit der Volljährigkeit des Kindes auf, und der Umstand, dass der Sohn sich von dem Haushalt des Vaters getrennt habe, sei für das Bestehen der väterlichen Gewalt von keiner Bedeutung.

Bevor wir die Argumente Kraut's mittheilen und uns in den Quellen selbst umsehen, wollen wir sogleich eine Gegenbemerkung machen. Sowohl in dem römischen, als in unserem heutigen Recht hat der Eintritt der Volljährigkeit eine Bedeutung nur für die Personen, welche in der Vormundschaft einer dritten Person, nicht in der Gewalt ihres Vaters stehen. Wenn Kraut nun für das ältere Recht den Eintritt der Volljährigkeit auch über das Bestehen der väterlichen Gewalt entscheiden lassen will, so hatte er um so mehr die Verpflichtung, den stringenten Beweis zu führen, dass, vermöge der allgemeinen Natur der väterlichen Gewalt, auf sie die Regeln von der Vormundschaft übertragen werden dürften. Der Schluss von Kraut ist aber nur der: da das ältere deutsche Recht keine bestimmten Regeln über die Aufhebung der väterlichen Gewalt zu enthalten scheint, so ist es annehmbar, dass sie unter denselben Voraussetzungen aufhöre, wie die Vormundschaft. Im Verlauf der Untersuchung (II. S. 606 ff.) stellt er dann wieder die Richtigkeit seiner Auffassung dadurch in Frage, dass er sich genöthigt sieht, einzelne Wirkungen der väterlichen Gewalt nicht bloss bis zur Grossjährigkeit, sondern so lange währen zu lassen, als das Kind in dem väterlichen Hause lebt.

Von der Aufhebung der väterlichen Gewalt durch separata oeconomia behauptet Kraut, dass sie dem echten deutschen Rechte fremd sei, zuerst in dem Wendisch-Rügianischen Landbrauch vorkomme (S. 602. N. 27) und dann in einer Reihe von Statuten des 16. und der folgenden Jahrhunderte aufgenommen sei. Um den neuen Rechtssatz zu erklären und besonders die Frage zu beantworten, wie man dazu gekommen sei, das alte Recht zu verlassen und eine neue Aufhebungsart zu begründen, welche ebensosehr von jenem, wie von dem römischen Rechte abweicht, versucht Kraut (S. 650 ff.) einen etwas complicirten Ausweg. Die Juristen hätten in der Zeit der Reception bei Behandlung der patria potestas nicht auf die deutsche väterliche Vormundschaft, sondern auf die Abhängigkeit des Sohnes im Hause des Vaters Rücksicht genommen und daher auch mit dem Ende dieser Abhängigkeit die väterliche Gewalt erlöschen lassen. Für die Quelle der Doctrin über die Emancipatio tacita bezeichnet er die kursächsischen Constitutionen (S. 653. N. 22).

Diese Erklärung wird, glaube ich, Niemand sehr befriedigen. Insbesondere muss es befremden, dass, wenn man zur Zeit der

Reception ein neues Princip einführte, dieses nicht nur mit dem älteren Recht nicht in dem mindesten Zusammenhange steht, sondern auch in dem römischen Recht keine Basis findet, welchem es ja ganz gleichgültig ist, ob der Sohn im Hause des Vaters lebt oder einen gesonderten Haushalt hat; sodann dass dies neue Recht überall in ganz Deutschland gilt, und zwar nicht erst nach langem Widerstreben des Volks und in Folge von Anstrengungen der Gesetzgebung eingeführt wird, sondern ohne Kampf, indem das ältere Princip zurücktritt, in Uebung ist. Schwer zu begreifen ist es ferner, wie das neue, auf communis opinio doctorum basirende Princip gerade auf der Insel Rügen und in einer Quelle, welche sich im Allgemeinen von dem fremden Recht rein erhält, zuerst ausgesprochen, und wie es in den Constitutiones Saxonicae (II. 10) als ein altes Gewohnheitsrecht bezeichnet werden konnte:

> Wir seynd erinnert, wie es *bisshero im Gebrauch* gehalten, nemlich: dass die Kinder, so ihre mündige Jahr erreichet, dadurch aus der väterlichen Gewalt kommen seyn, wann sie von ihnen geschieden. Bey diesem *Gebrauch* lassen Wir es auch nochmals bleiben, und wollen u. s. w.

Ueber die Entstehung dieser Bestimmung haben wir in neuerer Zeit durch Schletter (die Constitutionen Kurfürst August's von Sachsen. 1857. S. 251 ff.) willkommenen und befriedigenden Aufschluss erhalten. Er theilt mit (S. 254), dass bei dem zu Meissen abgehaltenen Convent die auf das römische Recht gestützte Ansicht verworfen wurde; in dem handschriftlichen Votum heisst es:

> Consiliarii, Aulici et ceteri domini votarunt, hunc esse modum *usitatissimum* qui de *consuetudine* habeat vim et effectum emancipationis, nempe: da die Kinder ihre eigene Hausshaltung oder auch ire eigene nahrung und Handel anfangen, das solches vor eine Absonderung oder emancipation zu halten, obgleich die Emancipation nicht vor Gericht geschehen wäre.

Schon aus diesen Gründen wird der Zweifel berechtigt sein, ob die Emancipatio Saxonica wirklich auf der communis opinio doctorum beruht und erst durch die Gesetzgebung eingeführt ist. Wir werden zu der Annahme geneigt sein, dass sie bereits nach altem Gewohnheitsrecht galt. Auch werden unsere Bedenken noch dadurch vermehrt, dass man sich für die Aufhebung der

1 *

väterlichen Gewalt durch separata oeconomia in der älteren Literatur häufig auf das jus naturae berief [1]).

Untersuchen wir nun aber die älteren Quellen, so ergiebt sich
in der That ein ganz anderes Resultat, als welches Kraut gefunden hat; denn wenn sie auch nicht in jeder Beziehung deutlich und, unseren Wünschen entsprechend, ausführlich reden, so
sind die Quellenaussprüche doch in so reichlicher Zahl vorhanden,
um einen alten deutschen Gewohnheitsrechtssatz zu begründen.
Wir stellen über denselben das uns bekannte Material zusammen,
in der Meinung, dass es sich noch durch weitere Forschungen
wird vermehren lassen [2]). Aus dieser Zusammenstellung wird sich
auch ergeben, dass der Name Emancipatio Saxonica durchaus
nicht zutreffend ist, da nicht bloss nach sächsischem, sondern

---

1) Vergl. die Belege aus Hugo Grotius, Pufendorf, Huber bei Grupen
disceptationes forenses p. 83, wo sich auch zugleich Nachweise dafür finden,
dass diese Aufhebung dem modernen Recht Europas angehört. Ueber
deutsche Autoritäten vergl. S. 91 ff. In einem Strassburger Consilium (p. 97)
heisst es: quae doctrina et juri divino et naturali congruit. — Auch ist nicht
zu übersehen, dass schon Bracton in seinem, der Mitte des dreizehnten Jahrhunderts angehörenden Werke (Tractatus de legibus et consuetudinibus regni
Angliae) als Aufhebungsgrund der väterlichen Gewalt angiebt: Si quis filium
foris familiaverit cum aliqua parte hereditatis suae. Vergl. Güterbock Henricus de Bracton. 1861. S. 54.

2) Gegen Kraut haben sich meines Wissens nur wenige Gelehrte erklärt,
besonders Beseler Privatr. II. S. 396. N. 18, welcher ihm mit Recht den
Vorwurf macht, dass er das neuere, von ihm behauptete Juristenrecht nicht
erklären könne; an Beseler schliesst sich Walter Rechtsgeschichte §. 505.
N. 2, Privatr. §. 100, und Dietzel in Bekker's und Muther's Jahrbuch III.
S. 104 f. an. — Im Uebrigen gilt Kraut's Ansicht als die herrschende, so
erklärt Gerber §. 242. N. 5 die Emancipatio Saxonica für ein erst seit der
Reception des römischen Rechts aufgekommenes Institut; Bluntschli deutsch.
Privatr. S. 500 f. sagt: „Die väterliche Vormundschaft hört nach älterem deutschen Recht, wie Kraut gezeigt hat, wohl schon von Rechts wegen mit der
Volljährigkeit der Kinder auf" u. s. w. — Die richtige Ansicht finde ich bereits früher vertheidigt in einer, wie es scheint, von Kraut nicht benützten
Dissertation des Thomasius: Diss. inauguralis de quasi-emancipatione Germa-
norum, occasione Reformat. Francof. II. 1. §. 9. Halis 1703. 4. (sie ist auch
aufgenommen in Thomasii dissertationes academicae. II. p. 922 seqq.); sein Resultat ist: sufficere separationem bonorum absque separata oeconomia; separata vero oeconomia liberorum vix concipi potest absque separatione et addictione
bonorum, quorum medio separatam oeconomiam possint instituere. — Aus
Thomasius lassen sich zu den sonst bekannten auch noch einige weitere Fälle
einer wirklichen Emancipation, welche die Romanisten durchsetzten, hinzufü-
gen; vergl. Kraut II. S. 644. N. 1.

überhaupt nach deutschem Recht die väterliche Gewalt mit der Selbständigkeit der Kinder aufhört [3]).

1. Von den Rechtsquellen aus der Zeit der Volksrechte spricht sich am ausführlichsten die Lex Romana Utinensis über die Aufhebung der väterlichen Gewalt aus. Trotz der sonstigen Mangelhaftigkeit und Verwirrtheit dieser Quelle, trotz der beispiellosen Missverständnisse und wunderbaren Sinnlosigkeiten, welche uns vielfach in ihr begegnen, werden wir aber doch auf ihre Aussagen über die väterliche Gewalt ein um so grösseres Gewicht legen müssen, als sie die ihr vorliegenden Sätze des römischen Rechts hier in durchaus selbständiger Weise umbildet und dieselben Bestimmungen mehrmals wiederholt. Zunächst setze ich die Stellen selbst hierher:

Gajus VI. §. 3: Et alio modo filii mancipantur, hoc est inmancipatio si pater eorum eos per manum dat ad alium seniorem et eos ei commendaverit aut si ad ipsus filius uxores dederint ut in sua ipsorum potestatem eos vivere dimittat.

Paulus I. 4. 5: De filios familie hoc est si filius sine uxorem fuerit aut si ad regem vel ad alterum patronum commendatum non fuerit, nisi ad hoc (*sondern bisher*) in solam potestatem patris permanserit sic est ille filius sicut et servus.

Paulus I. 4. 7: Si pater duos filios habuerit et unus de illos uxorem habuerit aut ad regem vel ad alterum patronum commendatum fuerit et pater ad illum plus fecerit, quam legitimum est illum qui sine uxore est aut ad regem aut ad patronum commendatum non est pater ejus de suum proprium ad illum res adimpliatur et ille cui plus fecit integra obtineat firmitatem.

Paulus II. 8. 1: Si inmancipatus filius hoc est inmancipatus qui adhuc sine uxore est aut qui nec ad regem nec ad nullum patronum commendatum non est nisi adhuc in solam potestatem patris permanet tales filius sic habet potestatem sicut et servus.

Gajus V. 1: Quicunque ingenuus homo alienum filium adoptivum collegere voluerit ut eum pro filio habeat hoc

---

3) **Hanbold** sächs. Privatr. §. 93 sagt irrig: „Zu den merkwürdigsten Eigenheiten des Sächsischen Rechts gehört die Beendigung der väterlichen Gewalt durch Anstellung einer besonderen Haushaltung von Seiten der Kinder."

facere potest nam duobus modis est ista condicio illum
dicitur adoptivum, qui patrem habet vivum et ad alium patrem se conmandare voluerit et illum dicitur arogatum qui
patrem vivum non habet et ad alium patrem se commen-
dat et adhuc si ipse qui eum recipit, rogat eum ut secum
pro filio conservare debeat.

Wir gewinnen hier folgende Sätze, welche, da sie den römischen Quellen nicht entnommen sind, sicherlich einem altdeutschen
Gewohnheitsrecht angehören:

a) Söhne treten aus der Gewalt des Vaters heraus, gelten als
emancipirt, wenn sie vom Vater *ad alium seniorem, ad regem vel
ad alterum patronum* commendirt werden;

b) sie gelten gleichfalls als emancipirt, wenn sie sich mit seiner Genehmigung verheirathen;

c) mit einer derartigen commendatio oder mit der Verheirathung scheint gewöhnlich auch eine Ausstattung mit Vermögen
verbunden gewesen zu sein, Paulus I. 4. 7.

Nirgends wird hier auf das Alter eine Rücksicht genommen.
Der Sohn tritt nicht aus der väterlichen Gewalt heraus, wenn er
zu seinen Jahren gelangt ist, sondern wenn er das Haus des Vaters verlässt, wenn er der hausherrlichen Gewalt des Vaters sich
thatsächlich entzieht, sei es um einen eigenen Heerd zu gründen,
sei es um sich durch ein neues Band der Treue und durch Begründung einer neuen Abhängigkeit dem Könige oder einem anderen Senior zu unterwerfen. Im ersten Fall wird der Sohn selbst
Herr eines Hauswesens und Haupt einer Familie, in dem anderen
Falle verlangt die Abhängigkeit von dem Senior eine Aufhebung
der Gewalt des Vaters, um den Conflict zu vermeiden, welcher
durch die gleichzeitige Unterwerfung unter den Willen des Vaters und des Seniors leicht hervorgehen konnte. Während die
Römer keinen Widerspruch darin sahen, dass ein Mann, welcher
selbst eine Familie hat, welcher verheirathet ist und Kinder hat,
noch bis zu der ausdrücklichen Aufhebung der patria potestas
Haussohn bleibt, so hört nach deutschem Recht mit Begründung
einer Familie die väterliche Gewalt auf. Die Herrschaft des Mannes in seinem Hause gilt als unvereinbar mit der rechtlichen Un-
selbstständigkeit gegenüber dem Vater [4]).

4) Mit der Verheirathung eines Sohnes wird regelmässig auch ein eigener
Haushalt verbunden gewesen sein; freilich ebenso wie auch heut zu Tage, nicht

In einer Stelle, Gajus V. 1, wo der Verfasser sich enger an sein Vorbild anschliesst und von der Adoptio und Arrogatio der Römer, Instituten, welche dem älteren deutschen Rechte fremd geblieben sind, handelt, braucht er den Ausdruck *commendare* für die Begründung des neuen Abhängigkeitsverhältnisses. Dieser Ausdruck berechtigt uns nun aber durchaus nicht, die Commendatio ad alium seniorem, patronum, welche in den anderen Stellen als ein Aufhebungsgrund der patria potestas bezeichnet wird, für eine Adoptio zu erklären; an die Stelle der väterlichen Gewalt des natürlichen Vaters tritt in Folge der Commendatio nicht die väterliche Gewalt des Adoptiv-Vaters, sondern eine ihrem Inhalt nach verschiedene Herrschaft des Senior oder Patronus.

In drei der angeführten Stellen wird die commendatio ad regem in den Vordergrund gestellt; in der That sind uns auch zahlreiche Beispiele bekannt, dass junge Leute dem Könige commendirt wurden, um sich an dem Hofe für irgend ein Amt auszubilden (vergl. Waitz Verf.-Geschichte II. S. 393 — 395, III. S. 453. N. 2, IV. S. 221. N. 4). In einem Falle (G. Aldrici c. 1 bei Waitz III. S. 453. N. 2) wird es besonders hervorgehoben, dass ein Jüngling duodecim annos habens von seinem Vater dem Könige commendirt wird, also gerade damals, als er die Jahre der Mündigkeit erreicht hatte.

Die Bestimmung der Lex Romana Utinensis über die Commendatio dürfen wir wohl in Zusammenhang bringen mit den von Grimm (Rechtsalterthümer S. 146) gesammelten Nachrichten, nach denen eine deutschrechtliche Adoption dadurch begründet wird, dass mit Genehmigung des Vaters ein Dritter dem Sohn desselben in feierlicher Weise die Haupthaare oder den Bart abschneidet [5]).

---

ausnahmelos, z. B. in einem Leipziger Schöffenurtheil (Wasserschleben Rechtsq. I. S. 141) erhält von dem Vater der Frau das junge Ehepaar mit seinem Gesinde ein Jahr lang die Kost: „Ouch hilt her sie mit ym czu hausze eyn jar ader lendir"; und in Hegel Städtechroniken I. S. 205 findet sich ebenso ein Fall vom Jahre 1402, dass die beiden jungen Gatten zunächst beim Vater der Frau leben sollen, welcher sie zwei Jahre in seiner Kost halten und kleiden will. II. S. 5. N. 3 findet sich die Verabredung, dass der Vater des Mannes ihn sammt seiner Frau und Kindern 2 Jahre in der Kost halten will.

5) Auch bei Erwachsenen wurde ein besonderes persönliches Verhältniss begründet durch einen das Haar betreffenden symbolischen Act. So führt Du Cange (ed. Henschel) II. p. 136 aus der Vita Germerii an: Dixit rex (Chlodowaeus) circumstantibus: Quod me videtis facere, facite. Et accessit

Es scheint nämlich, dass der Sohn, welchen ein Anderer durch Abschneiden des Haares adoptirt, dadurch nicht für die Dauer in eine andere Familie aufgenommen, sondern dass durch diesen Act nur ein vorübergehendes Verhältniss begründet wurde. Besonders spricht dafür Paulus diaconus VI. c. 53:

> Karolus princeps Francorum (nämlich Karl Martell) Pipinum suum filium ad Liutprandum direxit, ut ejus *juxta morem* capillum susciperet. Qui ejus caesariem incidens ei *pater* effectus est, multisque eum ditatum regiis muneribus genitori remisit; vergl. auch IV. 40:

> promittens Tasoni, ut ei barbam, sicut moris est, incideret, eumque sibi filium faceret.

Liutprand schneidet dem Pipin das Haar ab, behält ihn dann aber, trotzdem dass er *caesariem incidens ei pater effectus est*, trotzdem dass er ihn zu seinem Sohn adoptirt hat, nicht wie einen Sohn bei sich im Hause, sondern schickt ihn reich beschenkt zum Vater zurück. Hiernach wird es wahrscheinlich, dass das Abschneiden der Haare, die Adoptio, resp. Commendatio nur vorgenommen wurde, um dem Sohne die Selbständigkeit zu geben [6]).

So wie die Römer bei der Emancipatio des älteren Rechts neben dem Vater noch einen Dritten thätig sein liessen, welchem der Sohn durch Scheinkauf übergeben wurde, so scheint auch bei den Deutschen, abgesehen von der Verheirathung des Sohnes, die väterliche Gewalt dadurch gelöst zu sein, dass der Sohn vom Vater einem Andern übergeben wurde, welcher durch die symbolische Handlung des Haarabschneidens eine gewisse Gewalt

---

et commendavit se Capillo capitis sui S. Germerio: et similiter omnes fecere. Et osculatus est cum rex et valedixit. — Ueber die Adoptio bei den Deutschen in älterer Zeit, durch Bekleidung mit den Waffen, durch Aufnahme unter den Mantel, durch Abschneiden der Haare findet sich bereits ein reiches Material in Du Cange's diss. XXII, in dem Werke: Joinville histoire de S. Louys. Paris. 1668. fol. p. 268 suiv. — Ueber die im nordischen Recht gebräuchlichen Formen vgl. Wilda Zeitschr. f. deutsches Recht XV. S. 257 ff. — Die Formeln für die Adoption in den Formelbüchern beziehen sich auf die römische Adoption und sollen wohl nur für Römer zur Anwendung kommen; sie erwähnen nichts vom Haarabschneiden. — Ueber die Erziehung der Kinder in fremden Häusern, besonders in dem Hause von Verwandten vergl. auch Weinhold die deutschen Frauen S. 81 f.

6) Auch nach dem Recht der Inder wurde dem Jüngling zur Zeit seiner Selbständigkeit das Haar abgeschnitten. Yájnavalkya (ed. Stenzler. Berlin 1849). I. 36: „das Haarabschneiden erfolgt im 16. Jahre."

über ihn erhielt und ihn vielleicht eine kürzere Zeit bei sich behielt, um durch diese Abwesenheit vom Hause des Vaters um so deutlicher auch die Beendigung der Gewalt desselben in die Augen treten zu lassen. Grimm (S. 462) deutet diese Meinung bereits an: „Vielleicht musste die Scheidung und Sonderung des Sohnes aus dem väterlichen Haus eine Zeitlang fortgedauert haben, Carpentier II. 209 führt als normännische Gewohnheit an: puisque un homme a emancipé son filz et mis hors davecques soy, il ne le doit recueiller ne logier jusques à ce que an et jour soit passé." Aehnlich also wie eine Auflassung von Grundstücken Jahr und Tag unangefochten geblieben sein musste, um einen definitiven Rechtszustand zu begründen, so sollte auch die Emancipation des Sohnes Jahr und Tag oder eine andere festbestimmte Frist hindurch nicht dadurch alterirt werden, dass der Sohn sich wieder in das Haus des Vaters begiebt, in welchem er naturgemäss auch der Herrschaft desselben unterworfen wäre. Eine Parallele für diese normännische Gewohnheit vermag ich aus dem Lütticher Gewohnheitsrecht beizubringen, welches allerdings erst im 16. Jahrhundert aufgezeichnet wurde, aber doch viele alterthümliche Bestimmungen enthält. Hier heisst es in Artic. 126 (Warnkönig Beiträge zur Geschichte und Quellenkunde des Lütticher Gewohnheitsrechts S. 164): nachdem der Vater vor Gericht seinen Sohn für selbständig erklärt hat:

scabini illam emancipationem ratificantes, filio mandant, ne intra sex septimanas aedes patris ingrediatur, quod si faceret, et pater desuper querelam deponeret, capite plecteretur.

2. Die Annahme, dass das Haarabschneiden, resp. die Commendatio oder Adoptio die Selbständigkeit des Sohnes begründete, lässt sich auch für die Lex Salica rechtfertigen [7]). In dem cap. 102, welches der merovingischen Gesetzgebung angehört, heisst es:

Si quis pater aut parentis quando filiam suam ad marito donat, quantum ei in nocte illa quamlibet rem donavit, totam extra partem in contra fratres suos vindicet. Similiter

---

7) Auch ist zu beachten, dass die im Hause des Vaters lebende Tochter bei den Langobarden ihre Haare lang herunter hängen liess, während die verheirathete sie in Flechten band. Wird ein Sohn selbständig, so werden ihm die Haare verkürzt, kommt die Tochter aus des Vaters Gewalt heraus, so flicht sie sich die Haare.

quando filius suus ad capillatorias fecerit, quicquid ei do-
nato fuerit, extra parte hoc teniat et reliquas res equale
ordine inter se dividant.

So wie die Tochter dasjenige, was ihr der Vater bei der Verheirathung zur Aussteuer gab, zum Voraus behält, so der Sohn
das, was er bei den Capillatoriae erhalten hat; diese haben für
ihn dieselbe Bedeutung, wie die Verheirathung für die Tochter.
Was können nun aber die Capillatoriae anderes bedeuten, als
jenen Act des Haarabschneidens, durch welchen der Sohn selbständig wurde? Die Geschenke, die Aussteuer, welche er jetzt
sei es von dem Vater, sei es von einem Dritten erhält, wie jene
Nachricht des Paulus Diaconus über Pipin mittheilt, konnten nur
dann ihm etwas nützen, wenn er selbständig wurde und aus der
Gewalt des Vaters heraustrat [8]).

Dass aber die Aufhebung der väterlichen Gewalt nicht schon
an sich eine Folge der Mündigkeit war, wie Kraut will, scheint
gleichfalls aus der Lex Salica unwiderleglich bewiesen werden zu
können. Während das Wergeld des freien Mannes 200 Solidi
beträgt, soll nach L. Sal. 24.' 1, 2: ein Wergeld von 600 Solidi
bezahlt werden, *si quis puerum infra XII annos usque ad deci-
mum plenum occiderit*, und *si quis puerum crinitum occiderit*. So
liest Merkel; aber die Emendation *si quis puerum infra XII
annos usque ad duodecimum plenum* ist geboten und wird auch
durch die späteren Texte (vergl. Novella 59) gerechtfertigt. Was
hat es denn für einen Sinn: ein Knabe unter 12 Jahren, bis zum
vollendeten 10. Jahre? Dagegen wird durch die Emendation eine
durchaus vernünftige Bestimmung hergestellt: mit dem höheren
Wergeld von 600 Solidi wird nicht nur der unmündige, sondern
auch der puer crinitus gebüsst. Im Wergeld steht der Unmün-

---

8) Ueber die Capillatoriae vergl. Du Cange (ed. Henschel) II. p. 135 s. h. v.
— Dagegen nehme ich die in meiner Dissertation de Lege Romana Utinensi
(1853) geäusserte Vermuthung (p. 28), dass bei den Barbatoriae der L. Rom.
Ut. C. Theod. VIII. 4. an das Fest der Capillatoriae zu denken sei, zurück,
besonders darum, weil die Jünglinge regelmässig in früher Jugend, in welcher
von einem Fest der Bartscheerung kaum die Rede sein konnte, das Haus
des Vaters verlassen zu haben scheinen. Richtiger ist wohl die zweite dort
versuchte Erklärung, wonach Barbatoriae eine Maskerade bedeutet. Vergl.
auch Gregor. Tur. X. c. 16: eine Aebtissin wird beschuldigt: barbatorias in-
tus eo quod celebraverit; und dass hier barbatoriae nur Maskerade bedeutet,
darüber vergl. auch Du Cange (ed. Henschel) I. p. 588.

dige demjenigen gleich, welcher sich noch in der väterlichen Gewalt befindet, noch nicht seinen Haarschmuck verloren hat. Sobald der Jüngling aber selbständig geworden, nicht mehr puer, sondern ein freier Mann ist, beträgt sein Wergeld nur 200 Solidi (L. Salic. 41. 1).

Das Resultat ist also, dass bis zum 12. Jahre der Sohn in der väterlichen Gewalt steht und dass nach demselben es von dem Willen des Vaters abhängt, ihn durch die Capillatoriae aus seiner Gewalt zu entlassen [9]).

Sehen wir uns nach weiteren Belegen aus der Zeit der Volksrechte um, so können wir uns nur auf das Westgothenrecht berufen, nach welchem die väterliche Gewalt durch die Ehe aufgelöst wurde, aber auch bei Erreichung eines bestimmten Alters eine grössere vermögensrechtliche Selbständigkeit eintrat. Die Lex Wisigoth. IV. 2. 13 (vergl. auch Antiqua c. 321) bestimmt, indem sie sich an Sätze der römischen Gesetzbücher anschliesst [10]):

Cum vero filius duxerit uxorem, aut filia maritum acceperit, statim a patre de rebus maternis suam accipiat portionem: ita ut usufructuario jure, patri tertia pars praedictae portionis relinquatur. Pater autem tam filio quam filiae, cum XX annos aetatis impleverint, mediam ex eadem, quam unumquemque contigerit, de rebus maternis restituat portionem etiamsi nullis nuptiis fuerint copulati.

Während das römische Recht die Herausgabe des Vermögens bei der Emancipation eintreten liess, wird sie nach dieser Bestimmung von der Ehe, resp. dem Alter des Kindes abhängig gemacht; die Ehe sah man noch in höherem Grade, als die Erreichung eines bestimmten Alters für einen Grund an, um das bisherige Verhältniss zu lösen. Bei der Abänderung der römischen Sätze folgten die westgothischen Könige unzweifelhaft nicht etwa

---

9) In Text B (Nov. 196) heisst es: Si quis puerum infra XII annos non tunsorato occiscrit; in Text C (Nov. 293): Si quis puerum infra XII annos sive crinitum sive incrinitum occiderit. In diesen Texten ist der ursprüngliche Sinn, wie er sich in dem Pactus und im Text A (Nov. 59) findet, wohl durch Missverständniss des alten Rechts zerstört.

Auf das Scheeren eines puer crinitus gegen den Willen der Eltern war die Busse von 45 Solidi gesetzt; noch höher war sie für das Scheeren eines Mädchens. L. Sal. 68. 1. 2. Die späteren Texte haben die Höhe der Bussen verändert.

10) Vergl. Roth Entstehung der Lex Bajuvar. S. 26.

ihrem legislatorischen Belieben, sondern nationalen Rechtsan-
schauungen. Ueberdies erfahren wir aus der 34. Westgothischen
Formel (Biedenweg Commentatio ad formulas Visigothicas p.
64 seq.), dass nach altem Gewohnheitsrecht der Westgothen die
zu ihren Jahren gekommenen Söhne durch einen besonderen Act
aus der väterlichen Gewalt entlassen und bei dieser Gelegenheit
mit einem gewissen Vermögen ausgerüstet wurden:

> Prisca consuetudo et legum decreta sanxerunt ut patres filios
> in potestate habentes, tempore, quo perfectos in eos esse
> praespexerint annos, postulata a patribus absolutione perci-
> piant, quod tamen patres ipsi voluerint concedant u. s. w.

Doch darf Kraut auch nicht durch das westgothische Recht
seine Ansicht stützen, da der Sohn nicht schon mit der Grossjährigkeit an sich aus der väterlichen Gewalt heraustritt, sondern
dieselbe nur eine Veranlassung wird, ihn durch einen besonderen
Act, mit welchem zugleich eine Ausstattung verbunden ist, aus
der Gewalt zu entlassen.

4. Nachdem wir so die Auflösung der väterlichen Gewalt durch
Absonderung vom Hause des Vaters bereits in sehr alter Zeit bei
den Alamannen, Franken und den Westgothen gefunden haben,
gehen wir zu den Quellen des späteren Mittelalters über. Wir
stellen hier die Grundsätze des Lütticher Gewohnheitsrechts voran;
wie bemerkt, ist dessen Aufzeichnung allerdings erst ziemlich
spät erfolgt, doch werden wir an der Alterthümlichkeit des Inhalts
nicht zweifeln können. Wir beginnen mit dieser Quelle besonders
darum, weil sie von unserem Rechtsinstitut ausführlich und klar
handelt. Zunächst art. 51:

> Minor contrahens matrimonium fit major, neque privilegiis
> minorum amplius gaudet.

Der Sohn wird selbständig durch die Ehe, und auch der
minor erhält durch seine Verheirathung die Rechte des major.
Im Allgemeinen kommt unserer bereits oben ausgesprochenen
Annahme gemäss der Unterschied von major und minor aetas nur
für solche Personen in Betracht, welche keinen Vater mehr haben
und daher unter Vormundschaft stehen. Doch zweifele ich nicht
bei der Allgemeinheit des obigen Ausspruchs, dass ganz dasselbe
für Haussöhne, wie für Minderjährige unter väterlicher Gewalt
gelten sollte; beide werden durch die Ehe selbständig, jene indem
sie von der väterlichen Gewalt, diese indem sie von der Vormundschaft befreit werden. Davon steht jedoch nichts in dieser Quelle,

dass auch der Haussohn durch Erreichung der major aetas selbständig werde. (Vergl. übrigens auch 16 und 129.) Es bestimmt
dann weiter art. 130:

> Proles innupta in paterna vel materna potestate constituta,
> item minor 25 annis (non) habent personam standi in judicio
> sine auctoritate parentum, in quorum sunt potestate, aut
> sine legitimo aliquo tutore aut curatore.

Es werden also einander völlig gleichgestellt die proles in-
nupta, welche in väterlicher Gewalt steht, und der minor 25 an-
nis, welcher einen Vormund hat; so wie die Vormundschaft mit
25 Jahren aufhört, so erreicht die väterliche oder mütterliche Gewalt mit der Ehe ihr Ende.

Aber ebenso wie die Lex Romana Utinensis neben der Ehe
noch einen weiteren Grund zum Heraustreten aus der väterlichen
Gewalt kennt, so sagt das Recht von Lüttich art. 163:

> Proles omnes . . . manent in potestate, cura et tutela pa-
> tris et matris, donec emancipentur vel per judicialem eman-
> cipationem aut matrimonium, etiamsi sint minores 25 annis.

Das Wesen dieser emancipatio judicialis beschreibt der schon
einmal angeführte art. 126:

> Emancipationis magnus est usus; nam post illam omnia
> filius sibi adquirit, et pater non tenetur amplius ob illius
> damna, debita et injurias alteri illatas. Fit autem hoc
> modo: pater accedit scabinos cum filio et dicit: se filium
> emancipare, cui certos florenos adsignat: scabini illam eman-
> cipationem ratificantes, filio mandant, ne intra sex septi-
> manas aedes patris ingrediatur, quod si faceret et pater
> desuper querelam deponeret, capite plecteretur.

Ohne Rücksicht also auf ein bestimmtes Alter werden die
Söhne entweder durch ein besonderes Rechtsgeschäft oder durch
die Ehe — durch die letztere jedenfalls auch die Töchter —
der väterlichen Gewalt entlassen.

Wir besitzen Urkunden und Formeln, in welchen die Emanci-
pation der Kinder durch einen besonderen Act bezeugt wird; ab-
gesehen von der angeführten westgothischen Formel, enthält die
6. langobardische das Schema einer vor dem Comes erfolgten
Emancipation. Doch werden bei der Ausbildung des besonderen
Emancipationsactes römische Grundsätze sowohl bei den
Westgothen wie bei den Langobarden, als auch in Lüttich ihren
Einfluss ausgeübt haben, und in späterer Zeit mögen demselben

Einfluss auch in Deutschland die gerichtlichen Emancipationsur-
kunden ihren Ursprung verdanken [11]). Was Deutschland anbetrifft, so hat die Emancipation als besonderes Rechtsgeschäft,
wie sie das römische Recht kennt, hier niemals feste Wurzeln
geschlagen; vielmehr scheint von jeher die Regel gegolten zu haben, dass die Kinder nicht bloss durch die Ehe, sondern auch
durch den gesonderten Haushalt mit Genehmigung des Vaters
auch ohne einen besonderen Rechtsact aus der Gewalt der Eltern
scheiden.

5. Wenn wir nun zur Begründung dieser Ansicht im Folgenden aus verschiedenen Quellen Nord- und Süddeutschlands Belege
zusammenstellen, so mag gleich im Voraus bemerkt werden, dass
manche derselben nicht ganz deutlich sprechen; aber aus der
Vergleichung mit anderen, besonders wenn man gewisse wieder-
kehrende Ausdrücke und Sprachwendungen beachtet, wird auch für
sie die Annahme gerechtfertigt, dass sie die sogenannte Emancipatio tacita kennen. Da im Volke kein Zweifel über die Wirkung des gesonderten Haushaltes herrschte, da Jeder den Rechtssatz von Jugend auf kannte, in jeder Familie er zur Geltung
kommen musste, fühlten weder die Gesetzgeber noch die Verfasser der Rechtsbücher ein dringendes Bedürfniss, sich darüber
mit Ausführlichkeit auszusprechen: es genügte bereits eine Andeutung.

---

11) Ein Formular für die Emancipation aus dem 14. Jahrhundert theilt
Rockinger (Ueber Formelbücher S. 112. N. 219, und in den Quellen und
Erörterungen z. Bayer. u. Deutschen G. IX. S. 940) mit: Omnibus hanc cartam
videntibus talis judex salutem: manifestum sit omnibus, quod A. in nostra
precencia constitutus B. filium suum presentem et potentem emancipavit et a
manu et a potestate sua dimisit, concedens ei plenariam et liberam potestatem
semper ulterius vendendi et emendi, donandi alienandi u. s. w. — Es ist
dabei zu bemerken, dass diese Formel einer Sammlung angehört, welche auch sonst
in hohem Grade die Grundsätze des römischen Rechts berücksichtigt. — In dem
Formelbuch des Johannes v. Geylnhausen aus der Mitte des 14. Jahrhunderts
(bei J. W. Hoffmann Samml. ungedr. Nachrichten u. Urkunden II. S. 1 ff.)
stehen auch Formulare für die Berechtigungen eines Comes Palatinus S. Palatii
Later.; hier heisst es in n. 32: quod possitis . . . filios adoptivos emancipare
et emancipantibus quorumcunque etiam infancium vel adolescentium et qui-
buscunque decretum et auctoritatem nostram interponere; und in einem anderen (n. 33): ac parentibus liberos suos, qui in potestate sua habent, emancipare volentibus etiam dictis liberis a judicio absentibus et in adoptionibus et
arrogationibus auctoritatem impertiri et decretum interponere.

a) Berner Handfeste von 1218 §. 49 (Gaupp Stadtr. II. S. 55):

> Quamdiu filius est sub patris potestate et sine uxore, nec a patre rebus vel matrimonio fuerit juste et legitime separatus, quicquid promiserit aut expenderit . . . sine patris . . . voluntate, nec pater nec filius tenentur hoc solvere.

Der Haussohn hat keine Handlungsfähigkeit, er hört auf es zu sein, sobald er sich verheirathet oder vom Vater sich sondert und selbständig lebt.

b) Nur von den Töchtern spricht das Brünner Schöffenbuch art. 205:

> per matrimonium filia emancipatur et transit a patria potestate; art. 501: mulieres a domo parentum per patrimonium emancipatae.

In der letzteren Stelle dürfte wohl richtiger, mit einer kleinen Veränderung *per matrimonium* zu lesen sein [12]).

In Betreff der Söhne sagt art. 624: *non emancipatus, qui est adhuc in pane parentum.* So lange der Sohn an des Vaters Tische speist, ist er nicht selbständig.

c) Baumgartenberger Formelbuch (ed. Rockinger in den Quellen und Erörterungen z. bayer. u. deutschen Gesch. IX. S. 762):

> ille filius dicitur emancipatus, qui accepta porcione substancie, que eum contingit, fit extra potestatem patris.

d) Nicolaus Wurm's Glosse zu den Constitutiones Alberti (ed. Böhlau S. 10):

> von der Kinder absunderunge. — Abgesundirt diz ist czuvornemen, ab ein man seinen son oder tochtir auz seim brot seczt und brengit in in sein eigen brot mit dez sons wille.

e) Schlesische Urkunde v. 1338 (C. Dipl. Siles. IV. p. 9):

> fratrum ejus et sororum . . . nondum emancipatorum et

---

12) Was das Lübische Recht (Hach S. 293. N. 16) von der Vormundschaft bemerkt: Sint se oc meghede, so mogen se vormundere bliven beth se utegeven sint ofte to closter togen sint, wird auch auf die väterliche Gewalt zu beziehen sein; der Ehe steht der Eintritt ins Kloster, die Vermählung mit der Kirche gleich. Auch können wir den Eintritt ins Kloster mit der commendatio ad regem für den Sohn vergleichen: die Tochter gehört jetzt einem ganz anderen Lebenskreise an und steht unter der Gewalt der Aebtissin.

emancipatarum, qui et que vulgo nicht usgerot adir nicht usgesaczt nuncupantur.

f) Magdeb. Schöffenurtheil von 1468 (Neumann n. 37):

u. hette on der vater von sinem brote an des sones egen brot von sich gesaczt u. zcu elichen leben bestatet.

g) Rietberger Landrecht art. 14 (Grimm Weisthümer III. S. 104):

Wenn ein lediger gesell im eigenthum stirbt, wer ihn erben soll? So lange er beim vater unter seiner Gewalt bleibt, u. er das *keusche* brod zu Hause bringet, ist der vater der nächste erbe. Wenn er aber seinen eignen heerd u. pott hat, erbet ihn der landesherr.

Der Gegensatz von: in der Gewalt des Vaters leben, ist: seinen eigenen Heerd und Topf haben. Freilich gehört dies Weisthum dem J. 1697 (in älterer Redaction dem J. 1659) an; indessen wird Niemand an der Alterthümlichkeit der Bestimmung zweifeln und annehmen wollen, dass sich in den so ursprünglich klingenden Worten dieses Bauernweisthums die spätere Doctrin Einfluss verschafft habe.

6. Nach dieser Zusammenstellung wenden wir uns zum Sachsenspiegel, welcher weniger deutlich spricht. Zunächst I. 11:

Halt ok de vader sine kindere in vormuntscap na ir muder dode, svenne se sik von ime scedet, he sal en weder laten unde wider geven al ir muder gut.

Den Gegensatz zur Vormundschaft des Vaters oder zur väterlichen Gewalt bildet nicht, wie es nach Kraut's Auffassung der Fall sein würde, die Grossjährigkeit des Kindes, sondern das Abgeschieden-, das Getrenntsein des Kindes vom Vater.

II. 17. §. 2: Die vader mach den sone enes ut nemen of he um ungerichte beklaget wert, die wile he von ime nicht gesundert n'is.

Der Vater ist berechtigt, durch seinen Eid den eines Verbrechens bezüchtigten, unabgesonderten, in seinem Hause lebenden Sohn von der Anschuldigung zu befreien. Dieser Satz ist in viele andere deutschrechtliche Quellen übergegangen, in denen es noch deutlicher hervortritt, dass es nur der Haussohn ist, welchen der Vater reinigen kann; statt *die wile he von ime nicht gesundert n'is*, heisst es hier: *der binnen sinem brote ist* [13]), *der in*

---

binnen sinem brote ist unveranderet [14]), *der an seyme brote ist unde mit em ungesundert* [15]). Also ein unabgesonderter Sohn ist derjenige, welcher im Hause des Vaters wohnt und an seinem Tische speist, oder wie es auch sonst heisst ein Kind *in der were* [16]). Ihn allein, nicht den Minderjährigen überhaupt, kann der Vater von der Anschuldigung befreien, und auch dem grossjährigen Sohne, wenn er noch dem Hause des Vaters angehört, kommt diese Bestimmung zu gute.

Ein besonderes Gewicht glaube ich noch auf Art. 133 des Magdeb.-Görlitzer Rechts legen zu dürfen, in welchem bei Vergleichung mit der oben angeführten Bestimmung es deutlich entgegentritt, dass Vormundschaft und väterliche Gewalt nicht mit einander confundirt werden dürfen, insbesondere, dass beide verschiedene Endpunkte haben. Denn während bei dem Haussohn auf das Alter keine Rücksicht genommen wird, bestimmt der erwähnte Artikel, die Mutter habe kein gleiches Recht des Ausziehens; sei einem Jünglinge der Vater gestorben, so müsse er, falls er zu seinen Jahren gekommen sei, sich selbst verantworten, befinde er sich noch binnen seinen Jahren, so vertrete ihn der Vormund. Es wird also der bevormundete, vaterlose Minderjährige dem Haussohne gleichgestellt; für jenen hört die Möglichkeit durch einen Andern gereinigt zu werden mit der Grossjährigkeit, für diesen mit der Absonderung vom väterlichen Haushalt auf. Das Recht den Haussohn durch den Eid zu befreien ist ein Ausfluss der hausherrlichen Gewalt [17]), in Folge deren der Vater für die Handlungen nicht bloss des Sohnes, sondern überhaupt der Haushöri-

---

mässig nur da gesprochen, wo die Mutter todt ist und die Kinder deren Vermögen geerbt haben. Hier kommt zu den Rechten der väterlichen Gewalt noch die Verpflichtung der Verwaltung dieses Vermögens hinzu; mit Bezug auf dieselbe hat der Vater dieselben Pflichten wie der Vormund. — Vergl. für das Westgothische Recht Bive Vormundschaft I. S. 196 f. und S. XI.

14) Sei es dass dies bedeutet *unabgesondert* oder *unverheirathet.* — Magd.-Bresl. Recht 1295. §. 10; Magd.-Görl. Recht von 1304. §. 49, 75; Weichb. (Mühler) art. 33, (v. Daniels) art. 53. §. 1; Magdeb.-Bresl. Syst. Schöffenr. III. 2. 56 — 58; Culm. Recht III. c. 92 — 94; Magd. Schöff.-U. bei Böhme S. 102. 1.

15) Glogauer Rechtsbuch c. 405. — Bloss vom ungesonderten Sohn spricht Rechtsbuch nach Distinctionen IV. 27. §. 2; Magd. Fr. I. 9. 6.

16) Vergl. über die Bedeutung davon Kraut II. S. 592 ff., S. 598. N. 22.

17) In der form. andegav. 11 (de Rozière n. 495) ist wohl anzunehmen, dass der angeschuldigte Sohn noch der Gewalt des Vaters unterworfen ist.

In älterer Zeit hatte bei den Franken der Vater dies Recht auch zu

gen einsteht; da er auch am besten Kunde über etwaige Unge-
setzlichkeiten haben kann, so steht es ihm zu, die Anschuldigungen ebenso zurückzuweisen, als ob sie gegen ihn selbst erhoben
worden wären. So wie der Herr mit seinem Eide den Unfreien [18]),
den Liten [19]), seinen Knappen [20]) befreien konnte, so wie er, wenn
behauptet war, dass von seinem Hause, von seiner Burg aus, eine
verbrecherische Handlung begangen sei, dies mit seinem Eide
läugnen konnte [21]), so hatte er als Hausherr auch das Recht,
seinen Sohn, der in seinem Brote ist, durch den Eid zu reinigen. —
Es kommt noch eine dritte Stelle des Sachsenspiegels in Betracht, I. 13. §. 1 :

> Sundert vader unde muder enen iren sone oder ene ire
> dochter van in mit irme gude, se tvein sik mit der kost
> oder ne dun, willet se na des vader dode oder na der muder
> dode an ir erve deil spreken, die bruder an der brüdere
> oder de gemannede dochter an der umbestadeden süster;
> se muten in de dele bringen mit irme ede al dat gut, dar
> se mede afgesundert waren.

Gunsten der verheiratheten Tochter. Bei Gregorius Turon. V. 32 wird fol-
gender Fall erwähnt: eine Frau war in den Verdacht des Ehebruchs gekommen.
Igitur parentes illius (des Mannes) accesserunt ad patrem dicentes: Aut idoneam redde filiam tuam (reinige sie durch deinen Eid) aut certe moriatur, ne
stuprum hoc generi nostro notam infligat. „Novi," inquit pater, „ego filiam
meam bene idoneam, nec est verum verbum hoc ... Tamen ne crimen con-
surgat ulterius, innocentem eam faciam sacramento", wobei sich denn die Geg-
ner beruhigen. — Bei Anschuldigungen gegen die Frau mit Rücksicht auf die
Verletzung der Ehe vertheidigen dieselbe auch nach einzelnen Volksrechten
ihre Verwandten; vergl. L. Angl. et W. p. 10. z. 9 ff. u. L. Lang. Grim. c. 7.

18) Für das ältere Recht vergl. Siegel Gerichtsverfahren I. S. 181. N.
13 ff.; vergl. auch Sachsensp. II. 19. §. 2 u. Friderici I. const. pacis a. 1158.
§. 10. (Mon. L. L. II. p. 108).

19) L. Franc. Chamav. c. 46, L. Liutpr. c. 68.

20) Stadtrecht von Valenciennes a. 1114. §. 6 (Warnkönig von der
Wichtigkeit der Kunde des belgischen Rechts 1837. S. 37): Si scutifer ... fu-
retur aliquid ... si non fuerit repertus et neget factum ... dominus ...
scutiferi solemniter jurabit ... quod scutifer suus non commisit latrocinium
sibi impositum ... Et sic liberabitur scutifer, aliter non. — Gesetz Ottocar's
II. v. Böhmen (Voigt Formelbuch des Henricus Italicus S. 141): expurgare
se ac suos homines.

21) Sachsensp. II. 72. §. 2. — Vergl. überhaupt Kraut I. S. 378 ff.,
John das Strafrecht in Norddeutschland zur Zeit der Rechtsbücher. I. S.
116 ff.

Die von ihrem Vater gesonderten Kinder behalten ihr Erbrecht, wenn sie später das bei der Absonderung Empfangene conferiren. Es ist zunächst zu bemerken, dass die abgesonderte Tochter gemannede Tochter genannt wird; sie macht ihr Erbrecht geltend gegenüber der unbestadeden süster. Also während der Sohn bei den verschiedensten Gelegenheiten abgesondert werden kann, so tritt die Tochter nur in Folge ihrer Verheirathung aus der väterlichen Gewalt. Ein weiterer Passus in dieser Stelle kann Befremden erregen: nach allen vorher angeführten Stellen anderer Quellen und des Sachsenspiegels kam der abgesonderte Sohn auch aus dem Brod, aus der Kost seines Vaters heraus; es fällt regelmässig Aufhebung der väterlichen Gewalt, Zuertheilung eines eigenen Vermögens und Begründung eines eigenen Haushaltes zusammen; dagegen lässt diese Stelle des Sachsenspiegels, welche als ein Zusatz zu dem ursprünglichen Sachsenspiegel sich herausstellt, die Möglichkeit zu, dass ein mit Vermögen abgesonderter Sohn in der Kost des Vaters bleibt, im Haushalt von ihm sich nicht sondert [22]. Es kann nun ein Zweifel darüber entstehen, ob ein so abgesonderter Sohn wegen des gemeinschaftlichen Haushalts auch noch ferner der Gewalt des Vaters unterworfen bleibt, oder ob das ihm eingeräumte eigene Vermögen ihn als selbständig erscheinen lässt.

·Ich möchte mich eher für die erste Annahme erklären, auf die Beibehaltung oder Trennung des Hauswesens das Hauptgewicht legen, und auf eine Parallele aufmerksam machen, welche es verdeutlicht, dass mit der factischen Sonderung auch zugleich eine rechtliche Sonderung eintritt. Es ist bekannt, dass mit der gesammten Hand beim Besitz von Immobilien, sei es als Eigenthum oder als Lehen oder Zinsgut, nach dem älteren Rechte zugleich ein gemeinsames Leben verbunden sein musste und dass die mehre-

---

22) Dieselbe Bestimmung enthält Rechtsb. nach Distinct. I. 20. d. 11 u. Purgoldt II. c. 33: sie essen mit einander oder nicht. — Kraut II. S. 591. N. 4 glaubt, das Wort sonderon werde im Sachsensp. in verschiedenem Sinn genommen: II. 19. §. 1 u. I. 13. §. 1 bedeute es die Absonderung oder Abschichtung der Kinder, II. 17. §. 2 dagegen ihren Austritt aus dem elterlichen Hause. Regelmässig wird die Abschichtung und der Austritt aus dem elterlichen Hause zusammengefallen sein, und es spricht nichts dagegen, bei der Sonderung in II. 19. §. 1 an beides zu denken, sowohl an die persönliche Absonderung, als auch an die mit ihr verbundene Gewährung eines selbständigen Vermögens.

2*

ren Personen wie ei n e behandelt wurden; nur wenn der älteste
von den Gesammthändern eines Bauernguts stirbt, kann der Guts-
oder Vogteiherr das Fallrecht, das jus mortuarii geltend machen.
Sobald aber Jeder seinen besonderen Haushalt hat, gelten sie auch
als mehrere Personen. Statt vieler anderen Beispiele: Hofrodel
von Einsiedeln (Grimm Weisth. IV. S. 348):

> Ob ein vatter der sün ein oder mer hat ald brüder on ein
> vatter, die wil u. sy teil u. gemein mit eins andern habent
> u. in einer cost sind, die vallet je der eltest, ob er ab-
> gannt, bis an den jungsten; u. wenn dann sy von ein ann-
> dern teilten u. jettlicher sunder husete und in sundrer cost
> were, denn so vallet jettlicher ouch besunder nach sinem
> dot.

In vollständiger Parallele gehört auch der Sohn, so lange er
im Hause lebt, zum Hause; sobald er aus demselben heraustritt,
hat er eine selbständige Persönlichkeit.

Endlich ist noch Sachsensp. I. 10 zu betrachten, eine Stelle,
über deren Interpretation sehr viel gestritten ist. Ohne unsere Ansicht über dieselbe ausführlich darlegen zu wollen, beschränken
wir uns auf den hier hauptsächlich in Betracht kommenden Theil
derselben:

> Gift de vader sime sone kledere unde ors unde perde unde
> harnasch to der tiet, als he is bedarf unde et nütten mach, ...
> stirft sint sin vader, he ne darf des nicht delen mit sinen
> brüderen ... al si he von sinem vader ungesceden mit
> sime gude.

Von solchen Gaben, wie sie mit der Absonderung des Sohnes
vom Haushalt des Vaters gebräuchlich sind, müssen also Geschenke
unterschieden werden, welche der Vater seinem Sohne mit Rücksicht auf dessen Alter und Bedürfnisse macht, Kleider, kriegerische
Ausrüstung, ein Heergewedde, wie sie auch ein Haussohn sehr
wohl gebrauchen kann. Während die bei der Absonderung ertheilten Gaben in die Erbschaft zu conferiren sind, erscheinen
Kleider, Heergewedde u. s. w. als ein Voraus, welcher nicht zur
Theilung kommt [23]). Obgleich der Sohn im Hause des Vaters

---

23) Nach Weiske Abhandlungen S. 57 f. u. Gaupp germanist. Abhandl.
S. 90. N. 1 soll sich der ganze Artikel nur auf unebenbürtige Söhne beziehen,
denen es überhaupt am Erbrecht fehlt. Meiner Meinung nach ist aber der
Inhalt der: ein ebenbürtiger Sohn braucht solche Gaben nicht zu conferiren,

lebte und keine Absonderung erfolgt war, gehören diese Dinge doch nicht zum Nachlass, sondern sind des Sohnes Eigenthum, welches ihm ebenso ausschliesslich gebührt, wie Geschenke, welche er der Liberalität eines Dritten verdankt, oder sein mütterliches Erbtheil, welches der Vater als Vormund verwaltete [24]).

7. Wir schliessen hieran noch ein Paar Mittheilungen aus anderen Quellen:

a. Gosl. Statuten S. 19. Z. 21 ff.: Heft en man sine kindere in sinem brode unde in einer vormunscap de binnen eren jaren sin, wat de det mit sinem erve dat ne möghet de kindere nicht wedersprekn de binnen eren jaren sin. . . . Were aver der kindere eyn to sinen jaren komen, dat mochte de vulbort wol wedersprekn, allene dat it in des vader brode u. siner vormuntscap were [25]).

Den Veräusserungen des Vaters gegenüber haben kein Widerspruchsrecht die minderjährigen Haussöhne; wohl aber haben es die grossjährigen Haussöhne, für welche die Vormundschaft des Vaters kein Hinderniss ist. Es treten also die grossjährigen Kinder nicht schon an sich aus der väterlichen Gewalt oder väterlichen Vormundschaft heraus, sondern bleiben, wenn ihnen auch dies oder jenes Recht eingeräumt wird, welches minderjährige nicht haben, derselben so lange unterworfen, bis sie auch factisch aus dem väterlichen Brod kommen.

b. Mit der Verheirathung eines Sohnes wird regelmässig auch

---

um mit seinen Brüdern erben zu können, ein unebenbürtiger braucht sie nicht den Erben des Vaters herauszugeben. Vergl. auch Sachse in der Zeitschr. für deutsches Recht XIV. S. 10.

24) Im Wesentlichen enthält denselben Rechtssatz ein Magdeb. Schöffenurtheil im system. Schöffenrecht IV. 2. 89: Ein man gebe synen kindern silbyrn gefesse adir ander cleynot und antworte en das en ere gewere; behalden si das jar u. tag yn ere gewer; der vater sterbe; spreche denne der kinder mutter, das silberyn gefesse adir cleynot gehorte yn ere gerade u. welde von der gabe nicht wissen: so sind das di kinder nehir und mit bessern rechte ezu behalden selb dritte vor er gegebin gut, wen er mutter en das vor ere gerade abegefordern moge. — Der Zusammenhang ergiebt deutlich, dass die Kinder zum Hause des Vaters gehörten, in seiner were lebten; es ist hier bemerkenswerth, dass mit der Gewere des Vaters zugleich eine Gewere der Kinder als verträglich gilt.

25) Zum Theil umgearbeitet ist die Bestimmung in dem Rechtsbuch nach Distinctionen I. 50. d. 8.

ein selbständiger Haushalt verbunden gewesen sein; indessen ge-
denken doch auch einzelne Rechtsquellen der Möglichkeit, dass
die neue Familie kein völlig gesondertes Hauswesen führt [26]).
Altdithmarsisches Landrecht §. 190: Vortmer efft en man
hadde enen sone, de he nicht aff hadde ghesettet, u. de sone
storve, wat mach der svaren (Schwiegertochter) ute deme
buwgude?

Was erhält die Schwiegertochter aus dem Gute, wenn der
Sohn bei seiner Verheirathung vom Vater nicht abgesetzt, nicht
auf ein besonderes Besitzthum gesetzt war [27]).

8. Diese Grundsätze waren so tief in dem Volksleben begründet, dass man auch zur Zeit der Reception nicht daran denken
konnte, sie durch die römischen Bestimmungen zu verdrängen.
Ja erst jetzt treten sie überall recht lebendig, ausführlich und
bestimmt hervor, um sich ihre Existenz zu sichern, und auch die
Gesetzgebung sieht sich veranlasst, sie in die modernen Codifi-
cationen aufzunehmen; sie sind kein Resultat der romanistischen
Doctrin, sondern haben von derselben nur ihre Anerkennung erhalten. Das Bedürfniss gesetzlicher Feststellungen über die Selbständigkeit der Söhne tritt z. B. auch in Nürnberg hervor; gegen
Ende des 15. Jahrhunderts heisst es in einem Rathschlag der Doc-
toren, d. h. der von der Stadt besoldeten Consulenten [28]):

Und solchs clerlichen zuversteen, muss ein gesetze gemacht
werdenn, auff was sachen Ein Sun sein selbs wurde, als
wenn er ein weib nem, u. In sein vatter mit ettlichen Habe
zu hause sezte, oder wenn er ein genannter wurde, oder
wenn er sunst nicht bey seinen Vatter wohnhaft u. XXX
Jar alt were oder dergleichenn nach eines Erbern Raths gut
bedunken und solich gesetze möcht gar zuvil anndern henn-
deln uber Jare Im rechten dienen, Wann in manichen
Sachen u. ennden der rechten die Undterschied Ob ein Sun
in seines Vatters gewalt oder davon geledigt sey ermessen
wirdet.

---

26) Vergl. auch oben N. 4.

27) Ich glaube nicht, dass unter *absetzen* hier die Abfindung, die Abthei-
lung zu verstehen sei, durch welche der sich verheirathende Sohn zugleich mit
seinem Erbtheil abgefunden wird.

28) Vergl. das Histor. Diplomat. Magazin für das Vaterland und angren-
zende Gegenden II. 1782. S. 314 ff.

Also um die Anwendung der Rechte, d. h. des römischen Rechts, dessen Subsidiarität in Nürnberg seit dem Ende des 15. Jahrhunderts nicht mehr bezweifelt werden konnte, zu ermöglichen, verlangt man eine genaue Festsetzung darüber, wer in Nürnberg als filiusfamilias oder als selbständig anzusehen sei, und selbst die Doctores machen ihre Vorschläge dafür durchaus unter Berücksichtigung der volksthümlichen Principien.

Auch die Wormser Reformation, welche unter allen Quellen aus der Zeit der Reception zur unbedingtesten Herübernahme fremdrechtlicher Bestimmungen am meisten geneigt ist, berücksichtigt in dieser Beziehung das fest bestehende deutsche Recht; sie handelt III. 2. tit. 28 ausführlich von dem Senatusconsultum Macedonianum und schliesst dasselbe aus: „So der Sun sich eyns offenbaren Ampts gebraucht, Also: so er eyn Advocat, Notarius oder Procurator oder in der Ee, zu eygenem Hausshalten vom vatter abgesundert were."

Wir haben für das ältere Recht nachgewiesen, dass so wie für die Töchter mit ihrer Verheirathung, so für die Söhne die väterliche Gewalt mit dem gesonderten Haushalte endet, wenn sie dem Vater nicht mehr ihr keusches Brod bringen, sondern sich ihr Brod ausserhalb des väterlichen Hauses suchen. Regelmässig hörte also auch für die Söhne mit ihrer Verheirathung die väterliche Gewalt auf.

Diese Sätze sind die natürlichen Consequenzen des Wesens der väterlichen Gewalt, welche in der Gewalt des Hausherrn ihren Mittelpunkt findet. Der Mann hat in seinem Hause die Herrschaft über seine Frau, die Kinder, das Gesinde, die Unfreien. Während bei den Römern der Vater als paterfamilias seine Gewalt an sich auch über die verheiratheten Töchter behielt, und die Söhne, selbst wenn sie selbst ein neues Haus begründet, Kinder gezeugt und ihren Aufenthalt vielleicht an einem ganz anderen Orte genommen hatten, filiusfamilias bleiben konnten [29]), so hört nach deutschem

---

29) Nur in wenige Quellen des deutschen Rechts ist der römische Satz übergegangen, dass der Sohn nicht ohne ausdrückliche Emancipation aus der väterlichen Gewalt herauskomme; Purgoldt l. c. 87: Alle die Kinder, die von dir u. dynem wibe geborn werden, die sint von rechte in dyner gewalt. Die kinder ouch die von dime sone u. dines sones sone geborn werdin, sint ouch alle in dyner gewalt. Die kinder aber, die von dyner tochter geborn werdin, die sint nicht in dyner gewalt, sundern in der gewalt ires vators. Dit ist das gemeyne beschribin recht. — Aber dies Rechtsbuch theilt auch sonst manchen

Recht die Gewalt des Vaters auf, wenn die Kinder in rechtlich anerkannter Weise aus dem Hause herausgetreten sind, für die Tochter, wenn sie des väterlichen Schutzes nicht mehr bedarf, weil sie sich als Gattin dem Schutz und der Gewalt ihres Mannes unterworfen hat, für den Sohn, wenn die in physischer und socialer Beziehung erreichte Kraft und Selbständigkeit den Schutz und die Herrschaft des Vaters und die Abhängigkeit des Sohnes als überflüssig erscheinen lässt.

Satz aus dem römischen Recht mit, welcher in Deutschland keine praktische Bedeutung hatte. — Die Frankfurter Reformation spricht II. 1. §. 4 und §. 8 von patria potestas des Grossvaters; in der ersten Stelle heisst es: Minderjährige in patria potestate, „das ist ihres noch lebenden Vatters oder vätterlichen Anherren Gewalt". (Vergl. auch Lüneburg. Reform. II. 1. §. 2.) Ich würde aus dieser Stelle noch nicht schliessen, dass die väterliche Gewalt mit der Ehe des Sohnes nicht beendet wird, sondern möchte annehmen, dass an den Fall gedacht ist, dass der verheirathete Sohn gestorben ist, und nun seine Kinder als in der Gewalt des Grossvaters stehend erscheinen. Vergl. über die Frage auch Souchay Anmerkungen über die Frankfurter Reformation I. S. 29 ff. — Doch haben wir ja oben (Note 4 und S. 19) auch zugegeben, dass nicht in jedem Fall die Ehe ein Grund zur Aufhebung der väterlichen Gewalt sei.

II

Leibrenten [1].

Schon das ältere Recht kennt ein Rechtsgeschäft, welches der im Bauernrecht zu einem festen Rechtsinstitut entwickelten Leibzucht entspricht, indem Jemand sein Vermögen an einen Andern, sei es nun sein Sohn oder der nächste Erbe oder auch eine dritte Person, abtritt, um von ihm eine lebenslängliche Versorgung und Alimentation zu empfangen [2]. Auch im späteren Mittelalter finden wir dasselbe nicht bloss beim Bauern-, sondern auch beim Bürgerstande [3]; in den meisten Fällen wurde aber jetzt nicht im Allgemeinen die Versorgung und Pflege ausbedungen, sondern der Empfänger verpflichtet, jährlich eine bestimmte Summe zu zahlen oder bestimmte Leistungen zu übernehmen. Den Uebergang zu dieser Form zeigt uns gewissermassen ein Vertrag zu Lübeck vom Jahre 1357 (Pauli II. S. 203): ein Vater überträgt

---

1) Die Resultate dieser 1863 geschriebenen Abhandlung hat bereits Herr Dr. M. Neumann, welchem ich ihre Benützung gestattete, in seinem Buch: Geschichte des Wuchers in Deutschland 1865. S. 243, 245, 259, 282, 397—399, mitgetheilt.

2) Bereits die Lex Saxonum §. 62 enthält darüber einen Rechtssatz: nulli liceat traditionem hereditatis suae facere . . . ut heredem suum exheredem faciat, nisi forte famis necessitate coactus, ut ab illo, qui hoc acceperit, sustentetur. — In den Formelbüchern finden sich manche Formulare für solche Alimentationsverträge, bei de Rozière n. 115 ff., Formelbuch Salomo's von Constanz n. 16, mit den weiteren Nachweisungen von Dümmler S. 97 f. — Ueber das nordische Recht vergl. Rive Vormundschaft I. S. 166 f.

3) Besonders viele solche Rechtsgeschäfte aus Lübeck sind durch Pauli's Abhandlungen aus dem Lübischen Recht bekannt geworden, z. B. I. S. 107. N. 170. a. 1286: Veräusserung der hereditas, mit der Bestimmung quod W. ipsam quam diu viveret nutrire debeat et in necessitate providere, et quando decesserit honorifice sepelire; III. S. 182. a. 1349: ut pro eadem domo sibi necessaria sua erogare debeat tempore vite sue: quod empcionis simile consilium dijudicans, jussit eandem domum sibi propriam ascribi; und sonst.

seinem Sohne alle seine Güter, ut eis libere uti possit; der Sohn
übernimmt alle Schulden des Vaters und ausserdem patrem suum
sicut bene decet secum in expensis in domo et quomodo honorifice procurare et in necessariis suis cunctis toto tempore vite sue.
Si vero, quod absit, hoc minus faceret, ita quod provisoribus ipsius
patris displiceret aut forte non possent concordare, tunc . . . B.
(der Sohn) dabit annuatim eidem patri suo XL marcas den. Lif-
ghedinges expedite toto tempore vite patris. Zunächst übernahm
derjenige, an welchen das Vermögen abgetreten war, ganz allgemein die Verpflegung, und verpflichtete sich, falls mit der Art
ihrer Leistung Unzufriedenheit eintrete, eventuell zu bestimmt
festgesetzten Geldzahlungen. In den meisten derartigen Fällen
tritt der altersschwache Besitzer, welcher sein Vermögen nicht
mehr ausreichend zu verwalten und für seinen und der Seinigen
Unterhalt nicht mehr in befriedigender Weise zu sorgen vermag,
seine Güter an den jüngeren Verwandten ab, um ihm diese Sorge
für das Vermögen im Allgemeinen und für den Unterhalt der Familie zuzuwenden.

Davon verschieden ist nun aber der Leibrentenvertrag,
welcher, nachdem der Rentenkauf in den Städten aufgekommen
war, sehr häufig abgeschlossen wurde. So wie Jemand durch die
Zahlung eines Capitals an einen Grundbesitzer von diesem eine
ewige, auf dem Grundbesitz haftende Rente erwerben konnte, so
war es auch sehr gebräuchlich, dass Jemand sich nur zur Versorgung seiner Person, oder höchstens noch von ein Paar Erben
gegen die einmalige Zahlung einer Summe eine Rente, Leibrente
bestellen liess, zu deren regelmässiger Abführung der jedesmalige
Besitzer des Grundstücks, auf welches die Rente übernommen
wurde, verpflichtet ist.

Da in den Lehrbüchern des deutschen Privatrechts gewöhnlich davon keine Rede ist, dass die Leibrenten in dem 13. und
14. Jahrhundert schon ganz ebenso ausgebildet waren, wie heut
zu Tage, und dass auch feinere Arten derselben vorkommen, da
ferner Kraut in seinem sonst so reichhaltigen Grundriss bei dem
§. 164 (besondere Arten von Leibrenten) auch nicht eine Quellen-
stelle mittheilt, so ist es wohl gerechtfertigt, einige Nachrichten
über alte Leibrentenverträge hier zusammenzustellen.

Die Leibrente unterscheidet sich zunächst von der gewöhnlichen
Rente, dem Ewiggeld, Erbzins, census hereditarius, census perpe-
tuo ac hereditario possidendus, dadurch, dass sie mit dem Tode

des Berechtigten ein Ende nimmt[4]). Es versteht sich daher von selbst, dass derjenige, welcher eine Rente zu zahlen übernimmt, der Rentenverkäufer, für dasselbe Capital eine höhere Leibrente wird zahlen können, als wenn sie ewig währen sollte[5]), und ebenso versteht es sich von selbst, dass der Rentenkäufer, welcher ein höheres Alter hat, auch eine grössere Rente für sein Capital, für den Kaufpreis seiner Rente, erhalten wird, als derjenige, welcher noch jung ist und der Wahrscheinlichkeit gemäss längere Zeit hindurch die Rente wird fordern können. Es ist sehr natürlich, dass diese Grundsätze auch schon in früher Zeit richtig gewürdigt wurden, und es erklärt sich daraus, dass wir bei den uns erhaltenen Rentenverträgen ein so sehr verschiedenes Procentverhältniss zwischen der Leibrente und der Summe, für welche sie gekauft wurde, finden. In den Statuten für Nordhausen, aus dem J. 1350 (Förstemann Neue Mittheilungen des Thüring.-Sächs. Vereins III.) III. c. 29 wird verfügt, dass der Rath der Stadt als Rentenverkäufer die Mark Zins um 10 Mark denen giebt, welche zwischen 40—50 Jahren sind, um 8 Mark denen, welche zwischen 50—60 Jahren sind; für die noch älteren soll es stehen *an der rete kore.* Purgoldt in seinem Rechtsbuche III. 95 sagt: Wer zcinse kouffet zu seime leibe, der sall en dornoch kouffen das her jung, starg und gesunt ist; es stehet an den vorkouffern, wie sie en gebin wullen. Diesser kouff ist woll bestendig umme deswillen, das er ebenturlich ist, unnd nicht enweys wie lange her den zcins uffnemmet. — Zu Augsburg berücksichtigte man das Alter der Person

---

4) Wenn Leibrenten an auswärts wohnende Personen zu zahlen waren, drohte dem Schuldner die Gefahr, dass er von dem Tode des Berechtigten nichts erfuhr und wohl noch längere Zeit hindurch die Rente zum Vortheil der Verwandten bezahlte. Daher gab der Rath von Frankfurt a. M. im 14. und 15. Jahrhundert denjenigen Prämien, welche ihm Kunde von dem Tode eines auswärtigen Leibrenteberechtigten brachten, und schickte öfters Boten in andere Städte, um Erkundigungen über das Leben der einzelnen Berechtigten einzuziehen. Vergl. Kriegk Frankfurter Bürgerzwiste und Zustände im Mittelalter. 1862. S. 91 f.

5) Daher wird z. B. in Breslau im Jahre 1423 (Städt. Archiv. Libri excessuum a. 1423. p. 74) eine ewige Rente von 10 Mark, welche auf dem Rathhause lastet, verwandelt in 12 Mark Leibrente für zwei Ehegatten *uff beyder leben.* — In Danzig wird in der 2. Hälfte des 14. Jahrhunderts ein ablöslicher Zins von 10 Mark verwandelt in eine Leibrente von 30 Mark (Danz. Archiv. Bornbach Rezesse. 1384. fol. 217, 218; gütige Mittheilung des Herrn Dr. Neumann zu Breslau).

gemäss der Verordnung von 1373 (Stetten Geschichte von Augsburg I. S. 121). — So sagt auch die Summa Johannis (ed. 1495 Bl. 32a): Kouffet ein mensch gült oder zynsz oder ein ander dinge zu seinem leib darumb soll er auch geben ein bequemlich gelte nach seinem alter und nach seiner stercke, also daz der verkauffer nit grösslich beschedigt werde von des kauffers lang leben.

Um so auffallender ist es, dass in Nürnberg, von wo wir zahlreiche Leibrentenverträge aus dem 14. Jahrhundert besitzen, das Alter des Rentenberechtigten gar nicht berücksichtigt zu sein scheint, da in ihnen allen das Verhältniss der Rente zum Capital wie 1 zu 9 ist [6]); in Augsburg giebt man um das Jahr 1340 herum jährlich eine Mark Rente für je 6 Mark Capital, im Jahre 1352 für je 8 Mark. Ebenso findet sich in zahlreichen, dem Ende des 13. Jahrhunderts angehörenden Leibrentenbriefen der Stadt Lübeck das feste Verhältniss von 1 zu 10 [7]). — Auch in Bremen bestand ein festes Verhältniss gemäss dem bremischen Stadtrecht (Oelrichs S. 159): Wolde ok we lyftucht kopen van der staed renthe, de mach de rad vorkopen yewelike mark vor teyn mark u. nicht myn tho enen lyve. — In Breslau dagegen schwankt in den Jahren 1342 — 1379 das Verhältniss zwischen 1 : 4 bis zu 1 : 10, und es ist wahrscheinlich, dass hier bei jedem einzelnen Vertrage das Alter und sonstige etwaige Verabredungen den Ausschlag gaben [8]).

Leibrenten zu zahlen versprachen gelegentlich Privatpersonen

---

6) Vergl. die Chroniken der deutschen Städte, I. 1852. S. 266; nur einmal weicht das Verhältniss etwas ab, indem 150 Gulden Leibrente für 1400 Gulden verkauft werden; bei ewigen Renten war zu jener Zeit das Verhältniss zum Kaufpreise wie 1 zu 20 (vergl. ebendaselbst S. 267). — Im Jahre 1434 gab die Stadtkasse für Leibgedinge nur 10, für Ewiggeld nur 4 Procent. Hegel Chroniken I. S. 285. — Ueber Augsburg vergl. v. Stetten Gesch. v. Augsb. I. 1743. 4. S. 98, 105.

7) Lüb. Urk.-Buch I. n. 493. a. 1286 (5 Urkunden), n. 535, 536. a. 1289, n. 555. a. 1290, II. n. 270. a. 1310, n. 516. a. 1330. — Aus dem Jahre 1290 besitzen wir II. n. 72 eine gewöhnliche Rente, welche — auffallender Weise — mit der 8fachen Summe abgelöst werden soll.

8) Sehr viele Leibrentenverträge stehen in dem sog. Antiquarius, einem Breslauer Stadtbuche dieser Zeit; Herr Dr. Grünhagen gestattete mir gütigst die Benützung der von ihm aus diesem Stadtbuch gemachten Auszüge. — Bei gewöhnlichen Renten war damals zu Breslau das regelmässige Verhältniss 1 : 10.

oder juristische Personen, besonders Klöster [9]), hauptsächlich aber seit dem Ende des 13. Jahrhunderts die Landesherren und die Magistrate der Städte [10]), welche in solchen Geschäften ein Mittel fanden, die Finanzen ihres Landes oder ihrer Stadt zu heben und augenblickliche Verlegenheiten zu beseitigen; sie verkauften nicht bloss ewige, sondern auch Leibrenten [11]).

Das als Kaufpreis für die Rente gezahlte Capital brauchte nie mehr zurückgezahlt zu werden und die, allerdings hohe, Rente belastete die Mittel der Stadt oder des Landes nicht für immer, sondern nur für eine ungewisse Zahl von Jahren. Daher erklärt auch Erzbischof Walram von Cöln im Jahre 1345 (Lacomblet III. n. 422), als er nach Mitteln suchte, um aus der grossen Schuldenlast herauszukommen und die dringendsten Gläubiger zu befriedigen:

so hain wir geproyft ind is war vunden, dat wir ingein gelt, dat unsme gestichte zo staden moge stain, zytlicher ind mit minren schaden erkrigen inkunnen, dan mit *lyfzochte* zo verkoiffen up gulde uns capitels vursprochen, ind herumb so sin wir mit unseme capittele overdragen, dat sy boven dy lyfzochte, die si eytzu havent verkouft, wa mede wir zwenzich dusent gulden van yn genomen haven, . . . so sal dat selve unse capittel noch usser irre gulden verkoufen veirdusent gulden lifzuchte, u. s. w.

Und ebenso sagt das Capitel in einem von ihm, in Folge dieser Vereinbarung abgeschlossenen Leibrentenvertrage im Jahre 1345 (Lacomblet III. n. 427):

unde super hiis habitis diligentius cum domino nostro ar-

---

9) Z. B. a. 1275 der Verkauf von 5 Mark Leibrente von Seiten des Heiligengeist-Hospitals zu Lübeck, vor 1297 Verkauf von 12 Mark Leibrente, vergl. II. 1. n. 44, 1. n. 657; vergl. auch a. 1297. n. 659. In welchem grossen Umfange dies Hospital das Leibrentengeschäft betrieb, darüber vergl. die Mittheilungen im Lüb. Urk.-B. II. S. 231 in der Note: a. 1309 hat das Hospital 818 Mark, a. 1310 890 Mark zu zahlen.

10) Mit am frühesten wurden solche Verträge wohl in Lübeck (jedenfalls seit 1286) abgeschlossen. Vergl. Note 7. — Die Stadt Regensburg ertheilte Leibrentenbriefe seit den zwanziger Jahren des 14. Jahrhunderts, vergl. Gemeiner Regensburgische Chronik I. S. 533, II. S. 183.

11) Die grosse Bedeutung, welche Leibrentenverträge für die Finanzwirthschaft der Städte hatten, ist von Arnold in seiner Geschichte der deutschen Freistädte nicht gewürdigt worden.

chiepiscopo … pluribus et diversis tractatibus per experien-
tiam jam contractorum debitorum comperimus, cum nullo
minori dampno nos posse ad precavendum hiis periculis
… pecuniam conquirere, quam per venditionem reddituum
sive pensionum aliquarum ad usufructum diversis personis,
prout … nos emptores ipsorum reddituum invenire possemus.
Vergl. auch den Leibrentenbrief des Markgrafen Wilhelm von
Jülich a. 1348 bei Lacomblet III. n. 464.

Als sich die Stadt Breslau in der Mitte des 14. Jahrhunderts
in Geldverlegenheit befand, ertheilte ihr Kaiser Karl IV. im Jahre
1361 die Berechtigung, einzelnen Bürgern Leibrenten von der
Stadt-Rentenkammer zu verkaufen (Klose von Breslau. II. 1.
1781. S. 218), und König Wenzel erlaubte ihr im Jahre 1408,
8000 Schock Groschen Zinsen zu Leibrenten und Widerkauf aufzunehmen (Klose a. a. O. S. 311). Aber auch vor diesen Privilegien hatte die Stadt sehr zahlreiche Leibrentenverträge abgeschlossen, wie das unter dem Namen Antiquarius bekannte Breslauer Stadtbuch beweist, welches solche Renten seit dem Jahre
1342 enthält.

Ebenso hat im Jahre 1449 die Stadt Nürnberg, als sie sich
wegen des Kriegs mit dem Markgrafen Albrecht Achilles von
Brandenburg genöthigt sah, eine Vermögenssteuer von 4 Procent
von den Bürgern zu erheben, bestimmt, dass den Einzelnen die
von ihnen gezahlten Summen verzinst werden sollten (Hegel
Städtechroniken II. S. 323):

> Umb daz selbig gelt, daz einer also ze steur gab, gab man
> im ein gülden leibgedings auf einen leib um 8 gülden, auf
> zwien leib um 10 gulden, u. einen ewigen gülden umb 18
> gülden, also daz es zu eines guten willen stund, daz er
> kauft ewigs gelt oder leibgeding auf einen oder zwien leib
> u. s. w.

Es war jedem Einzelnen überlassen, ob er für die von ihm
nach jenem Procentsatze gezahlte Summe eine Leibrente für
sich allein, oder für sich und noch eine andere Person, oder eine
ewige Rente beziehen wollte; natürlich war aber das Verhältniss
der Rente zu der als Steuer eingezahlten Summe verschieden, je
nachdem diese oder jene Art der Rente gewählt wurde. Wir
haben hier also eine Zwangsanleihe, deren Verzinsung durch Zahlung
von Leibrenten oder ewigen Renten erfolgte. Zu beachten ist,
dass auch hier die Höhe der Rente nur allein von dem gezahlten

Capital und gar nicht von dem Alter des Berechtigten abhängig gemacht wird.

Manche Stadt sah in den Leibrentenverträgen ein so lucratives Geschäft, dass sie Privatpersonen es überhaupt verbot, derartige Verträge abzuschliessen:

Braunschweiger Stadtrecht aus der Mitte des 14. Jahrh. §. 56 (Urkundenb. der Stadt Braunschweig): *We lifgheding kopen wil, de scal it kopen van deme rade unde anders nergen, he en do it mit des rades vulborde;*

Statuten von Nordhausen a. a. O.: kein Bürger soll Gulden *zu liben* kaufen, als *czu unsen burgern uf dem hus;*

Verordnung des Raths von Soest (Seibertz Urkundenb. II. n. 773): Niemand soll *Lyfftucht* kaufen oder verkaufen, *se ene kopen de weder den Rad van Socst u. weder de ghene de vann des Rades weghen u. van der meynheit wegen dar to gesat sint.*

So wie Privatleute ihre Renten aus einem bestimmten Hause oder Grundstück verkauften, auf welchem sie nun in der Weise lasteten, dass jeder nachfolgende Besitzer zu ihrer Zahlung verpflichtet war [12]), so betrachtete man die von der Stadt, von dem Rath der Stadt verkauften Renten als auf dem Rathhause haftend, als demjenigen Ort und Grundstück, von welchem die gesammte Verwaltung des Kämmereivermögens ausgeht; und die Landesherren übernahmen dieselben auf ihr Territorium: *up uns ind unse erven ind stede ... ind unse dorpe ... ind unse gemeyne lant ind lude* (z. B. a. 1348 Lacomblet III. n. 464).

So wie aber im Laufe der Zeit auch Rentenkäufe aufkamen, bei denen die Rente nicht auf ein bestimmtes Grundstück gelegt, sondern von der Person des Rentenverkäufers auf ihr Vermögen übernommen wurde, so kommen allmählich auch derartige Leibrentenverträge vor. So findet sich z. B. in den Breslauer Stadtbüchern (Liber excessuum a. 1409. p. 16) der Fall, dass eine Mutter ihren Söhnen ihre Gerade überlässt für 30 Mark:

dovor solden sie jr geben III marke czinses zu jrre lebetagen u. noch jrem tode solden dieselben III mark czins ko-

---

12) Z. B. Pauli III. S. 396: eine Frau L. veräussert ihre Güter im J. 1291 an ihre beiden Söhne mit der Bedingung, ihr für ihr Leben do hereditate sicut jacet super plateam carnificum XXV Marcas den. Wicbeldes annuatim zu zahlen; der spätere Besitzer dieses Hauses bekennt: dabit ... domine L. ... XXV Mr. den. Wicbeldes annuatim.

men an jre drey tachter, nemlich an Dorotheen Hedwigen
u. Nizen, die solden sie also lange heben, bis jn jre bruder
die weder abegelosen umb XXX mark gr.

Bei den Leibrentenverträgen kommen die mannigfaltigsten Verabredungen vor, welche in grösserer Zahl aufzuführen kein rechts-
historisches Interesse darbieten würde. Wir beschränken uns,
Einzelnes hervorzuheben.

Es kauft Jemand die Leibrente nicht für sich, sondern für
einen Andern, z. B. der Nürnberger Rath bekennt in seinem Rechnungsbuch a. 1388 (Chroniken a. a. O. S. 266):

Item recepimus von C. Trahten 216 guld. werung umb 24
guld. leipged. der sten 12 guldein uff H. Ber. Fladens suns leib u.
12 guldein uff Cristein dez selben Fladens tohter leib;

Item recep. von Lewpolt Schürstab . . . 270 guld. werung
umb 30 guld. leipged. uff seiner kind leib; u. s. w.

Es wird bestimmt, dass die Leibrente nach dem Tode des
Berechtigten einer anderen Person gezahlt werden und erst nach
deren Tode fortfallen soll; mehrere solche Geschäfte schloss der
Berliner Stadtrath seit dem Ende des 14. Jahrhunderts ab, z. B.
(Fidicin Beiträge zur Geschichte der Stadt Berlin I. S. 220): für
34 Schock Groschen werden an M. 4 Schock Renten verkauft,
welche nach M.'s Tode S. erhalten soll, *dywile he leved*; (S. 216)
der Rath verkauft dem S. R. 7 Mandel böhm. Groschen *tu ore twier
lyve*, so dass nach seinem Tode sie seines Bruders Tochter geniessen
soll und erst nach deren Tode die Rente an den Rath zurückfällt;

oder so, dass nach dem Tode des zuerst Berechtigten der
zweite eine kleinere Rente beziehen soll; z. B. (S. 223) der Rath
von Berlin verkauft 5 Schock Groschen für 40 Schock an P. S.;
nach seinem Tode fallen 3 Schock fort und werden die übrigen
2 Schock an seine Mutter für ihr Leben gezahlt. Homeyer (die
Stadtbücher des Mittelalters, in den Abhandl. der Berl. Akad.
1860. S. 73) theilt eine Verschreibung aus dem Quedlinburger
Stadtbuch mit:

Vorn hannen van orden der klostervrowen . . . scal men
gheven ene mark . . . to sente mertens daghe, de wile se
levet; levet nu erme dode vor kunne (Frau Kunne) . . . so
scal men er gheven ene halve mark to erme live;

und eine andere Verschreibung daselbst:

Hinrike von ghoslere unde siner husvrowen scal man gheven
ver marc . . . die wile dat sie leven . . . Stirvet hinric von

ghoslare so bliven tve marc siner husvrowen, die wile dat
se levet, die anderen tvo marc vallen oppe sine sone de
moneke ... Stirvet ein monek nach sines vaderes tode, so
is en marc dot. Swenne die andere monek stirvet so ster-
vet de andere marc.

Zu Breslau erhalten a. 1342 (Antiquarius fol. 30 b) 3 Schwestern
eine Leibrente von 6 Mark; beim Tode der ersten erlischt
eine Mark, beim Tode der zweiten erlöschen 2 Mark, nach aller
drei Tode die ganzen 6 Mark.

Vergl. auch die Lübischen Verschreibungen aus dem Jahre
1289 (Lüb. Urk.-Buch I. n. 535, 536), 1290 (n. 555), vor 1297
(n. 657).

Oder es fällt nach dem Tode des Berechtigten ein Theil der
Rente fort, der andere Theil bleibt als ewige Rente für einen anderen Zweck bestehen; ein derartiges Beispiel vom Jahre 1393
entlehnen wir den Protocollen des Breslauer Domcapitels (Ztschr.
des Vereins f. Gesch. und Alterth. Schlesiens. V. S. 123):

> dom. N. Gleywicz emit censum 6 marcarum census annui
> apud capitulum in villa Proczano, ita quod eo sublato de
> medio 3 m. dividi debent in anniversario suo, et duo solvi
> debent officiali vicedecano et rectori scole Wratisl. pro pau-
> peribus scolaribus ... distribuende, sexta vero marca ex-
> tinguetur cum persona.

In den Breslauer Verschreibungen im Antiquarius findet sich
auch häufig die Bestimmung, dass nach dem Tode des Berechtigten die Summe von der Stadt allerdings an keinen Anderen gezahlt, aber für gewisse communale Zwecke jährlich verwendet
werden soll, z. B. zur Ausbesserung der Strassen und Brücken
(a. 1348 fol. 12 b, a. 1364 fol. 54, 55 u. s. w.).

Es kommt auch sehr häufig vor, wofür wir eben das Beispiel
von Heinrich v. Goslar angeführt haben, dass mehrere Personen
zusammen eine Leibrente erhalten, besonders die beiden Ehegatten
oder mehrere Geschwister. In dem angeführten Beispiel ist bestimmt, dass der Theil des zuerst Sterbenden an seine Kinder
fallen solle; dasselbe schreibt allgemein das Hamburger Stadtrecht
E. 20 vor: kopet en man unde en vrowe lifghedinghe van erer
beyder goede unde were dat erer en storve, unde se nene kindere
ne hebben, dat lifghedinghe scal man delen like anderme goede
mit den erfnamen; so dass also der Charakter der Leibrente voll-
ständig verwischt wird.

Mehr entsprechen ihrem Wesen diejenigen Verschreibungen, in welchen gleich anfänglich bestimmt wird, dass nach dem Tode des einen Ehegatten der andere die ganze Leibrente weiter fort erhebt; so in den oben erwähnten 5 Lübischen Verschreibungen aus dem Jahre 1286; jede derselben ist zu Gunsten zweier Personen ausgestellt und enthält den Satz: Uno autem eorum decedente, nichilominus superstiti ... redditus sine diminucione qualibet integraliter, quamdiu vixerit, persolvemus.

Ferner in einer Verschreibung des Quedlinburger Stadtbuchs (Homeyer S. 73):

Bernarde deme scrifere unde conegunde siner husvrowen scal man gheven achte marc ... die wile dat sie levet. Stirvet aver er ein, die andere behalt sie al achte, die wile dat he levet; und ebenso in einer anderen von Homeyer S. 74 publicirten Verschreibung. Auch erklären sich in dieser Weise ganz allgemein die Magdeburger Schöffen in den sog. Magdeburger Fragen II. 1. 3 [13]):

Mann u. weib ... kauffen Leibrente zu ire beider leibe ... Der mann stirbt ... Die fraw bedarff die Leibrente ... nicht teilen mit dem erbling, noch in die schichtung bringen, sondern sie sol die behalten und haben dieweil sie lebt unverwandelt alzo sie jr ist verschrieben.

In noch anderen Verschreibungen fällt der Theil des Verstorbenen ganz fort, so in dem Breslauer Rechnungsbuch von 1387 (Cod. dipl. Silesiac. III. p. 132): Vendimus U. de P. et S. ejus uxori tres marcas annui census pro 30 m. gross. ad eorum tempora vite sub tali condicione, interim quod ambo vixerint, quod eundem censum trium marcarum totaliter ipsis dare debemus, sed cum una persona de predictis de hoc seculo emigrabit, tunc media pars ejusdem census ad nostram civitatem divolvi debeat et reliqua ad personam superstitem. Sed ambabus personis vero emigrantibus de hoc medio, tunc reliqua media pars iterum ad nostram civitatem divolvetur.

Wir begegnen hier für die Auffassung des Verhältnisses der mehreren Rentengläubiger demselben Gegensatz, welcher in den Quellen des deutschen Rechts auch für die mehreren Schuldner nachgewiesen worden ist. Wenn A. u. B. sich gegenüber C. ver-

---

13) Ich emendire den sehr corrupten Text nach Wasserschleben's Handschrift.

pflichtet haben, eine bestimmte Summe zu zahlen, so kann dies so viel bedeuten, als: A. ist die Hülfte und B. die andere Hälfte schuldig (Theilschuldner), oder auch so viel, als A. und B. müssen zusammen die Summe zahlen, so dass nach dem Fortfall des Einen der Andere die ganze Schuld zu bezahlen hat (Schuldner zur gesammten Hand). Aehnlich ist es hier bei den Leibrentenberechtigten. Wenn den beiden Ehegatten eine Leibrente versprochen ist, so kommt es auf die besondere Intention der Parteien an, ob nämlich Jeder von ihnen als auf die Hälfte berechtigt erscheinen soll, oder ob ihnen die Rente zu gesammter Hand gebührt, so dass nach dem Fortfall des Einen der Ueberlebende die ganze Forderung geltend machen darf.

Diese letztere Form treffen wir nun aber nicht bloss bei Leibrenten für zwei Ehegatten, sondern auch bei solchen für einander fremde und für mehr als 2 Personen. Sie entspricht ganz dem, was die spätere Zeit Tontinengesellschaft genannt hat. Wir führen dafür 2 Beispiele an: aus dem Quedlinburger Stadtbuch (Homeyer S. 74):

Vrowen agneten van marwitz u. vrowen margreten van warin unde hern johanne van yssleve to ghernrode scal men gheven dre mark . . . mit samender hant to erer aller live; und aus dem Berliner Stadtbuch a. 1401 (Fidicin I. S. 222): der Rath verkauft für 30 Schock 3 Schock Groschen Rente an 3 Personen *thu orer dryer live. Welk den lengist levet nach dem andern, dem sullen wi unde wollen geven u. betalen dy . . . drye schok renten.*

III.

Die Erbfolgeordnung nach den Magdeburger Schöffensprüchen.

Bekanntlich hat die Frage, welche Successionsordnung in dem älteren deutschen Recht gelte, in der neueren Zeit einen lebhaften Streit hervorgerufen. Wasserschleben (das Princip der Successionsordnung nach deutschem, insbesondere sächsischem Rechte. Gotha 1860) hat sich gegen die ziemlich allgemeine Annahme der Parentelenordnung erklärt und ein neues Princip zu begründen versucht; seine Ansicht ist bestritten worden von Homeyer (die Stellung des Sachsenspiegels zur Parentelenordnung. 1860. 4.) und von Rive (Jahrbuch des gemeinen deutschen Rechts VI. S. 197 ff.); gegen diese Angriffe hat Wasserschleben in einer neueren Schrift sein Princip zu vertheidigen gesucht (die germanische Verwandtschaftsberechnung und das Princip der Erbenfolge nach deutschem, insbesondere sächsischem Rechte. Eine Replik. Giessen 1864. 8.).

Es ist nicht meine Absicht, diese ganze Streitfrage von Neuem zu erörtern [1]); vielmehr bin ich nur durch Wasserschleben's Arbeiten veranlasst worden, die Grundsätze, welche der Magdeburger Schöffenstuhl über die Successionsordnung aufstellte und beobachtete, einer Revision zu unterwerfen. Wasserschleben hat auch dieses Thema in seiner ersten Arbeit aus sehr reichhaltigen Materialien heraus bearbeitet, aber es wird die Uebersichtlichkeit der von ihm angegebenen Resultate durch zwei Umstände

---

1) Nur auf einen Punkt will ich aufmerksam machen. Der Nürnberger Ulman Stromer giebt in seiner in den ersten Jahren des 15. Jahrhunderts vollendeten Chronik (die Chroniken der fränkischen Städte I. S. 70 ff.) detaillirte Nachricht über seine Familie und zählt seine Verwandten in Classen auf, welche durchaus zu der Parentelenordnung stimmen, mit der einzigen Ausnahme, dass er seinen Oheim und die Kinder seiner Geschwister, welche verschiedenen Parentelen angehören, zusammen nennt. Die Zusammenstellung von Geschwistern der Eltern und von Kindern der Geschwister ist, wie sich weiter unten ergeben wird, auch dem Magdeburgischen Recht eigenthümlich.

besonders erschwert: 1) dadurch, dass der Verfasser die Grundsätze der Magdeburger Schöffen vielfach mit denen des Sachsenspiegels, des späteren gemeinen sächsischen Rechts und anderer
Schöffenstühle wie von Leipzig, Donyn, Halle u. s. w. vergleicht,
ohne irgendwo eine einfache Aufzählung der verschiedenen Magdeburgischen Erbrechtsclassen zu geben; 2) dadurch, dass er
nicht das gesammte Material, welches wir für die einzelnen Successionsfälle besitzen, an demselben Orte zusammenstellt, sondern
unter verschiedene Capitel vertheilt, „die Sammlungen des Magdeburger Rechts", „das Magdeburger Recht in Schlesien", „das Magdeburger Recht in Ost- und Westpreussen", „d. M. R. in Pommern",
„d. M. R. in der Mark Brandenburg", „d. M. R. in der Lausitz".
So werden dieselben Successionsfälle mehrmals an verschiedenen
Stellen des Werks und aus verschiedenen Materialien heraus er-
örtert; es werden dadurch manche Wiederholungen hervorgerufen
und die Klarheit und Einfachheit der Darstellung beeinträchtigt.

Jene Vertheilung des Materials unter die verschiedenen Capitel ist meiner Meinung nach durch die Natur der Magdeburger
Schöffenurtheile, welche die bei weitem reichhaltigste Quelle
für die Untersuchung abgegeben haben, durchaus nicht gerechtfertigt. Es war den Schöffen ganz gleich, ob ihr Spruch für
Preussen oder für Schlesien, für Brandenburg oder für die Lausitz bestimmt war. Sie entschieden immer nur allein nach ihrem,
nach dem Magdeburger Recht, und nahmen keine Rücksicht darauf,
ob in der das Urtheil holenden Stadt, welche im Allgemeinen
nach Magdeburger Recht lebte, dies Recht rein zur Anwendung
kam oder einzelne Modificationen in Folge von Privilegien oder
Willküren bestanden. Selbst dann, wenn das um Belehrung bittende
Gericht bei der Anfrage mitgetheilt hatte, dass es einen particulären Rechtssatz besitze, und wenn es die Entscheidung mit Rücksicht auf denselben erbeten hatte, erklärten die Magdeburger regelmässig, dass sie sich um Particularrecht und Willküren nicht
kümmerten; sie könnten und wollten nicht nach denselben, sondern nur nach ihrem eigenen hergebrachten Recht entscheiden [2]).

---

2) Beispiele dafür in Wasserschleben's Sammlung deutscher Rechtsquellen I. Giessen 1860 (wir werden dieses in der Arbeit häufig anzuführende
Werk hier citiren: Rq.): S. 116 Spruch nach Krakau: *Adir obir hantfesten
ewirs hern des koniges geburt uns keyn recht zcu sprechen;* S. 136: *obir der
stat willekor gebort uns keyn recht zcu sprechen;* S. 399 Spruch nach Kotbus:

Da manchem Leser von Wasserschleben's Buch, ebenso wie mir, die Resultate nicht übersichtlich entgegen getreten sein mögen, da es auch nach sorgfältigem Studium des Buchs noch zweifelhaft bleiben kann, in welcher Reihenfolge die Magdeburger Schöffen die einzelnen Erben beriefen, und in welcher Weise sie die Verwandtschaft berechneten, so habe ich eine erneute Untersuchung dieser Fragen unternommen; jedoch habe ich mich bei derselben auf den Magdeburger Schöffenstuhl beschränkt und nur hie und da in den Noten die Uebereinstimmungen oder Abweichungen anderer Schöffenstühle angegeben. Es kam mir dabei besonders auf zwei Fragen an: 1) ob die Magdeburger ihren einmal aufgestellten Sätzen getreu blieben, oder ob und in wie weit sie dieselben allmählich verliessen oder umgestalteten, und sodann 2) ob sie bloss eine Reihe von einzelnen, abgerissen für sich dastehenden Rechtssätzen zur Anwendung brachten, oder die einzelnen Sätze aus einem höheren Princip ableiteten.

Als Quelle benütze ich dieselben gedruckten Materialien, wie Wasserschleben: die Magdeburger Fragen, das Culmische Recht (resp. das system. Schöffenrecht), die Schöffenurtheile bei Böhme (dipl. Beiträge z. Untersuchung der schlesischen Rechte u. Geschichte II. 2. S. 90 — 157), das sog. Glogauer Rechtsbuch (bei Wasserschleben Rq. I. S. 1 — 79), die Poelmann'schen Distinctionen, ferner die von Neumann (Magdeburger Weisthümer aus den Originalien des Görlitzer Rathsarchivs. 1852) und die vielen, höchst interessanten von Wasserschleben (Rq. I. und gelegentlich auch in seiner Schrift über die Successionsordnung) herausgegebenen Magdeburger Urtheile.

Ausserdem standen mir einige Handschriften mit Magdeburger Urtheilen zu Gebote, nämlich:

1) Handschrift der Wallenrodt'schen Bibliothek zu Königs-

Uff uwer willikor spreche wir schepphin . . . keyn recht, sunder u. s. w.; S. 162: *Meir hat die stad eyne willekor do spreche wir keyn recht obir von rechtis wegen.* — Urtheil von 1453 (bei Wasserschleben Successionsordnung S. 77): *Had de Stad zcu Breslau ennige gnade ader wilkor dar uff en behoret uns In rechte nicht zcu derkennen, Sunder wir Scheppen zcu Magdeburgk sprechen uff die sache vor recht u. s. w.* Aehnlich sagen auch die Schöffen von Donyn (Rq. I. 383): *also dy frawe rurt dy willekor was der von kottebus willekor seynen mannen unde seynen steten gegebin hat, . . . Do spreche wir nicht obir u. s. w.*

berg (H o m e y e r Rechtsbücher n. 366), welche auch W a s s e r s c h -
l e b e n benützt hat und herauszugeben verspricht;

2) Handschrift des Kgl. geh. Archivs zu Königsberg A. 78 in
Folio (die grösste Zahl der Urtheile gebe ich in einem der folgenden Beiträge heraus);

3) eine Abschrift eines verloren gegangenen Zwickauer Codex,
aus N i e t z s c h e ' s Nachlass, in H o m e y e r ' s Besitz (H o m e y e r n.
737); viele Stücke derselben finden sich auch in der von W a s -
s e r s c h l e b e n (Rq. I. S. 128 ff.) herausgegebenen Dresdener
Handschrift.

Da ich die Verbreitung, Anerkennung und Sicherheit der
Rechtssätze nachzuweisen bestrebt war, habe ich bei jedem Falle
so viel Belege als möglich und auch die durchaus übereinstimmen-
den Parallelstellen angegeben, letztere jedoch, zum Zeichen dafür,
dass sie nur eine einfache Wiederholung enthalten, überall in
Parenthese gesetzt.

Endlich sind auch die von Neuem von W a s s e r s c h l e b e n
herausgegebenen (Succ.-Ordnung S. 125 — 163) Sippzahl- und
Erbrechtsregeln berücksichtigt, welche durchaus nicht eine gleich-
mässige Bedeutung für unsere Fragen haben. Es musste besonders darauf geachtet werden, dass die als Anhang A. mitgetheilte
Sammlung S. 125 — 134 die Regeln *nach beschriebenem gemeynen*
sechsischeme rechte aufstellt und die abweichenden Entscheidungen
der Magdeburger Schöffen als unrichtig verwirft [3]). Die Sammlung B. (S. 135 — 142) enthält Magdeburger Recht; die in einem
4. Abschnitt (S. 142 — 153) enthaltenen Regeln sind ein disparа-
tes Gemisch von Sächsischen und Magdeburger Rechtsbestimmungen. Die Sammlung C. (S. 153 — 163) enthält eine Reihe von
dem römischen Recht angehörigen Sätzen und gegen den Schluss
hin Magdeburger Erbrechtsregeln.

Trotz der zahlreichen Rechtsregeln, welche wir besitzen, trotzdem dass hunderte von Magdeburger Sprüchen über Successions-
streitigkeiten uns überliefert sind, erhalten wir doch nur für ver-
hältnissmässig wenige Fälle ausreichende Antworten. Wir haben
keine ausdrücklichen Nachrichten darüber, welche Grundsätze zur
Anwendung kamen, wenn entferntere Verwandte, als Geschwister

---

3) Die auf S. 131 — 134, §. 1 — 9, mitgetheilten und verworfenen Regeln
stimmen durchaus mit den Magdeburger Sprüchen überein; vergl. auch W a s -
s e r s c h l. Succ.-O. S. 103.

der Eltern und der Grosseltern oder als Vettern [4]) Erbrechte geltend machten, und sind daher auch nicht im Stande, die aus den
überlieferten Fällen gewonnenen Principien dadurch einer Prüfung
zu unterwerfen, dass wir ihre Stichhältigkeit bei anderen, entfernteren Verwandtschaftsverhätnissen untersuchen.

I. Unbezweifelt steht es fest, dass das nächste Erbrecht die
unmittelbare, ebenbürtige, eheliche Descendenz hat. Während der
Sachsenspiegel die Söhne den Töchtern voranstellt, hat das spätere Magdeburger Recht diesen Vorzug beseitigt und lässt Töchter mit Söhnen gleichmässig erben. Ebenso unbestritten ist es,
dass wenn der Verstorbene mehrere Frauen gehabt hatte und aus
den mehreren Ehen verschiedene Kinder hinterliess, dieselben in
gleicher Weise ihren gemeinschaftlichen Parens beerbten.

Veranlassung zu einer Erörterung bietet allein die nicht strenge
zur Erbfolgeordnung, sondern mehr in das Familienrecht gehörige
Frage, in wie weit die ausgeradeten Kinder durch die Ausradung
von ihrem künftigen Erbrecht abgefunden sind oder noch das
Recht haben, mit den nicht ausgeradeten zusammen zu erben.
Wegen der zahlreichen Bestimmungen über diese Frage weisen
wir sie hier nicht von der Hand.

1. Wenn der Vater seine Tochter nicht ausgeradet, sondern
ihr nur die Hochzeit ausgerüstet und sie bei der Verheirathung
mit einzelnen Sachen unterstützt hat, kann sie mit den übrigen
Geschwistern unbedingt concurriren.

Magd. Fragen III. 9. d. 9. [5]).

2. In Betreff der Frage, ob die Tochter, welche eine Ausstattung empfing, nach dem Tode des Vaters miterben dürfe,
weichen die einzelnen überlieferten Sprüche unter einander ab.

---

4) Wir brauchen hier und in der ganzen Abhandlung das Wort *Vetter*
im Sinne von: Kinder der Geschwister der Eltern; in den Rechtsquellen des
M. A. und auch in den Magdeburger Sprüchen bedeutet es überall des Vaters
Brüder; vergl. auch v. Richthofen altfriesisches Wörterbuch S. 730 s. v.
federia u. Benecke mittelhochdeutsches Wörterbuch III. S. 280.

5) Aehnlich wird in einem Leipziger Urtheil, Rq. I. S. 140 f. (= S. 365
f.; und daraus die Rechtsregel Succ.-O. S. 168. s. v. Kost) gesagt, dass die
Tochter, welche bei der Verheirathung Kleider erhielt und vom Vater ein
Jahr hindurch mit ihrem Manne unterhalten wurde, dadurch ihr Erbrecht
nicht verliert. Es gilt dies als eine Unterstützung, aber als keine Abfindung;
auf eine solche Unterstützung soll bei der Erbtheilung gar keine Rücksicht genommen werden.

Wenn mehrere derselben ihr noch ein Erbrecht in Grundstücke zuschreiben, so ist zu bedenken, dass in späterer Zeit auch die Töchter in Grundstücke erben, und dass daher die Ausstattung höchstens als eine Abfindung vom künftigen Mobiliarnachlass, nicht auch zugleich von dem weiteren Erbrecht erscheinen konnte. Die verschiedenen Aussprüche, welche sich unter einander nicht ausgleichen lassen, sind folgende:

a. die ausgeradete Tochter erbt mit der in des Vaters Weren gebliebenen (*bestorbenen*) die ererbten Grundstücke, auf welche sie vor Gericht nie verzichtet hat:

> Wasserschleben Rq. I. S. 139 (= C. Zwick. n. 195; und daraus die Rechtsregel Succ.-O. S. 166. s. v. Erbe) und S. 248. c. 106a (= C. Zwick. n. 141; und daraus die Rechtsregel Succ.-O. S. 164 s. v. Bestat);

dagegen hat sie kein Recht an des Vaters Erbe, d. h. die Mobilien und die wohlgewonnenen Güter gehören der unausgestatteten Tochter; die ausgeradete Tochter gilt wegen ihrer Ausradung für abgefunden mit Bezug auf diese Güter

> Rq. I. S. 139 (mit den Parallelstellen [6]);

ausser es sei denn bei der Absonderung vor Gericht vorbehalten worden, dass sie, falls sie das Empfangene wieder einbringe, auch an diesen Gütern ihr Erbrecht wieder empfange

> Rq. I. S. 248 (mit den Parallelstellen).

b. Während sie hiernach das Erbrecht unter Collation nur hat, wenn sie es sich besonders vorbehielt, bestimmt ein anderes Urtheil, ohne einen Unterschied zwischen Mobilien und Immobilien zu machen, dass sie es auch ohne Vorbehalt hat:

> Succ.-O. S. 177: hat eyn erbar man . . . zcwu seyne tochtern . . . uszgeradet und zcu dem elichen leben bestad und auch seynes gutes so vil er in gunste zcu der uszberathunge . . . mit geben und vor genuget . . . Wollen denn dy uszberaten zcwu tochter mit den dreyen sonen iren brudern . . . zcu gleichem erbeteil gebin und komen, so muszzen sie auch eyn sulchsz was sy an koste kleidunge mittegabe und an andern stucken zcu der uszberatunge gekost habenn . . . zcum ersten wider inbrengen u. s. w. — (Vergl. auch das Leipz. Urtheil Succ.-O. S. 184 f.)

---

6) Dieselbe Anfrage, auf welche der Magdeburger Oberhof die obige Ent-

c. Wenn es dann in einem anderen Spruch wieder heisst, die ausgestattete Tochter habe kein Recht der Collation und sei durch die Ausstattung ganz abgefunden, so dürfen wir, da wir den zu beurtheilenden Fall nicht genauer kennen, sondern nur die Entscheidung selbst besitzen, um dieselbe mit dem Satz bei a. auszugleichen, präsumiren, dass es sich bei der Beerbung nur um Mobilien und nicht um Grundstücke handelte.

Rq. I. S. 244. c. 98a (= C. Zwick. n. 128. und Succ.-O. S. 164. s. v. Beradt und S. 168 die 1. Stelle).

d. Endlich bestimmt ein weiteres Urtheil, dass die Tochter durch die Ausstattung ihr Erbrecht nicht verliert, wenn sie nicht auf dasselbe verzichtet, und dass sie auch nicht einmal das Empfangene zu conferiren braucht:

Succ.-O. S. 171: das haben sie geerbt auf ihre Sune und auf ire Tochter . . . sintmall des mannes wirtin (*die Tochter*) ires vaters und muters angefelle sich nie verziegen hat . . . Hat auch der vater seiner Tochter icht gegebenn an seinen erarbeiten oder gewunnen gute oder farender hab damit er sie von sich gesundert hat, es endarf sie nicht nach Magdeburgischem Recht wider einlegenn.

Es begründet keinen Unterschied, ob die Frau mit ihrem Manne noch in der Were des Vaters blieb, oder ob sie einen gesonderten Haushalt anlegte

Rq. I. S. 244. c. 98a (mit den bei c. angeführten Parallelstellen);

sondern es kommt allein darauf an, ob die empfangene Ausstattung den Charakter einer Beihülfe, oder den einer völligen Abfindung haben sollte.

3. Ein dem gesetzlichen Magdeburger Recht angehöriger Satz ist es, dass wenn der Vater die Kinder erster Ehe ausradet und denen zweiter Ehe einen entsprechenden Voraus bestimmt, alle das übrige Gut unter sich gleich theilen sollen.

Magd.-Bresl. R. von 1295. §. 12 (Magd.-Görl. R. von 1304.

---

scheidung gab (Rq. S. 139), beantworten die Leipziger Schöffen (Rq. I. S. 140 und daraus die Rechtsregel bei Wasserschl. S.-O. S. 167 s. v. Inbrengen) dahin, dass sie durch die Ausstattung mit ihrem Erbrecht völlig abgefunden sei. Nur die unausgestattete verheirathete Tochter erbt mit den Kindern in der Were, vergl. oben Anm. 5.

§. 51; Böhme S. 139. 5; Glogauer Rechtsb. c. 117 [8]);
System. Schöffenr. IV. 2. 31; Culm IV. 72; Erbrechtsregeln bei Wasserschleben Succ.-O. S. 140. art. 20).

4. Ein Sohn, welchem sein Vater bewegliches oder unbewegliches, wohlgewonnenes Gut gegeben hatte, erbt mit seinen Geschwistern, auch ohne das bereits Empfangene zu conferiren. Ja
es tritt dasselbe auch ein, wenn der Vater ererbtes Gut ihm ab-
trat, und die übrigen Erben nicht innerhalb Jahr und Tag ihren
Widerspruch geltend machten.

Succ.-O. S. 180 f. — a. a. O. S. 173 f.: Was der vater seinen Sonen und tochtern gegebenn, damit er sie von sich ge-
sondert hatt das sol ein itzlichs behaldenn u. endarff er
nach Magdepurgischem Recht nicht wider in die teillung
pringen, sondern was der vater obgenant gelassen hat
sollenn sie mit einander gleich teilenn. — Rq. I. S. 138 f.
(= S. 357 f. [9])). — System. Schöffenr. IV. 1. 13, 14, 21
(Culm IV. 13, 14, 21).

Das bei der Absonderung Empfangene gilt also auch hier nur
als Beihülfe, nicht als Abfindung. Während aber nach dem Sachsenspiegel (I. 13) das abgesonderte Kind, wenn es später erben
will, das empfangene Gut in die Theilung einbringen muss, damit
jedes Kind schliesslich gleich viel erhält [10]), so ist nach Magde-

---

8) Bei dieser Uebereinstimmung und der weiten Verbreitung des Aus-
spruches ist der Zusatz im Glog. Rechtsb. c. 117: *datum wratislavie,* aus welchem Wasserschleben Rq. I. S. VIII schliesst, dass die Stelle einen Spruch
der Breslauer Schöffen enthalte, ganz ohne Bedeutung. Es ist kein Schöffenspruch, sondern ein den Breslauern von den Magdeburgern mitgetheilter Rechtssatz, welchen jene leicht wieder anderen Städten mittheilten.

9) Während nach Rq. I. S. 357 das Urtheil den Magdeburgern angehört,
steht S. 138 f., wo sich ganz dasselbe Urtheil findet, *wir scheppen scu luthen-
brics.* Die Ansicht Wasserschleben's I. S. XX, welchem es entgangen ist,
dass dieselbe Stelle auch als Magdeburger Urtheil bezeichnet wird, es sei ein
Urtheil von Leutmeritz, ist mir sehr unwahrscheinlich, da die aus der Leipziger und Dresdener Handschrift mitgetheilten Sprüche grösstentheils für sächsische Städte eingeholt sind, und es schwer denkbar ist, dass eine sächsische
Stadt sich nach Böhmen um eine Entscheidung gewendet haben sollte, noch
dazu an ein Gericht, von dessen Thätigkeit als Oberhof ausserhalb Böhmens
(vergl. Gaupp Stadtrechte I. S. 259) uns gar nichts bekannt ist.

10) Dieser Satz des Sachsenspiegels ist anerkannt: Erbrechtsregeln S. 141.
art. 24, S. 143. reg. 1, S. 163. cap. 36; ebenso auch in einem Erkenntniss,
welches die Magdeburger umstiessen, Succ.-O. S. 173.

burger Recht das bisher streng beobachtete Princip des reinen
Intestaterbrechts aufgegeben und dem Vater eine weniger einge-
schränkte Disposition über sein Gut gewährt, durch welche er den
Erbtheil des einen Kindes grösser machen kann, im Verhältniss
zu dem der anderen. So wie Jeder bei seinen Lebzeiten seine
fahrende Habe und sein wohlgewonnenes unbewegliches Gut frei
veräussern kann, und nur in Betreff der ererbten Grundstücke
durch das Widerspruchsrecht seiner nächsten Erben eingeschränkt
ist, so. kann auch der Vater zu Gunsten eines seiner Kinder disponiren, ohne dass der ihnen durch Auflassung oder Tradition ge-
gebene Voraus ihr späteres Erbrecht beeinträchtigt.

Aber auch diese Sätze standen zu Magdeburg nicht völlig
fest, indem nach anderen Urtheilen die abgesonderten Kinder
sich mit ihrer Ausradung begnügen müssen und keine Erbrechte
mehr geltend machen dürfen:

> Böhme S. 116. 117 (System. Schöffenrecht IV. 2. 31 und
> 32; Culm IV. 73. 74), Magd. Fr. III. 9. 12. — Erbrechtsre-
> geln S. 143. reg. 1, S. 145. reg. 18, S. 148 Nota, S. 160.
> c. 26.

und wiederum nach einem unten, Beitrag VI n. LI mitzutheilen-
den Spruch die Ausradung sie nicht von ihrem Erbrecht in dem
Vater anererbte Immobilien ausschliesst.

II. Die zweite Frage ist: in wie weit erben nur die leiblichen
Kinder, oder auch Enkel und Enkelinnen, wenn ihr Vater oder
ihre Mutter bereits vor dem Grossvater oder der Grossmutter
verstorben war; mit anderen Worten: wie weit haben die Magdeburger das Repräsentationsrecht für die Descendenten anerkannt.

Sachsenspiegel I. 17. §. 1 sagt, dass die Kinder der Söhne
und der Töchter den Ascendenten vorgehen, *durch dat: it ne geit
nicht ut dem busmen, de wile de evenburdige busme dar is*, und I. 5.
§. 1, dass die Kinder vorverstorbener Söhne, aber nicht der verstorbenen Töchter, an der Eltern Stelle mit den unmittelbaren Descendenten den Grossvater beerben. Die Zurücksetzung der
Tochterkinder ist wohl daraus zu erklären, dass die Töchter
selbst bei Concurrenz mit Söhnen kein Erbrecht haben (I. 17.
§. 1).

Wir werden geneigt sein, dieselben Grundsätze auch in den
Magdeburger Urtheilen wiederzufinden; wir können von vorne
herein erwarten. dass die Kinder bereits ausgestatteter Söhne,
da ihr Vater seinen Erbtheil schon bei seinen Lebzeiten erhalten

hatte, ebenso wie die Kinder der Töchter kein Repräsentationsrecht haben. In der That ist dies auch im Ganzen das Resultat, welches sich aber nicht für jeden Spruch mit Sicherheit nachweisen lässt, besonders weil wir nicht überall wissen, ob die Enkel nur mit Descendenten oder auch mit Collateralen sich um das Erbrecht stritten.

Zunächst ist zu bemerken, dass während der Sachsenspiegel in der angeführten Stelle unter dem ebenbürtigen, zunächst erbberechtigten Busen auch die Enkel mitversteht, die Magdeburger dem Worte Busen — und zwar unmöglich in Folge eines blossen Missverständnisses des Sachsenspiegels, sondern in bewusstem Gegensatz gegen denselben — eine engere Bedeutung geben und ihn nur auf die unmittelbare Descendenz beziehen:

Succ.-O. S. 56. . . . *wan der Buseme nicht forder geet dan von dem vater auf das kindt.*

A. a. O. S. 57: *was abir des kindes vatir nach seyme tode gutis . . . gelassin hatte daz wer geerbit an daz kind von des ebinburtigen bussenis wegin u. is hat von des wegin des bussenis an seynes eldern vatirs gute kein recht wenne der ebinbortige bussenis dar nicht en is.*

Glosse zu Ssp. I. 17 (a. a. O. S. 58): *quod sinus, i. e. der Busem, non ulterius protendatur, quam de patre ad filium, et sic non ad nepotem.*

A. a. O. S. 176: *der Buseme nicht forder geet dan von dem Vater auf das kindt.*

Es sind nun die verschiedenen Fälle zu betrachten:

1. **Die Kinder unabgesonderter Söhne.**

a. **In Concurrenz mit Seitenverwandten.**

Nach einigen Sprüchen gehen die Brüder den Enkeln vor; Rq. I. S. 191 f. (= Succ.-O. S. 57),

Erbrechtsregeln S. 139. art. 9: die von Meideburg schreiben . . . das des todten mannes gantzer bruder recht do czu habe und nicht des kindes kynt der vater sei abgesundert ader nicht; S. 172 (gegen das Ende). — Ebenso erklärten dies für Magdeburger Recht die Poelmann'schen Distinctionen I. 8. d. 8. [11]).

---

11) Es polemisiren dagegen die Sippzahlregeln S. 183. §. 9: *Item eczliche sagen das myn bruder von voller gebort sulle neher syn myn erbe zcu nemen denne myns sones son, dye sagen ouch unrecht u. darumme das myns sones*

Nach anderen dagegen stehen die Seitenverwandten hinter den Enkeln zurück:

> Böhme S. 126 (System. Schöffenr. IV. 2. 36, Culm IV. 78, Magd. Fr. I. 7. 15), Wasserschl. Succ.-O. S. 58 ·(= C. Zwick. 123, 212), Erbrechtsregeln S. 144. c. 12, S. 161. c. 34.

Wenn wir annehmen, dass die eine Ansicht die andere verdrängt hat, und dass dieser Widerspruch nicht bloss auf eine Principienlosigkeit zurückzuführen ist, so werden wir die letztere als die spätere, ausgebildetere zu bezeichnen haben, welche auch mit dem Princip bei b. übereinstimmt.

> b. In Concurrenz mit unmittelbaren Descendenten.

In Folge des Repräsentationsrechts erben die Kinder verstorbener, unabgesonderter Söhne in Gemeinschaft mit den unmittelbaren Descendenten des Verstorbenen:

> Böhme S. 144. 1 (M. Fr. I. 7. 13), Rq. I. S. 164. c. 30; Neumann n. 56. a. 1484, Erbrechtsregeln S. 143, reg. 4. S. 159, c. 18 [12]).

Wegen der Uebereinstimmung dieser Sprüche werden wir auch auf Glog. Rechtsb. c. 164 kein Gewicht legen, wo dieser Rechtssatz als Breslauer Recht bezeichnet wird (daz ist noch gnadin der bresslawer), von dem das Magdeburger Recht abweiche; das Glogauer Rechtsbuch ist eine durchaus unzuverlässige Compilation, deren Inhalt mit Vorsicht zu benützen ist.

> 2. Die Tochterkinder.

Ebenso wie nach dem Sachsenspiegel Tochterkinder keinen Anspruch auf das Repräsentationsrecht haben und mit den unmittelbaren Descendenten nicht zusammen erben, erklären auch viele Magdeburger Sprüche, dass sie, gleichviel ob die Tochter ausgestattet war oder nicht, den Grossvater oder die Grossmutter nicht beerben; und zwar stehen sie nicht bloss den unmittelbaren Descendenten:

> Rq. I. S. 102. c. 188, Succ.-O. S. 77. a. 1453, Erbrechtsregeln S. 159. c. 19, Glogauer Rechtsb. c. 639. 640;

sondern selbst den Geschwistern des Erblassers nach:

---

son stet mit mir in glicher lyneen nyderwart unde myn bruder stet sythalben unde darumme ist mynes sones son neher denne myn bruder.

12) Uebereinstimmend das Leipziger Recht, vergl. Succ.-O. S. 166 (unten). — Vergl. auch Sippzahlregeln S. 127. §. 2, S. 132. §. 2.

Rq. I. S. 163 (= Succ.-O. S. 56 f.), 425 f., Succ.-O. S. 55, S. 176 (die erste Stelle), Erbrechtsregeln S. 139. art. 10, Poelmann I. 8. d. 9; vergl. auch die Nachricht der Glosse zu Ssp. I. 17 (bei Wasserschl. Succ.-O. S. 58). Dasselbe ergiebt sich auch aus Urtheilen, welche allgemein erklären, dass Enkel den Collateralen nachstehen und als einzige Ausnahme den Fall anführen, dass Enkel unabgesonderter Söhne ein Erbrecht geltend machen.

Wasserschl. Succ.-O. S. 58 (= C. Zwick. 123 und 212). Selbst mit Bezug auf die Gerade wird die Tochter der Tochter durch die Schwester der Verstorbenen ausgeschlossen,

Rq. I. S. 102. c. 88.

Dagegen gehen die Tochterkinder den Bruderskindern vor, weil während jene im zweiten Grade stehen, diese nach der Magdeburger Berechnung dem dritten Grade angehören.

Succ.-O. S. 175 (die beiden ersten Absätze).

Nach einem späteren Rechtsspruche nach Thorn vom Jahre 1524 soll jedoch das Tochterkind der Schwester vorgehen (Succ.-O. S. 88); und dasselbe ist auch wohl dem Zusammenhange nach der Sinn des Glogauer Rechtsbuchs c. 165; wenigstens für den Fall, dass die Mutter nicht abgesondert war, c. 575, Erbrechtsregeln S. 152 (die mittlere Stelle), S. 159. c. 19 [13]).

Noch weiter geht ein ungedruckter Spruch, welcher die Tochterkinder, wenn ihre Mutter bei der Verheirathung nicht ausgeradet war, nicht bloss den Collateralen vorzieht, sondern auch mit den unmittelbaren Descendenten zusammen nach Repräsentationsrecht erben lässt,

C. Wallenr. I. 11.

Die Breslauer, welche im Allgemeinen sich nach Magdeburger Recht richteten, hatten von König Johann im Jahre 1339 das besondere Privileg erhalten (Gaupp schles. Landr. S. 95):

ut pueri puerorum utriusque sexus mortuis parentibus equam et consimilem quantum parentes eorum contingere posset, ab Avis et Avabus divoluciariam sumere debeant portionem; vergl. auch Glogauer Rechtsb. c. 166.

---

13) Wenn sich aber Wasserschleben Succ.-O. S. 60 dafür, dass die Magdeburger Schöffen allgemein die Descendenz vor den übrigen Verwandten erben liessen, auf die Erbrechtsregel S. 156. d. 13 beruft, so ist dies Zeugniss doch nicht über jeden Zweifel erhaben, da in den Regeln dieser Handschrift sächsische und Magdeburger Sätze unter einander vermischt stehen.

Auf diese besondere locale Bestimmung bezogen sich die Parteien in einem Process vom Jahre 1453 (Rq. I. S. 75), doch ohne Erfolg; denn die Magdeburger, denen die Entscheidung des Rechtsstreits oblag, nahmen nur auf ihr eigenes Recht Rücksicht und liessen die Tochterkinder nicht mit den Söhnen zusammen erben.

Wenn wir diese Nachricht über das besondere Breslauer Recht berücksichtigen, wird es auch begreiflich, warum die Bestimmung in Syst. Schöffenr. IV. 2. 36, Culm IV. 78 und Magd. Fragen I. 7. 15, dass die Kinder unabgesonderter Söhne. den Geschwistern des Verstorbenen vorgehen, in Böhme S. 126. 1 dahin abgeändert ist, dass dies gleichmässig für Sohnes- und Tochterkinder gelte; die Sammlung bei Böhme enthält Magdeburger Recht, wie es in Schlesien, besonders in Breslau galt [14]), und erfuhr daher mit Bezug auf jenen Breslauer Rechtssatz diese Modification [15]).

Endlich bestimmt Böhme S. 144. 1 (= Magd. Fragen I. 7. 13, Erbrechtsregeln S. 159. 17), dass die Grossmutter ohne irgend eine Beschränkung von ihren Enkeln beerbt wird, — nämlich darum, weil die Absonderung nur mit Rücksicht auf das Vermögen des Vaters erfolgt — und dass in der Beerbung des Grossvaters die Tochterkinder den Kindern abgesonderter Söhne gleich stehen [16]).

3. Die Kinder abgesonderter Kinder.

Dieselbe Zurücksetzung den Collateralen gegenüber, welche nach den eben gemachten Mittheilungen die Tochterkinder trifft, gilt nach Magdeburger Recht auch für die Kinder abgesonderter Söhne; sie stehen dem Bruder des Verstorbenen nach:

Syst. Schöffenr. IV. 2. 36 (Culm IV. 78, Magd. Fr. I. 7. 15, Glogauer Rechtsb. c. 574; vergl. auch Böhme S.

---

14) Stobbe Zeitschr. f. d. R. XVII. S. 412 ff.

15) Böhme S. 118. 8 sagt, dass Tochterkinder Erbrecht haben; wir kennen nicht die Quelle dieser Bestimmung und können auch nicht ihre Bedeutung abmessen, da nicht gesagt ist, welchen anderen Prätendenten sie vorgezogen werden.

16) Nach Leipziger Recht gingen die Tochterkinder den Collateralen voran (Succ.-O. S. 58) und erbten, wenn ihre Mutter unausgeradet war, mit den Söhnen zusammen (a. a. O. S. 167). — Die Dresdener Schöffen schliessen bei Beerbung der Grossmutter die Tochterkinder aus, wenn sie mit unmittelbaren Descendenten concurriren wollen, Rq. I. S. 322 f.; ebenso die Schöffen von Donyn, Succ. O. S. 167 s. v. Erbeygen.

126. 1), Succ.-O. S. 161. c. 35, Glogauer Rechtsbuch c. 116 [17]).

III. Wenn keine Descendenten vorhanden sind, erben die Ascendenten; der Ssp. I. 17. §. 1 sagt: Vater und Mutter. Es wird sich nicht mit Sicherheit entscheiden lassen, ob der Sachsenspiegel nur die unmittelbaren oder auch die höheren Ascendenten meint; das erstere vertheidigt Homeyer (a. a. O. S. 11 f.), das letztere Wasserschleben (Succ.-O. S. 30 ff., Princip der Erbenfolge S. 35 f.). Sehen wir, wie die Magdeburger sich zu dieser Frage verhielten.

1. Dass das Kind sein Gut auf die Mutter und ebenso auf den Vater vererbt, wird in sehr vielen Stellen gesagt:

Breslau-Magd. R. v. 1261. §. 48 (System. Schöffenr. IV. 2. 29, Culm IV. 71), System. Schöffenr. IV. 2. 37 (Culm IV. 79, Böhme S. 124), Böhme S. 111. 4, Magd. Fr. I. 7. 1, I. 7. 9, Sippzahlregeln S. 143. Reg. 2, 8, 26 [18]).

2. Was nun aber die weitere Ascendenz, die Grosseltern anbetrifft, so kommen diese beim Mangel der Descendenz und der unmittelbaren Ascendenz nach Magdeburger Recht nicht sogleich zum Erbrecht, sondern stehen einigen Collateralen nach und erben mit anderen zusammen.

a. Die Halbgeschwister, also gewiss auch die vollbürtigen Geschwister gehen der Grossmutter vor; C. Zwick. n. 66, Succ.-O. S. 63, S. 174.

Nach den Sippzahlregeln S. 136. art. 7. 8 stehen nur die rechten Geschwister, nicht aber die Halbgeschwister den Grosseltern voran.

b. Die Grosseltern erben in Gemeinschaft mit den Geschwistern der Eltern:

---

17) Allgemein sprechen, ohne auf das Geschlecht Rücksicht zu nehmen, die Regeln: Succ.-O. S. 136. art. 10, S. 143. reg. 4, S. 160. c. 28.

18) Weder mit . dem Sachsenspiegel, noch mit diesen Aussprüchen des Magdeb. Rechts ist ein Schöffenurtheil Succ.-O. S. 172. Abs. 3 zu vereinigen, dass der Mutter oder Grossmutter der Halbbruder vorgeht; nach S. 141. art. 22 und 23 scheinen die Eltern nur den Halbgeschwistern, aber nicht den vollbürtigen Geschwistern vorzugehen. Im Glog. Rechtsbuch c. 128 ist der Vorzug der Geschwister vor den Eltern daraus zu erklären, dass die Geschwister ihre Güter zu Gesammteigenthum besassen und daher beim Tode des Einen unter ihnen gar kein Erbfall entsteht. Auf dieselbe Weise ist wohl auch Succ.-O. S. 143. reg. 3 aufzufassen.

System. Schöffenr. IV. 2. 35 (Culm IV. 77, Magd. Fr. I.
7. 14, Glog. Rechtsb. c. 572, Succ.-O. S. 167, S. 174, S.
175), Neumann S. 108. a. 1469, Cod. Regiom. n. 63
(vergl. unten n. LII), Succ.-O. S. 69 (drei Stellen), Sippzahlregeln S. 136. art. 9, S. 139. art. 11, S. 141. art. 21,
S. 144. art. 11 [19]).

(Gegen diese Zusammenstellung erklären sich die Sippzahlregeln S. 131, §. 1, 148. reg. 31 und S. 152 und berufen in völliger
Sonderung dreier Gruppen von Erbberechtigten (Descendenten,
Ascendenten und Collateralen) keine Seitenverwandten, so lange
noch Ascendenten da sind.)

Ferner erben mit den Grosseltern die Geschwisterkinder zusammen:

Magd. Fragen III. 9. 13.

(Gleichfalls erklären sich dagegen die Regeln S. 132. §. 4.)

Da die Sippzahlregeln S. 133. §. 6 die Annahme verwerfen,
dass der Urgrossvater mit dem Grossoheim erbe, so ist es wahrscheinlich, dass auch dieser Satz von den Magdeburgern aufgestellt wurde.

Dagegen gehen die Grosseltern den Vettern voran. Magd.
Fr. III. 9. 11, Erbrechtsregel S. 148. reg. 30.

Aus diesen Sätzen für die Ascendenz können wir auch einige
für die Collateralen wichtige Resultate abnehmen: Die Geschwister
der Eltern und die Kinder der Geschwister stehen einander gleich [20]),
gehen aber den Vettern voran.

IV. Am wichtigsten für die Beantwortung der Frage, nach
welchem Princip die Verwandtschaft und Gradesnähe berechnet
wurde, ist die Erbfolgeordnung der Seitenverwandten.

1. Die nächsten Verwandten sind die Geschwister; derselbe
Vorzug, welchen der Sachsenspiegel (I. 3. §. 3, II. 20. §. 1) den
Vollgeschwistern vor den Halbgeschwistern giebt, ist auch von den
Magdeburger Schöffen oft genug anerkannt worden, so

Böhme S. 111. 4, System. Schöffenr. IV. 2. 34 (Culm
IV. 76), Rq. I. S. 270 ff., Neumann n. 70. a. 1526 [21]).

Während aber nach dem Sachsenspiegel die Halbgeschwister

---

19) Ebenso entscheiden die Schöffen von Dresden, Rq. I. S. 325 f. und
von Leipzig, Succ.-O. S. 166 und S. 167.
20) Ueber ihre Gleichstellung auch zu Nürnberg vergl. oben S. 36. n. 1.
21) Desgleichen nach Leipziger Recht, Succ.-O. S. 169.

wegen der Halbgeburt einen Grad tiefer stehen und mit dem Kinde des vollen Bruders zusammen erben, lassen die Magdeburger den Halbbruder dem Kinde des vollbürtigen Bruders vorgehen. Man könnte dies auch so ausdrücken: der Halbbruder steht dem vollen Bruder nicht um einen ganzen, sondern um einen halben Grad nach;

Magd. Fr. I. 7. 8: *Des todten mannes bruder halbir geborth hat recht zcu des toden mannis gut und des toden mannis swesterson vollir geborth kan dortzu nicht komen.*

I. 7. 11: Auf die Frage, ob der Halbbruder und der ganzen Schwester Sohn zusammen erben, lautet die Antwort: *des mannes halbe bruder ist seyn erbegelop und sal seyn erbe u. gut nemen.*

I. 7. 20: *das dy halbe swester nehir hant und erbe ist zcu dem gute und zcu dem erbe . . . u. des toden kindes swesterkinth gantzer gebort kan dortzu nicht komen* [22]).

Syst. Schöffenr. IV. 2. 53 (Culm IV. 95), Succ.-O. S. 164 (unten), S. 165. — Rq. I. S. 172, 238 f. — Succ.-O. S. 58 (= C. Zwick. 123 und 212), S. 139. art. 13, S. 161. art. 33, S. 170. — C. Regiom. n. 39 [23]).

Ebenso gehen die Halbgeschwister den Grosseltern (vergl. S. 49) und den Geschwistern der Eltern vor.

Neumann n. 13, Succ.-O. S. 64. n. *, S. 136. art. 3 [24]).

Es ergiebt sich hieraus folgende Reihenfolge von Verwandten

---

22) Ich theile die 3 Stellen der Magdeburger Fragen, welche in den Ausgaben anders lauten, nach zwei von mir verglichenen Handschriften (der Wasserschleben'schen und der in Homeyer's Besitz befindlichen Abschrift des Zwickauer Codex) mit; nach der Ausgabe I. 7. 8 und I. 7. 11 erben die Halbgeschwister und die Geschwisterkinder mit einander nach Landrecht, und ist nur anhangsweise die Abweichung des Magdeburger Rechts bemerkt; I. 7. 20 der Ausgabe enthält nur die Anfrage und beruft sich, was die Antwort betrifft, auf die vorhergehenden Entscheidungen. — Die Sippzahlregeln folgen dem Sachsenspiegel und erheben gegen die Auffassung des Magdeburger Rechts Protest: S. 131. §. 5, S. 132. §. 3, S. 144. reg. 9 (unter Berufung auf Magd. Fragen I. 7. 8, also unter Benützung der späteren Redaction), S. 147. reg. 26.

23) Aus dem römischen Recht findet sich in Succ.-O. S. 153. art. 2 der Satz, dass die Kinder vollbürtiger Geschwister den Halbgeschwistern vorgehen.

24) Ebenso nach Leipziger Recht, vergl. Succ.-O. S. 170; dagegen entschied das Leipziger Hofgericht, dass Halbgeschwister und Geschwister der Eltern einander gleichstünden, vergl. a. a. O. S. 64.

4*

in der Seitenlinie: 1) Geschwister voller Geburt, 2) halbbürtige Ge-
schwister, 3) Kinder vollbürtiger Geschwister. Entsprechend den
Grundsätzen des sächsischen Landrechts (Succ.-O. S. 129. §. 6,
S. 132. §. 2) gilt in der Seitenlinie kein Repräsentationsrecht und
können die Geschwisterkinder nur dann, wenn ihre Eltern den
Anfall erlebt haben, mit den Geschwistern zusammen erben; vergl.
Magd. Fr. I. 7. 7.

2. Bei den Geschwisterkindern macht sich aber wiederum der
Vorzug der vollen vor der halben Geburt geltend,

Magd. Fr. I. 7. 12: *Des todten mannes schwester son voller geburt von vater u. mutter nimpt sein erb, und nicht des bruders
son halber geburt* [25]).

Nach den obigen Anführungen stehen in derselben Classe mit
den Geschwisterkindern auch die Geschwister der Eltern (Sippzahlregeln S. 136. art 5, S. 137. art. 11, S. 145. art. 15, S. 176 [26]),
gleichfalls wieder unter der Voraussetzung, dass die halbbürtige
Verwandtschaft keine Zurücksetzung begründet. Darum folgen
der Eltern volle Geschwister vor den Halbgeschwistern derselben:
Syst. Schöffenr. IV. 2. 38 (Culm IV. 80, Magd. Fr. I. 7. d. 16,
Böhm e S. 125, Succ.-O. S. 158. cap. 13, S. 161. c. 31, Glogauer
Rechtsb. c. 119).

Ich kann hiernach die Behauptung Wasserschleben's
(Succ.-O. S. 65) nicht billigen, dass bei den Geschwistern der Eltern
nach Magdeburger Recht die Halbgeburt keinen Einfluss auf die
Erbfolge habe; sie hat vielmehr auch in diesem Verwandtschafts-
grade ganz dieselbe Bedeutung, welche das Magdeburger Recht
überhaupt der Halbgeburt beilegt. Es erben allerdings nicht die
Halbgeschwister der Eltern, wie es nach dem Sachsenspiegel, welcher sie um einen Grad tiefer stellt, der Fall sein würde, mit den
Kindern der vollbürtigen Geschwister der Eltern, d. h. mit den
Vettern des Verstorbenen, aber wohl hat die Halbgeburt, wie sich
aus den obigen Stellen ergiebt, die Wirkung, dass unter den Geschwistern der Eltern die Vollbürtigen den Halbbürtigen vorgehen. Dies stimmt auch durchaus zu der oben für die Halbgeschwister des zu Beerbenden nachgewiesenen Stellung; die halbe
Geburt lässt im Magdeburger Recht die Verwandtschaft nicht um
einen ganzen, sondern um einen halben Grad herunterrücken.

---

25) Ebenso entscheiden die Leipziger, Succ.-O. S. 169.
26) Römisches Recht enthält Succ.-O. S. 154. art. 3—7.

Denselben Irrthum hat Wasserschleben S. 68 mit Bezug auf die S. 67 mitgetheilte Stelle einer Leipziger Handschrift begangen. In derselben heisst es, nach Weichbildrecht gebe die volle Geburt vor der halben Geburt einen Vorzug nur bei den Geschwistern; nach sächsischem Landrecht stehe überhaupt immer die halbe Geburt um ein Glied zurück; es sei daher im Erbrecht wohl zu beachten, ob nach Magdeburger Recht, nach Weichbild- oder nach sächsischem Landrecht gesprochen werde. Da Wasserschleben annimmt, dass das Magdeburger Recht mit Ausnahme des Falls, dass halbbürtige und vollbürtige Geschwister concurriren, die Halbgeburt ignorire, glaubt er, dass die Stelle einen Irrthum enthalte, weil sie das Magdeburger Recht noch besonders dem Weichbildrechte entgegenstelle. Der Unterschied besteht aber nach dem Obigen in der That, indem das Magdeburger Recht auch in den weiteren Verwandtschaftsgraden die Halbgeburt berücksichtigt.

3. Die bisher aufgeführten Grade, gleichviel ob die Verwandtschaft eine voll- oder halbbürtige ist, gehen den Elterngeschwisterkindern, d. h. den Vettern vor. Wir stellen dafür die Belege zusammen:

a. Der Halbbruder geht dem Vetter vor, Rq. I. S. 162 (= S. 360).

b. Die Geschwisterkinder, selbst die Kinder von Halbgeschwistern gehen den Vettern vor:

Magd. Fr. I. 7. 22. — C. Wallenr. I. n. 64 (c. a. 1383). — Succ.-O. S. 77 f. (a. 1461). — S. 65 (die Stelle aus dem Cod. Dresd.). — Erbrechtsregeln S. 136. art. 4, S. 139. art. 14, S. 145. art. 16, S. 154. art. 4. 5, S. 174 (a. E.) [27]).

Die Sippzahlregeln S. 133. §. 7 erklären sich dagegen, weil sie die Halbgeburt um einen Grad tiefer stellen; nach ihnen würden die Kinder der Halbgeschwister als Grossneffen gelten und mit den Vettern zusammen im 4. Grade stehen [28]).

c. Die Geschwister der Eltern gehen dem Vetter vor:

---

27) Ebenso nach Leipziger Recht, Succ.-O. S. 65 (= S. 176).

28) Nach demselben Princip wird S. 149. Reg. 32 des Vaters Halbbruder und des Halbbruders Sohn dem Vetter gleichgestellt. Nach diesen Nachrichten ist mir zweifelhaft, ob der Satz S. 166 (gegen unten), dass der Vetter dem Sohne der Halbschwester gleichstehe, wirklich Magdeburger Recht ist, wofür er sich ausgiebt.

Böhme S. 95. 8, 9. — Rq. I. S. 250. — Succ.-O. S. 166 (der 5. Absatz);

selbst die Halbgeschwister der Eltern sind näher:

Syst. Schöffenr. IV. 2. 39 (Culm IV. 81) [29]). — Glogauer Rechtsbuch c. 564 [30]), Rq. I. S. 194 f. (= S. 244, C. Zwick. n. 129 [31]). — Erbrechtsregeln S. 139. art. 12, S. 161. c. 32, S. 167, S. 169, S. 175 (= Succ.-O. S. 66) [32]).

4. Mit dem Vetter erben zusammen die Geschwister der Grosseltern, Magd. Fr. III. 9. 10 (= Erbrechtsregel S. 148. 29):

ein kindt stirbt und lest seines Vaters mutter bruder voller geburt, und seines Vaters ungezweiten bruders kinder, und seiner mutter halben bruder . . . Hierauff sprechen wir für Recht, Das alle die vorgenanten personen gleich nahe sind.

Auffallend bleibt es, dass dem Vetter und Grossoheim die Halbgeschwister der Eltern gleichgestellt werden, welche nach Magdeburger Recht den Vettern vorgehen [33]).

---

29) Die Parallelstelle Böhme S. 125. 2 hat einen ganz anderen Fall daraus gemacht. — Eben dasselbe wie Syst. Schöffenr. IV. 2. 39 sagt der in Handschriften enthaltene Text von Magd. Fr. I. 7. 17: *Des kindes gut sol fallen uff des kindes vetter, der eynthalben seynes vater bruder was unde nicht uff seynes vettern kindt das seynes vater bruder was ungezweyt.* — Der Zobel'sche Text sagt: *Des kindes gut sol fallen zu gleicher teilung nach Landtrecht, aber nach Magdeburgischem Rechte fellet es uff des vaters bruder kindt.* Das letztere ist ein Irrthum; nach Magdeburger Recht erbt nicht der Vetter. Wir erhalten einen richtigen Sinn, wenn wir das letzte Wort *kindt* fortlassen, wie dasselbe auch in der Sippzahlregel (Succ.-O. S. 145. Reg. 14) fehlt.

30) Mit der von Wasserschleben Succ.-O. S. 72 vorgeschlagenen, wahrscheinlichen Emendation.

31) Die entgegengesetzte Ansicht (vergl. N. 29), dass Vetter und halber Oheim zusammen erben, sprechen die Schöffen von Halle in ganz derselben Sache aus, Rq. I. S. 194, wobei es nur auffallend ist, dass auch die vollen und die halben Vettern einander gleichgestellt werden; es dürfte wohl mit Rücksicht auf die erfolgte Anfrage zu emendiren sein: *auch von vollir gebort die sullen* u. s. w. Die Gleichstellung der Vettern und der Halbgeschwister der Eltern erklären die Magdeburger selbst (bei Böhme S. 130) für Landrecht und vertheidigen die Sippzahlregeln S. 132. §. 5 gegen die im Text angeführte Bestimmung.

32) Ebenso entscheiden auch die Leipziger, Succ.-O. S. 67 (= S. 176).

33) In Erbrechtsregeln S. 151 hat diese Stelle durch ein zwischengeschobenes ader: *seynes vaters ader mutter bruder* einen andern Sinn erhalten; danach würden vollbürtige und halbbürtige Geschwister der Eltern und Vettern gleich stehen.

Ferner steht dem Vetter der Grosssohn des Bruders gleich, Erbrechtsregeln S. 137. art. 12.

————————

Dies ist das Material, über welches wir aus dem Magdeburger Recht gebieten können; wir stellen zunächst die gewonnene Erbfolgeordnung hin:

1. Die Descendenz, wobei zahlreiche Abweichungen mit Bezug auf das Repräsentationsrecht der Enkel vorkommen;

2. die Eltern;

3. die vollbürtigen Geschwister;

4. die halbbürtigen Geschwister;

5. die Grosseltern, die Geschwister der Eltern und die Kinder der Geschwister, mit Modificationen, welche sich wieder aus der Halbgeburt ergeben;

6. die Geschwister der Grosseltern, Vettern und Grosskinder der Geschwister.

Wenn wir diese Erbfolgeordnung des Magdeburger Schöffenstuhls betrachten, so kann es keinem Zweifel mehr unterliegen, dass sie von den Principien des Sachsenspiegels stark abweicht, und dass die Parentelenordnung, gegen welche sich früher Siegel und jetzt Wasserschleben erklären, den Magdeburger Schöffen in der That durchaus fremd gewesen ist. Nach der Parentelenordnung müssten die Geschwisterkinder allein erben, nicht wie es hier der Fall ist, mit den Grosseltern und den Geschwistern der Eltern zusammen; nach ihr würden ferner zuerst die Vettern erben, dann erst die Geschwister der Grosseltern; ferner müssten die Grosskinder der Geschwister vor den Grosseltern, den Geschwistern der Eltern, der Grosseltern und den Vettern erben u. s. w.

Fragt man nun, welches Princip die Magdeburger bei ihren einzelnen Sätzen beobachteten, so geben wir die Antwort, dass sie nach der Gradesnähe, welche sie in derselben Weise wie die Römer berechneten, entschieden [34]) und nur einige Modificationen mit Bezug auf die höhere Ascendenz eintreten liessen.

————————

34) Wasserschleben S. 23 und S. 27 sagt selbst, dass man in den Ländern des sächsischen Rechts seit dem 14. und 15. Jahrhundert römisch computirte. Bedenken wir nun, dass Quellen des Magdeburger Rechts, abgesehen von den Magdeburger Weisthümern, welche nur wenig über Erbrechtsfälle enthalten, erst seit dem 14. Jahrhundert reich-

Zuerst erbt die Descendenz, dann die unmittelbare Ascendenz (1. Grad), dann die Geschwister (2. Grad); nach denselben die Grosseltern, welche gleichfalls im 2. Grade verwandt sind, und mit denselben alle diejenigen, welche im 3. Grade verwandt sind, also Geschwisterkinder und Geschwister der Eltern; es folgt der 4. Grad, also Vettern, Geschwister der Grosseltern und Enkel der Geschwister. Weiter reichen unsere Nachrichten nicht, um dies — allerdings nicht ausnahmlose — Princip auch in den entfernteren Verwandtschaftsgraden zu verfolgen.

Das Resultat ist also, dass wenn wir von den drei ersten Classen des römischen Intestaterbrechts und von den Wirkungen der Halbgeburt im Magdeburger Recht absehen, im Uebrigen die Entscheidung nach römischem und nach Magdeburger Recht gleich lauten würde.

Haben aber darum die Magdeburger nach römischem Recht geurtheilt? [35]) Meiner Meinung nach gewiss nicht. Die Magdeburger Schöffen haben, so weit wir nach den vielen hunderten uns vorliegenden Erkenntnissen urtheilen dürfen, sich nirgends an das römische Recht angeschlossen. Sie kennen dasselbe gar nicht, und selbst wenn ihnen die Parteien, welche sich hie und da bereits rechtsgelehrter Beistände bedienten, in ihren Vorträgen einzelne Stellen des römischen Rechts zur Unterstützung ihrer Ansprüche beigebracht hatten, nahmen sie auf dieselben keine Rücksicht und entschieden allein nach ihren, deutschen, Grundsätzen [36]). Wir haben es hier also nur mit deutschen Rechtssätzen zu thun, welche aber zum Theil mit den römischen übereinstimmen.

Der Grund dieser Uebereinstimmung ist darin zu finden, dass die Deutschen sich im späteren Mittelalter zur Berechnung der Verwandtschaft nicht mehr des Bildes von dem Körper, sondern

---

licher vorhanden sind, so verliert die Behauptung im Texte jede innere Unwahrscheinlichkeit. — Die römische Computation wird ganz deutlich bezeichnet in Sippschaftsregeln §. 4 (S. 130): *Nach werltlicheme rechte wye vil der personen synt mit den cuwen von der syppschafft man fraget, Isz sy yn glicher addir unglicher lyneen als vil synt ouch der grad addir gelede cne eyns, also das man den stamme mete czele,* ferner liegt sie zu Grunde den S. 157. art. 16—21 aufgestellten Regeln, wenn man die bei Poelmann enthaltenen Varianten wählt.

35) Wasserschleben Succ.-O. S. 63. N. * läugnet auch mit Recht die Einflüsse des römischen Rechts.

36) Stobbe Geschichte der deutschen Rechtsquellen I. S. 281.

des Arbor consanguinitatis bedienten [37]); er ist in vielen Handschriften mitgetheilt, auf ihn nahmen viele Schöffenurtheile und die Erbrechtsregeln Rücksicht. Kannte man denselben, so lag es nahe, in römischer Weise zu zählen, sei es dass man dieselbe von den Römern gelernt hatte, sei es dass man selbständig auf sie kam.

Wasserschleben [38]) dagegen behauptet, dass die Magdeburger canonisch computirten. Er führt aber als Beweis dafür nur den einen Rechtssatz an, dass Grossvater und Geschwister des Vaters nach Magdeburger Recht gleich gesippt seien und zusammen erben [39]). Es lässt sich für diesen einen Rechtssatz, wenn wir auf die übrigen keine Rücksicht nehmen, die canonische Computation rechtfertigen; Grossvater und Oheim stehen im 2. Grade derselben; der Oheim steht von dem gemeinschaftlichen Stammvater, dem Grossvater, nur um einen Grad zurück, indessen ist nach canonischer Berechnung auf die längere Seite Rücksicht zu nehmen, so dass er auch im zweiten Grade steht.

Wir wenden nun aber gegen jene Behauptung Wasserschleben's ein: wenn Grosseltern und Geschwister der Eltern darum zusammen erbten, weil sie beide im 2. Grade canonischer Computation stehen, so mussten, wenn die canonische Berechnung überhaupt bei den Magdeburgern galt, mit den Grosseltern und Geschwistern der Eltern auch die Vettern erben, welche gleichfalls im 2. Grade stehen. Das ist nun aber nicht der Fall; der Vetter erbt später, mit den Geschwistern der Grosseltern und den Enkeln der Geschwister. Diese letzteren Personen stehen nach

----

37) Ueber seine Benützung Wasserschleben S. 25.

38) S. 27, 51, 55, 62. — Dasselbe behauptet er aus demselben Grunde auch für die Leipziger (S. 27).

39) Da Wasserschleben diesen Satz als alleiniges Moment zur Bestimmung der Magdeburger Computation anführt, so können wir es mit seiner eigenen Ansicht schwer vereinbaren, wenn er S. 68 gerade dieses Zusammenerben für „höchst eigenthümlich" erklärt. — Wir können nur zugeben, dass der Ausdruck des Magdeburger Urtheils (Succ.-O. S. 69), es seien der Grossvater und die Geschwister der Eltern gleich gesippt, sehr auffallend sei, da dies bedeutet, sie erben nicht bloss zusammen, sondern stehen nach der Zählung in demselben Grade. — Da Wasserschleben, wie bemerkt, keinen anderen Grund für die canonische Computation anführt, so ist es auch nicht genau gesprochen, wenn er S. 69 sagt: „auch hieraus erhellt u. s. w."; es ist dies eben der einzige beigebrachte Grund.

canonischer Zählung in einem anderen Grade als der Vetter;
dieser nämlich im 2., jene im 3. Grade.

Nur einen dieser Einwände hat Wasserschleben S. 64 zu
beseitigen versucht, nämlich den, dass gegen die canonische Computation die Neffen den Vettern vorgehen. Er sagt: da die Geschwister (1. Grad) den Geschwistern der Eltern (2. Grad) vorgehen, so hätten die Magdeburger ein gleiches Verhältniss auch
für deren beiderseitige Descendenten zur Anwendung kommen
lassen, nämlich die Geschwisterkinder den Vettern vorangestellt.
Wir können diese Erklärung nicht billigen und glauben, dass Wasserschleben's Princip überhaupt nur für sehr wenige Fälle eine
Wahrheit ist. Er widerruft aber auch gewissermaassen seinen eben
mitgetheilten Erklärungsversuch, indem er S. 78, wo er ein Magdeburger Urtheil vom Jahre 1461 des Inhalts anführt, dass der Neffe
dem Vetter vorgeht, selbst zugiebt, dass dasselbe mit der canoni-
schen Computation nicht übereinstimme, und aus diesem Urtheil
schliesst, dass um diese Zeit die Schöffen die canonische Computation bereits verlassen und sich zu der römischen gewandt haben. Aber dies Urtheil von 1461 stimmt, wie wir oben angeführt
haben, mit sehr vielen anderen überein; überall wird dem Neffen
der Vorrang vor dem Vetter gegeben, nirgends erben beide zusammen. Es ergiebt sich daraus also, dass die Magdeburger nicht
erst um 1461 zur römischen Computation übergegangen sind, sondern dass sie, soweit wir ihre Sprüche überhaupt zurückverfolgen
können, in ähnlicher Weise wie die Römer die Grade gezählt
haben.

IV.

Zur Lehre von den Verwendungen auf eine fremde Sache und dem Erwerbe der Früchte.

Wenn man nach einem charakteristischen Unterschiede in den Bestimmungen und in der Ausbildung des deutschen und des römischen Rechts sucht, wird man denselben noch am ehesten darin finden dürfen, dass das römische Recht aus allgemeinen Sätzen und aus Begriffen heraus die Folgerungen zieht und auch vor scheinbaren Härten nicht zurückschreckt, das deutsche Recht dagegen nicht den Anspruch einer durchaus consequenten, in sich geschlossenen, von allgemeinen leitenden, höheren Grundsätzen beherrschten Rechtsbildung erhebt, sondern für die einzelnen im praktischen Leben gewöhnlichen Fälle die billige Entscheidung sucht, unbekümmert darum, ob alle einzelnen Entscheidungen sich zu einem systematischen Ganzen fügen oder nicht. Die deutschen Schöffen hielten sich an die für die verschiedenen Fälle hergebrachten Regeln, oder stellten, wo es für die von ihnen zu beurtheilende Streitsache an einer Rechtsregel fehlte oder zu fehlen schien, in durchaus schöpferischer Thätigkeit einen neuen Grundsatz auf, ohne ihn aus allgemeinen Principien durch bewusste, juristische Logik abzuleiten; sie folgten nur einem dunkeln Billigkeitsgefühl.

Daher wird es heut zu Tage dem Rechtshistoriker, welcher das Recht des Mittelalters reconstruirt, um seine fortwirkenden Einflüsse in der Gegenwart zu verfolgen, oft schwer, den leitenden Faden zu finden und die speciellen Sätze einem allgemeinen Princip unterzuordnen. Er muss sich nicht selten damit begnügen, einzelne Bruchstücke neben einander zu stellen, welche mit einander verwandt und Theile desselben Ganzen sind, ohne sie zu einem in sich gegliederten, einheitlichen Bau zusammenfügen zu können. So ist es auch mit den im Folgenden behandelten Fragen der Fall.

Wir heben ein paar Lehren heraus, in denen das römische

und das deutsche Recht entgegengesetzte Auffassungen befolgen und letzteres von Rücksichten der Billigkeit bestimmt wird. Wir beschäftigen uns mit den Fragen:

1) in wie weit kann derjenige, welcher auf eine fremde Sache Verwendungen gemacht hat, vom Eigenthümer oder von anderen Berechtigten Ersatz dafür verlangen; und

2) unter welchen Voraussetzungen ist ein Nichteigenthümer berechtigt die Früchte zu ziehen, resp. verpflichtet, die bereits gezogenen oder consumirten Früchte dem Eigenthümer zu ersetzen [1]).

Eine Reihe von Sätzen, welche zu der zweiten Frage gehören, steht im Zusammenhange mit der Lehre von den Verwendungen, wenn es sich nämlich darum handelt, in wiefern derjenige, welcher auf eine fremde Sache Verwendungen machte, berechtigt ist, den durch dieselben erreichten oder noch zu erreichenden Vortheil in seinen Nutzen zu ziehen. Die Verwendungen auf eine fremde Sache kommen entweder dem Eigenthümer derselben resp. einem sonst Berechtigten, oder demjenigen, welcher sie machte, zu gute; es ist nun zu untersuchen, wann dieses und wann jenes stattfindet und wann im ersten Falle der Eigenthümer zum Ersatz verpflichtet ist. Es rechtfertigt sich daraus, die beiden Lehren hier mit einander zu verbinden.

Das römische Recht bestimmt, dass die impensae necessariae jedem Besitzer, mit Ausnahme des Diebes, die impensae utiles dem bonae fidei possessor zu ersetzen sind und in Betreff der voluptuosae nur ein jus tollendi besteht. Um den Anspruch auf Ersatz geltend zu machen, giebt das römische Recht keine Klage, sondern nur die Retentionseinrede; es kennt keinen selbständigen Anspruch dessen, welcher auf eine fremde Sache Verwendungen machte, Ersatz dafür von demjenigen zu verlangen, welcher den Vortheil von den impensae hat. Nur derjenige, welcher ohne Auftrag für einen Anderen handelte und dabei die Absicht hatte, den Vortheil desselben wahrzunehmen, hat eine actio negotiorum gestorum; wer dagegen bona fide auf eine fremde Sache, welche

---

1) Aus der früheren Literatur ist über diese Frage besonders zu vergl. V. Platner Ueber die historische Entwickelung des Systems und des Charakters des deutschen Rechts. II. 1854. S. 139 ff., 147 ff. — Ueber die Einflüsse, welche das deutsche Recht in dieser Lehre auf die gemeinrechtliche Praxis und Theorie ausgeübt hat, vergl. auch Ferd. Fabricius de impensis secundum jus Romanum. Vratislav. 1861. 8. p. 14 seqq.

er für die eigene hielt, Verwendungen machte, hat keine Klage.
Am deutlichsten sprechen dies aus L. 33 in f. D. XII. 6, L. 14.
D. XLIV. 4, L. 14. §. 1. D. X. 3.

Obgleich sich aus diesen Stellen unwidersprechlich ergiebt,
dass dem römischen Recht eine actio negotiorum gestorum utilis
für den bonae fidei possessor fremd war, so ist doch in der Literatur immer wieder von Neuem die Behauptung aufgetreten, es
gebe eine solche Klage, und die Praxis hat, wenn auch nicht
unbestritten und ohne Störung die Anwendung der actio negotiorum gestorum über das ihr vom Corpus juris gesteckte Maass
erweitert [2]). Auch kennen die neueren Particularrechte eine Klage
auf den Ersatz der Verwendungen.

Ein derartiger, tief eingewurzelter Irrthum in Betreff der
Bestimmungen des gemeinen Rechts muss auffallen; er rechtfertigt hier, ebenso wie bei mancher anderen Controverse, zu welcher
das Corpus juris selbst keine Veranlassung darbietet, die Vermuthung,
dass die mit dem römischen Recht nicht vereinbare Ansicht ein
praktisches Bedürfniss befriedigt. So drängt sich uns die Frage
auf, ob nicht jene Ansicht in dem deutschen Recht des Mittelalters
eine Stütze findet, ob nicht ein deutscher Rechtssatz oder eine
deutsche Rechtsauffassung sich bei jener Controverse geltend gemacht hat. In der That ist es so. Das deutsche Recht, welches
gleichfalls dem gutgläubigen Besitzer einen Anspruch auf Ersatz
seiner Verwendungen giebt, lässt ihn denselben nicht bloss mit
einer Einrede, sondern auch mit einer Klage geltend machen; denn
es unterscheidet überhaupt nicht zwischen Rechten, welche mit
einer Klage, und solchen, welche nur mit einer Einrede verfolgt
werden können, sondern gewährt für jedes Recht auch eine Klage.
Ja dasselbe gab auch überhaupt demjenigen, welcher die Verpflichtung hatte, eine Sache zu restituiren, keine Retentionseinrede, um sich durch dieselbe in Betreff des Ersatzes seiner
Verwendungen zu sichern; er musste die Sache herausgeben, konnte
aber durch Klage sein Recht später verfolgen [3]).

---

2) Vergl. z. B. die bei Mühlenbruch Pandekten §. 228. N. 11, §. 272.
N. 10 und §. 434. N. 5, Seuffert Praktisches Pandekteurecht I. §. 154. N.
17, Vangerow Lehrb. der Pandekten (6. Aufl. 1863.) III. S. 522, L. Jacobi
die Lehre von der nützlichen Verwendung. 1861. S. 69. N. 65 citirte Literatur.

3) Vergl. V. Platner Ueber die historische Entwicklung des deutschen
Rechts II. S. 149.

So hat sich denn die mittelalterliche Rechtsansicht, dass der
bonae fidei possessor eine Klage auf die Bereicherung habe, auch
trotz des Corpus juris mit einer gewissen Continuität in unserer
Praxis erhalten und hat in den neueren Legislationen gesetzliche
Geltung zu erlangen gewusst. Wenn wir uns nun bestreben, in
dem Folgenden diese Rechtsauffassung des Mittelalters nachzuweisen, so ist die Bemerkung voranzuschicken, dass, gemäss der particulären und zerrissenen Bildung unseres Rechts neben den von
ihr ausgehenden Bestimmungen sich auch wieder Quellenaussprüche finden, welche ihr entgegengesetzt sind.

Indem wir uns nicht bloss auf dasjenige beschränken, was zur
Erläuterung jener Controverse beiträgt, stellen wir überhaupt die
Grundsätze über den Ersatz der Verwendungen zusammen.

I.   Gebäude galten im Allgemeinen als Pertinenz des Grund
und Bodens; sie gehören regelmässig dem Eigenthümer des Bodens und theilen das rechtliche Schicksal des Grundes, auf welchem sie stehen. Sachsensp. II. 21:

> Die tinsman . . . die erft sin gebu uppe sinen erven uppe
> tinsgude. — Wirt it ok ledich eme herren, die nimt dat
> gebu mit sament deme lene. — Hevet ok en wif lifgetucht
> an egene oder an lene, svat se gebuwes dar uppe hevet
> svenne sie stirft, dat ne erft se nicht an iren nesten mach,
> it nimt die, deme dat gut ledich wirt. — Liet ok en herre
> en gut enem manne . . . svat dar gebuwes uppe is, dat is
> des mannes mit sament deme gude.

Da man sich aber die auf dem Grund und Boden befindlichen,
mit ihm verbundenen Gegenstände doch auch als selbständig
denken konnte, so kommt es auch vor, dass, nachdem bei Veräusserungen von dem Boden die Rede gewesen ist, ausdrücklich
bemerkt wird, es solle von den Gebäuden und den auf dem Acker
stehenden Saaten ganz dasselbe gelten [4]).

Man hielt es nämlich auch für möglich, dass das Gebäude
sich in dem Eigenthume eines Anderen befindet, als welchem der
Grund gehört. Die Frankfurter Reformation von 1578 bemerkt

---

4) Lübisches Urkundenb. I. n. 164. a. 1240: Auflassung zweier Dörfer;
nachdem von der Gewährschaft für dieselbe die Rede gewesen ist, heisst es
noch zum Schluss: semina quoque et edificia sua idem Everhardus (der Ver-
äusserer) similiter resignavit.

(VI. 4. §. 6), es sei vor Alters in Frankfurt gebräuchlich gewesen, „wie noch vor Augen", wenn mehrere Erben ein Haus unter sich theilen, dem Einen den Keller, dem Zweiten den ersten Stock, einem Dritten den zweiten Stock zu geben. Dies solle in Zukunft nicht mehr zugelassen werden. Eine solche Vertheilung des Eigenthums scheint aber doch nur an wenigen Orten gebräuchlich gewesen zu sein; häufiger kommt die Auffassung vor, dass dem Einen der Boden, dem Anderen das ganze Gebäude gehört; sie wurde dadurch erleichtert, dass im Mittelalter die Gebäude oft ihrer natürlichen Beschaffenheit nach von einer zur anderen Stelle transportirt werden konnten und daher auch öfter in gewissen rechtlichen Beziehungen zu den Mobilien gerechnet wurden [5]). So spricht auch der Sachsenspiegel davon, dass Jemand auf fremdem Boden ein ihm gehörendes Haus hat; er kann dann über dasselbe, ohne Zuziehung des Grundeigenthümers, disponiren und es an einen anderen Ort bringen [6]). War aber bei seinen Lebzeiten eine solche Absonderung von dem Boden nie erfolgt, und wurde nach seinem Tode sein Erbe nicht auch zugleich Eigenthümer des Bodens, so konnte derselbe weder die Auslieferung des Hauses noch Ersatz für dasselbe beanspruchen, sondern es fiel das Gebäude dem Eigenthümer des Bodens als Pertinenz zu (Sachsensp. II. 21. §. 2 — 4, III. 38. §. 4). Denn da der bisherige Hausbesitzer es wusste, dass der Boden nicht ihm, sondern einem Anderen gehört, so muss sein Erbe den Nachtheil davon tragen, dass jener die Abtrennung nicht bereits bei Lebzeiten vorgenommen hatte; nach dem Tode des Besitzers äussert die Pertinenzqualität ihre Wirkung.

Wichtiger für uns sind solche Bestimmungen, welche davon

---

5) Vergleiche die Stellen in Kraut's Grundriss §. 95. n. 49, 56 und Bluntschli Züricher Rechtsgesch. I. S. 261, Maurer Fronhöfe II. S. 149. — Stemann eheliches Güterrecht im Gebiet des Jüt. Low. S. 35 f. theilt mit, dass particularrechtlich der Gütergemeinschaft die Mobilien unterworfen sind und dass zu diesen auch noch jetzt die Häuser gerechnet werden. — Von dem *Wegführen* der Häuser wird öfter gesprochen, s. B. Lüb. Urk.-Buch I. n. 24, Grimm Weisthümer IV. S. 421, 512.

6) Vergl. Sachsensp. I. 20. §. 2, II. 21. §. 1, 2, III. 38. §. 4, III. 74. — Friesisches Recht v. 1827 (v. Richthofen S. 296. §. 3): quodsi aliquis conducens aream aliquam, . . . pensionem promissam solvere nequeat, domus que in area fundata, dum sit domino fundi pro pensione tacite obligata, sine ejus consensu nemini vendi potest.

handeln, dass Jemand auf fremdem Boden ein Gebäude
aufführt, in der Absicht daran Eigenthum zu erwerben. Ohne genauer darauf einzugehen, ob der Erbauer in bona
oder mala fide war, lässt das Edictum Rotharis c. 151 ihn das
Werk und operam suam verlieren, da Jeder wissen müsse, was
ihm und was Anderen gehört; er hat also keinen Anspruch auf
Ersatz. Und ebenso sagen die Goslarer Statuten S. 23. Z. 39:

> Wat en buwet uppe des anderen eghen, des ne darf he
> nicht ghelden, de des dat eghen is; vergl. auch Schwa-
> bensp. 372.

Dagegen giebt eine Stelle des Schwabenspiegels (Lassberg
S. 161. §. 4) dem Erbauer den Anspruch auf Ersatz der Kosten
und Auslagen (nicht des Werths des Hauses), wenn er in bona
fide war und auf eigenem Grunde zu bauen glaubte [7]). Das revi-
dirte Lübische Recht (III. 12. art. 2) macht den Anspruch auf
Ersatz der Baukosten davon abhängig, dass es „nothwendige Gebäude wären, welche dem Erbe zu gute kommen", unter welchen
Worten wir wohl mit Mevius zu dieser Stelle (§. 7) sowohl die impensae necessariae, als auch die utiles zu begreifen haben [8]). Purgoldt (II. 41) sagt bestimmt, dass wer in mala fide auf fremdem
Boden baut, weder die noch nicht verbauten Materialien herausverlangen, noch Ersatz für seine Auslagen beanspruchen darf,
wogegen, wenn er den Bau bona fide vornahm, der Eigenthümer
ihm denselben *ablegen* muss nach Bescheidenheit und nach billigen
Dingen.

Das Preuss. Landrecht I. 9. §. 327 lässt dem Grundeigen-
thümer die Wahl, ob er das Gebäude abbrechen lassen oder behalten will; im letzteren Falle hat er dem Bauenden die verwendeten Baukosten zu ersetzen.

Gemäss diesen Anführungen erwirbt also auch nach deutschem
Recht der Erbauer kein Eigenthum an dem Hause, sondern gilt

---

7) Der Schluss der Stelle ist wohl so zu verstehen: wenn der Eigenthümer,
um keinen Ersatz zu leisten, behauptet, jener Bau sei ihm von keinem Nutzen,
er habe die Absicht gehabt, selbst dort zu bauen, so soll er dem Andern gestatten, den Bau abzuthun; will er dies nicht, so muss er ihm die Auslagen
ersetzen.

8) Diese Stelle hat allerdings den speciellen Fall im Auge, dass ein Mit-
eigenthümer auf dem gemeinschaftlichen Boden baute (Auff gemeiner Erben
Grunde); doch werden wir berechtigt sein, den Satz für das Lübische Recht
zu verallgemeinern.

auch hier der Satz: quicquid inaedificatur solo, cedit domino soli.
Nach manchen Bestimmungen hat er kein Recht auf Entschädigung, nach anderen kann er, wenn er sich in bona fide befand,
oder wenn das Gebäude zu den impensae necessariae oder utiles
gehörte, den Ersatz seiner Auslagen beanspruchen.

II. Gleiche Bestimmungen, wie für die Gebäude hat der
Schwabenspiegel in den angeführten Stellen (c. 372 und S. 161.
§. 4) für gepflanzte Bäume und Weinstöcke und für die Saat.
Wir werden uns in Betreff der Bäume und Weinstöcke über diese
Gleichstellung nicht wundern dürfen, denn auch das römische
Recht befolgt für sie gleiche Grundsätze; neu gepflanzte Bäume
und Weinstöcke sind ebenso wie die Gebäude Werther-
höhungen des Grundstücks, welche für die Dauer gelten sollen.
Dagegen widerspricht derselbe Satz für die Saat (im Schwabensp.
c. 372) zahlreichen anderen Bestimmungen und nimmt keine Rücksicht darauf, dass in dem Besäen nur eine vorübergehende Werth-
erhöhung des Grundstücks enthalten ist, welche mit der Ernte
ihre Bedeutung verliert.

Eine Melioration eines Grundstücks liegt auch darin, dass
Jemand dem Andern einen Deich aufgeschüttet hat. Für den
Fall nun, dass der Deichende in dem Glauben war, sein eigenes
Grundstück einzudeichen, enthält das zweite Dithmarsische Land-
recht art. 155 eine Bestimmung, welche aus keinem festen Prin-
cip heraus abgeleitet ist, aber die Interessen der verschiedenen
Personen in billiger Weise auszugleichen sucht. Hier wird dem
Eigenthümer die Wahl gelassen, ob er dem Andern zum Ersatz
den Deich auf dessen Grundstück machen, oder auf den ihm ge-
wordenen Vortheil verzichten und dem Andern gestatten will, die
Erde wieder fortzufahren und für seinen Deich zu verwenden. Das
Hadeler Landrecht IV. tit. 2 sagt etwas abweichend, „so soll derjenige, des Teich also unwissend gemacht ist, nach Erkenntniss
des Andern seinen hinwieder so gut machen, als der seine ist, oder
ihm am Gelde so viel wiederlegen, als der Deich zu fertigen ge-
kostet."

III. Was die Bestellung eines fremden Ackers anbetrifft, so unterscheiden die Quellen, ob er bloss gepflügt oder auch
bereits besäet ist.

Dass Jemand, welcher einen fremden, bereits besäeten Acker
umpflügt, keinen Ersatz der Bestellungskosten beanspruchen kann,
sondern sich selbst verbindlich macht, ist selbstverständlich, wird

aber zum Ueberfluss noch mehrmals ausgesprochen; Ed. Rotharis c. 355: tantum frugis quod devastavit proprio domino reddat,
et pro incautam presumptionem conponat solidos sex; Sachsensp.
II. 46. §. 4: he sal ime den scaden gelden uppe recht unde sine
bute geven; Rechtsbuch nach Distinct. II. 10. d. 2. Der Pflügende
hat ausser dem Schadensersatz noch eine Busse zu zahlen, weil
er wissen musste, dass er den Acker nicht bestellt habe und
darum auch kein Recht haben könne, ihn jetzt umzupflügen.

    War der Acker unbestellt, so soll nach L. Sal. 27. §. 20
der Pflügende eine Busse erlegen, ohne dass ein Unterschied gemacht wird, ob er in bösem oder in gutem Glauben handelte;
da er einen Eingriff in fremdes Eigenthum beging (extra consilium
domini), so soll er für denselben büssen.

    Anders bestimmt das sächsiche Recht, welches ebenso wie
das römische unterscheidet, ob Jemand unwissend, bona fide, oder
in bösem Glauben des Andern Feld bestellt hat. Doch ist es
wohl zu beachten, dass das deutsche Recht in Verwechslung oder
Gleichstellung des innerlichen und des äusserlichen Verhaltens
einer Person zu einer Sache bona fides und justus titulus öfter
durcheinander wirft, und es nicht berücksichtigt, dass auch der
titulirte Besitzer sich in mala fide befinden kann, indem er wusste,
dass sein Auctor kein Recht hatte, ihm die Sache zu übertragen.

    Sachsensp. II. 46. §. 1 bestimmt:

    Sve so wirkt enes anderen mannes land unwetene, oder dat
    ime en ander gedan hevet, wert he dar umme gescüldeget
    de wile he't eret, sin arbeit verlüset he dar an, of it jene
    behalt. Svet ime aver gedan hevet, die sal ime erstaden
    sinen scaden.

    Der Pflügende macht sich keiner Busse schuldig, hat aber
auch keinen Anspruch auf Ersatz, sondern verliert seine Arbeit.
War durch einen Andern in ihm der Glaube erzeugt worden,
dass er ein Recht habe, das Land zu bestellen, so kann er nur
diesen für seinen Schaden verantwortlich machen. Vergl. auch
Sachsensp. III. 20. §. 1, §. 3. Nur wenn er gegenüber dem Recht
des Eigenthümers noch weiter einen Anspruch an den Acker geltend macht, wird er straffällig [9]).

---

    9) Die obige Stelle des Sachsensp. II. 46. §. 1 ist durch Verschreibung
eines Buchstabens im Deutschenspiegel in ihr Gegentheil verkehrt worden.
Der Sachsenspiegel spricht von dem, der unwetene fremdes Land bestellt;

Eine Modification von diesen Sätzen tritt im ehelichen Güter-recht ein; sie hat darin ihren Grund, dass der Ehemann berech-tigt ist, den Acker seiner Frau zu bestellen und die Nutzungen von demselben zu ziehen. Hat er nämlich den Acker der Frau vor ihrem Tode noch nicht völlig bestellt, so darf er die Arbeit zu Ende führen und gegen Zahlung eines Zinses an den Erben der Frau später auch ernten (Sachsensp. III. 76. §. 3).

IV. Andere Grundsätze kamen zur Anwendung, wenn Jemand das fremde Land nicht bloss beackert, sondern auch besäet, oder überhaupt die ganze Arbeit vor der Ernte vollbringt. Wer bona fide auf den fremden Acker diese Verwendungen machte, hat nach deutschem Recht einen Anspruch auf die Früchte oder auf eine Entschädigung; wer säet, soll auch ernten. Im Gegensatz gegen das römische Recht, in welchem es heisst: solo cedit, quod solo implantatur, sprechen die deutschen Rechtsquellen unter bestimm-ten Voraussetzungen die Frucht demjenigen zu, welcher säete. Dies drücken die Germanisten öfter so aus, es sei mit der erfor-derlichen Arbeit von dem Besteller das Eigenthum an den Früch-ten erworben [10]); nicht bloss der Nutzungsberechtigte, sondern jeder bonae fidei possessor habe das Eigenthum an der Saat oder an der Frucht bereits zu der Zeit, in welcher sie noch mit dem fremden Acker verbunden ist. Auch das Preuss. Landrecht L. 9. §. 221 theilt diese nach römischem Recht unmögliche Auffassung für den Nutzungsberechtigten:

Die Früchte einer Sache sind, gleich bei ihrem Entstehen, das Eigenthum desjenigen, welcher des Nutzungsrecht der Sache hat.

Aber abgesehen von den Particularrechten, welche ein derar-tiges Eigenthum legalisirt haben, darf man meiner Ansicht nach nicht sagen, dass die Früchte auch schon vor der Separation oder Perception von dem Besteller erworben oder sein Eigenthum

---

der Deutschensp. 158 schreibt i n wizzende, woraus denn im Schwabensp. 211: mit wissende wird. Letzterer lässt ihn, eben weil mala fides angenommen wird, auch noch das Gewedde bezahlen; ebenso sagt der Schwabensp. c. 279, dass wer *se unrechte mit wissende* das Feld des Andern beackert, dem Land-eigenthümer büssen und dem Richter wetten muss und seine Arbeit verloren hat.

10) So sagt auch G. E. Heimbach die Lehre von der Frucht 1843. S. 282, dass das deutsche Recht „einen Eigenthumserwerb schon vor der Sepa-ration" annehme.

5*

geworden seien. Denn keine von allen den mittelalterlichen Stellen, welche von dem Fruchterwerb handeln, spricht dies unverhohlen aus; alle erklären vielmehr nur immer, dass der Besteller durch seine Arbeit das feste Recht erworben habe, die Frucht durch die Ernte in sein Eigenthum zu bringen. Durch das Säen erwirbt er nicht das Eigenthum an der Saat und dem, was aus ihr wird, sondern erhält er nur das Recht, eine Handlung vorzunehmen, welche die Frucht von dem Boden trennt, und durch diese Handlung das Eigenthum zu erwerben [11]).

Wer so lange die Früchte noch auf dem Baume hängen oder das Getreide noch auf dem Felde wächst, Eigenthümer ist, ob der Eigenthümer des Bodens oder derjenige, welcher das Feld bestellte, entscheiden unsere Quellen nirgends. Dass Jemand in dieser Zeit Eigenthümer sein muss, versteht sich von selbst, da ja auch den Deutschen der Begriff des Eigenthums nicht unbekannt war. Aber wir heben es mit Nachdruck hervor, dass eine solche Frage den deutschen Schöffen durchaus gleichgültig war, weil sie keine praktische Bedeutung hatte. Denn selbst wenn wir auch dem Eigenthümer des Bodens das Eigenthum an Getreide und Früchten, so lange sie mit dem Boden verbunden sind, zuschreiben wollen, so hat dies Eigenthum doch keine Bedeutung und keine Wirkungen; es erschien als gleichgültig und nichtssagend, das Eigenthum demjenigen zuzuschreiben, welcher keine Ausflüsse des Eigenthums geltend machen, keine Herrschaft ausüben durfte. Dagegen war es von wesentlich praktischem Interesse zu bestimmen, wer, sobald die Trennung der Früchte bewirkt ist, das Eigenthum erwirbt, und wer ein Recht hat, diese Trennung vorzunehmen [12]).

Wenn die Lex Salica 27. §. 21 denjenigen, welcher fremdes Land nicht bloss bepflügt, sondern auch besäet, mit einer Busse belegt, so wird diese Abweichung von den Bestimmungen anderer Quellen nur durch die Annahme erklärlich, dass sie mala fides voraussetzt; der bewusste Eingriff in fremdes Eigenthum soll nach der Lex Salica ebenso geahndet werden, wie das Edict. Rotharis c. 354 in diesem Falle (*Si quis campum alienum . . . sciens non*

---

11) Ebenso wie der Jagdberechtigte nicht Eigenthümer aller der jagdbaren Thiere ist, welche sich auf seinem Revier befinden, sondern nur das Recht hat, durch Occupation das Eigenthum an denselben zu erwerben.

12) Vergl. auch die Ausführung bei Delbrück die dingliche Klage des deutschen Rechts 1857. S. 29 f., 32.

suum u. s. w.) den Besteller Arbeit und Saat verlieren lässt. Der Sachsenspiegel II. 46. §. 3 sagt, ohne Rücksicht auf bona oder mala'fides zur Zeit der Bestellung, indem er nur hervorhebt, dass derjenige, welcher den Acker bestellt, nicht durch die Klage auf den Mangel seines Rechts aufmerksam gemacht ist:

> Svat so he saiet unverklaget, he behalt die sat unde gift sinen tins jeneme die dat lant behalt [13]).

Es wird so angesehen, als ob ein Pachtverhältniss bestanden hätte; der Besteller zahlt dem Eigenthümer einen Zins, dessen Höhe nach den besonderen Verhältnissen zu bestimmen ist, und hat dafür ein Recht auf die Ernte. — Purgoldt unterscheidet nach der Zeit, in welcher der Besteller erfährt, dass der Acker nicht ihm gehöre, II. 36:

> Erbeytet eyner frommede landt und meynet, es sie sein, u. so man die fruchte sniden sal, adder dovor, so erferet her, das der acker sein nicht ist: der herre des ackers sal sich der fruchte underwinden und sal deme, der en geerbeytet hadt, seyne koste und erbeyt legin noch bescheydenheidt;

und II. 115:

> Was aber eyn man beseuweth unbeclaget, her beheildet die saed, ab er wol mit gerichte von deme lande geteylet wirt, und gibet ome seinen zcins dorvon noch gliche unde bescheydenheyt, der das lant gewonnen hat, unnd snidet uff dasmal die fruchte in. Dith ist der statrecht. Irferet er es aber zcitlichenn unnd weys, das der acker sein nicht ist, szo ist anders, also hievor in dem XXXVI stucke geschribin stehit.

Doch dürfte es schwer zu entscheiden sein, in welchen Fällen denn die letztere Bestimmung (II. 115) Platz greifen solle, dass der Besäende seinen Zins giebt.

Das Augsburger Stadtrecht von 1276 (c. 282 Walch S. 285, Freyberg S. 100) lässt im Falle der bona fides den Besäenden und den Eigenthümer sich in die Früchte theilen.

Ueber den Zeitpunkt, in welchem das Recht des Bestellers die Früchte zu ernten erworben wird, sagt Sachsensp. II. 58. §. 2:

---

13) Im Deutschenspiegel 158 und Rechtsb. n. Dist. II. 10. d. 2 wird aus *sat*: *sache*; und im Schwabenspiegel 211 wird daraus wiederum: da sol er sin arbeit unde sin *gut* her abe niezsen.

> Des mannes sat, die he mit sime pluge wirkt, die is verde-
> net, als die eggede dar over gat; unde die garde, als he
> geseit unde geharket is,

also wenn die Saat nicht bloss in den Boden gelegt, sondern dieser auch wieder geebnet ist [14]).

Aus dem Umstande, dass man dem Bestellenden ein unnehm-
bares Recht auf die Ernte der Früchte einräumte, wird es auch
erklärlich, warum man die Saat, die Frucht, bisweilen nicht
als einen Bestandtheil des Bodens und als zu demselben gehörig,
sondern als eine besondere Sache betrachtete und dann zu den
Mobilien rechnete [15]).

Von dem Satze, dass wer bona fide oder in Folge eines ihm
zustehenden Rechts säete, auch ernten darf, ergeben sich als
Consequenzen, dass der Ehemann, wenn seine Frau vor der Ernte
stirbt, berechtigt ist, die Früchte des von ihm bestellten Ackers,
welcher nun an die Erben der Frau fällt, zu seinem Vortheil zu
ernten (Sachsensp. III. 76. §. 4, Schwabensp. 149, Magdeb. Urtheil bei Wasserschleben I. S. 231 f.), dass wenn der Eigenthümer vor der Ernte stirbt, die Früchte von einem Grundstück,
welches er seiner Frau zur Leibzucht bestellt hatte, nicht dieser,
sondern seinen Erben gehören (Wasserschleben Succ.-Ordn.
S. 181), dass die Früchte des vom Vasallen bestellten Lehnguts
nach seinem Tode seine Erben und nicht diejenigen Personen ziehen, an welche das Gut fällt (Sachsensp. II. 58. §. 1 [16]), Rechtsb.
n. Distinct. II. 4. d. 22, Purgoldt II. 62), dass wenn der Eigenthümer das versetzte Grundstück einlöst, oder der Verkäufer
in Folge vorbehaltenen Wiederkaufsrechts das verkaufte Grundstück zurückkauft, der Pfandgläubiger oder Käufer die Früchte
ernten darf, wenn er bereits gesäet hat [17]) u. s. w. [18]).

---

14) Deutschensp. 171, Schwabensp. 218. a, Rechtsb. n. Dist. II. 5. d. 1,
Purgoldt II. 88. Ueber das Fortbestehen dieser Ansicht im neueren sächsischen Recht vergl. Heimbach a. a. O. S. 289. n. 5 und 6.

15) Vergl. z. B. Kraut §. 82. n. 53, 57.

16) Ueber Schwabensp. 217. a. vergl. Homeyer Stellung des Sachsenspiegels. S. 74 f. — Ueber die obige Bestimmung des Sachsenspiegels vergl.
Homeyer Sachsensp. II. 2. S. 525. — Ueber die Frage, ob die Früchte eines
legirten Grundstücks dem Erben oder dem Legatar zufallen sollen, vergl.
Schletter Constitutionen Kurfürst August's S. 218 f.

17) Vergl. Platner der Wiederkauf in d. Zeitschr. f. Rechtsgesch. IV.
S. 140. n. 81, 82.

18) Dagegen hat jenes Princip keine Anerkennung in dem Lütticher Ge-

Es besteht hiernach also mit Bezug auf das Recht die Früchte zu erwerben ein bedeutender Gegensatz zwischen dem deutschen und römischen Recht: dieses verpflichtet den bonae fidei possessor trotzdem, dass er das Eigenthum an der Frucht bereits durch Separatio, nicht erst durch Perceptio gewinnt, die fructus exstantes dem Eigenthümer der Sache herauszugeben, und spricht ihm jedes Recht auf die mit der Hauptsache noch verbundenen Früchte ab; es lässt ihn seine Impensae nur durch die Retentionseinrede geltend machen. Nach deutschem Recht behält der gutgläubige Besitzer nicht bloss die bereits geernteten Früchte, sondern hat auch das Recht, die noch mit dem Boden verbundenen Früchte durch die Ernte in sein Eigenthum zu bringen. Dass er die bereits gezogenen Früchte behält, folgt schon aus dem letzteren Satz, wird aber auch ausdrücklich bestätigt. So Lex Saxonum §. 63:

Qui terram suam occupatam ab altero dixerit, adhibitis idoneis testibus probet eam suam fuisse . . .; si occupator sibi concrediderit (d. h. dem Beweise des Andern Glauben schenkt), reddat hoc quod occupavit, non amplius [19]).

---

wohnheitsrecht des 16. Jahrh. art. 11 gefunden (Warnkönig Beiträge zur Gesch. und Quellenkunde des Lütticher Gewohnheitsrechts S. 144): Si usufructuarius colens ipse terras moriatur ante collectas messes, fructus redeunt et pertinent ad proprietarium, si autem terrae per colonum cultae fuerint, proprietarius contentus esse debet canone, quem is solebat usufructuario praestare. — Ganz particulär ist die Quotentheilung, welche die Nordhäuser Statuten (Förstemann Neue Mittheilungen III. 2. S. 32. art. 167) anordnen: Wo eyn gut eder ein libgedinge givellet da fruchte uffe sten, der fruchte sal eyn garbe eder eyn teyl blibe deme die daz gut giarn eder gierbeytet het unde volget der sleyfen. Die andere garbe sal deme di sinen samen da uf giworfen het. Die dritte garbe get en weg met der erdon. Also wer den Boden beackert, aber noch nicht besäet hat, kann doch den dritten Theil der Ernte beanspruchen.

19) Dasselbe galt aber nach älterem Recht auch für den malae fidei possessor; so heisst es in einer Urk. a. 838 (Dronke C. D. Fuldensis n. 513): Gozboldus convictus . . . reddidit jussu imperatoris coactus quod injuste per fraudem de eadem traditione abstulit . . .; advocatus Gozboldi cum vadio restituit. Hier liefert ein malae fidei possessor ein Gut aus; aber auch er restituirt nur das Gut, nicht die Früchte und leistet auch keinen Ersatz für den unrechtmässigen Fruchtgenuss. Mit dem Gut giebt er aber zugleich ein vadium, ein Pfand, wohl zum Zeichen dafür, dass sein Besitz unberechtigt war und dem Empfänger das Eigenthum zustehe. Aehnlich ist der Fall vom J. 772 (a. a. O. n. 41); hier giebt der unrechtmässige Besitzer ausser dem Gut noch vadium et obsidem . . . ne se ulterius de bonis sancti Bonifacii intromitteret.

Sachsensp. II. 44. §. 2: Sve aver en gut in geweren hevet,
dat ime an irstorven is, oder ime gegeven oder gelegen is,
unde he't selve niemanne ne nimt, des ne darf he nicht wedergeven des he dar ut nimt, of ime dat gut afgewunnen
wert, de wile he dar af nenes rechtes ne weigeret [20]).

Nicht sowohl wer sich in bona fide befindet, als wer gemäss
seines Besitztitels als zur bona fides berechtigt erscheint, wer die
Sache durch Erbrecht oder durch Uebertragung von einem Dritten
her besitzt, braucht von den Früchten nichts zu restituiren [21]).

Jus Culmense ex ultima revisione III. 1. c. 6:

So gewinnet solcher Besitzer um solches seines redlichen
Titels und guten Glaubens willen, alle Früchte, so von dem
Gute gefallen und erlanget daran ein recht Gewähr und Eigenthum. Derowegen denn der rechte Herr desselben Dinges,
wenn derselbe hernach kömmt, und sein Gut abfordert, die
obgedachten genommene Früchte und Nutzungen von dem
Besitzer nicht erzwingen kann.

Und auch das Preuss. Landrecht (I. 7. §. 189, 190) steht
hier auf dem Boden germanischer Rechtsanschauung:

Alle während des redlichen Besitzes gezogene Nutzungen und
genossenen Früchte sind und bleiben das Eigenthum eines
solchen Besitzers.

Dagegen der malae fidei possessor verliert Saat und Arbeit
und kann den Eigenthümer nicht hindern, zu ernten: Ed. Roth.
354:

Si quis campum alienum araverit sciens non suum, aut se-
mente spargere praesumpserit, perdat opera et frugis; et ille
qui campum suum conprovaberit, habeat frugis.

Wie ein malae fidei possessor wird auch derjenige angesehen,

---

20) Glogauer Rechtsb. c. 11.

21) Dieselbe Wirkung verbinden 2 Handschriften mit der rechten Gewere,
in einem Zusatz zu Sachsensp. III. 86. §. 2. — Vergl. auch Sachsensp. I.
52. §. 3. — Purgoldt II. 37: der bonae fidei possessor ist „in dem rechten
nicht pflichtig den nutz und den genies midt dem acker zu kerin;" dem widerspricht II. 26: hat her sein icht genossen ober sein recht, das sal ber ome
dorzu gebin, hat her aber icht doran gewant, das mogelich und noth was,
man keret es ome ouch billiche noch rechte. Dieser Widerspruch ist nicht
etwa damit zu beseitigen, dass die Worte *ober sein recht* das Vorhandensein
von mala fides andeuteten; denn der weitere Verlauf der Stelle sagt, dass dem
Besitzer seine impensae utiles und necessariae zu ersetzen sind. Vielmehr erklärt er sich aus der compilatorischen Natur des Werks.

welcher auf Rückgabe eines Ackers belangt ist und trotzdem denselben bestellt hat, Sachsensp. II. 46. §. 2 [22]).

Sve so dat land saiet under der klage, die verlüset sin arbeit unde sine sat dar an [28]).

Da von Seiten seines Gegners gegen seinen Besitz protestirt war, hatte er die Pflicht nachzuforschen, ob er ein Recht an dem Gut habe oder nicht; bestellt er nichtsdestoweniger leichtsinniger Weise das Feld, so verliert er Saat und Arbeit, d. h. er hat weder ein Recht auf Ersatz, noch auf die Ernte. Und ebenso wird dem malae fidei possessor auch ein Besitzer gleichgestellt, welcher Recht geweigert hat; er soll ersetzen *des he dar ut nimt* (Sachsensp. II. 44. §. 2).

Nach dieser letzten Stelle werden wir wohl annehmen dürfen, dass ein malae fidei possessor oder, wo die Rücksicht auf den Titulus vorherrscht, ein nicht titulirter Besitzer nicht bloss kein Recht auf die letzte Ernte habe, zu welcher er die Vorarbeit gethan hat, sondern wohl auch, dass er überhaupt dem Kläger Alles ersetzen müsse, was er während seiner mala fides genossen hat, sei es dass dieselbe erst seit seiner Rechtsweigerung, sei es dass sie schon seit dem Erwerb seines Besitzes anzunehmen ist [24]).

22) In diesem Sinne ist wohl auch eine Stelle des Langobardenrechts zu interpretiren, welche ohne diese Annahme mit der oben angeführten Stelle aus dem Ed. Roth. in einen Widerspruch treten würde. Liutprand (c. 90) bestimmt nämlich: si quis res alienas, casas aut terras . . . malo ordine possederit, et per legem et justitiam et per judicium exinde victus et expulsus fuerit, aliud exinde non conponat, nisi retro tempos reddat frugis et laboris sub sagramento ab illo diae quod exinde conpellatio facta et manefestata est. — Denn nach dieser Stelle soll der Besitzer nur die Früchte herausgeben, welche er seit dem Tage der Klageanstellung gewonnen hat. Die Worte *malo ordine possidere* bedeuten wahrscheinlich nicht so viel, wie mala fide possidere, sondern bezeichnen nur, dass es seinem Besitz an materieller Begründung fehlte, wie z. B. wenn sein Verpächter nicht Eigenthümer war. — Dieser Ansicht ist auch Platner Bürgschaft S. 163. N. 2, indem er annimmt, dass Rothari an den Fall denkt, dass der Beklagte sich eigenmächtig, d. h. ohne titulus in den Besitz gesetzt hat, während in dem Falle des Liutprand ein Besitztitel vorliegt, welcher dem Besitzer die formelle Berechtigung gab, das Land zu bestellen: hier treten die Wirkungen des unrechtmässigen Besitzes erst von dem Augenblick ein, dass dieser gegen ihn geltend gemacht wird.

23) Dieser Stelle entspricht Rechtsb. n. Distinct. II. 10. d. 2, Deutschensp. 158. Purgoldt II. 115. — Der Schwabensp. 211 lässt ihn ausserdem noch büssen.

24) Dass das ältere Recht diese Wirkung nicht mit der mala fides verband, vergl. oben N. 19.

Mit Bezugnahme auf das römische Recht spricht dies **Purgoldt** II. 37 aus:

> Hette her sich des ackers underwunde, und· wuste wol das her sein nicht was, mag man on des oberkommen also recht ist, und thud her seinen eid nicht darzu, ab es eme erteylit werdeth, her mues deme des der acker ist, den nutz, was her sein genossin hat, mit deme acker kerin, unnd seine erbeyt vorliessin umme des vrevel willen, das her sich des underwant zu habin, und woll wuste das her sein nicht was.

Vergl. auch Baierisches Landrecht c. 207.

Freilich wird es zu der Restitution von Früchten aus einer vor der Rechtsverweigerung oder vor der Anstellung der Klage liegenden Zeit selten gekommen sein, da nach den mittelalterlichen Beweisregeln nicht der Kläger den Beweis der mala fides führen konnte, sondern der Beklagte dieselbe durch seinen Eid leugnen durfte.

V.   Wer das von dem Andern auf dessen Boden gesäte Getreide oder das auf der Wiese eines Andern wachsende Gras schneiden oder abmähen lässt, ohne ein Recht dazu zu haben, kann natürlich kein Eigenthum an der Frucht oder dem Heu erwerben und macht sich ersatzpflichtig, wenn die Pflanzen noch nicht reif zur Ernte waren.   Nach Edictum Rotharis c. 356 muss er aber auch, selbst im Falle der Reife, eine Busse zahlen *pro illicita praesumtione*. Die Lex Salica 27. 9 lässt ihn, wenn er die Wiese abmäht, seine Arbeit verlieren [25]); führt er aber das Heu nach seinem Hause ab, so zahlt er auch noch eine Busse, welche grösser oder geringer ist, je nachdem er mehr oder weniger mit sich nimmt.

Spätere Rechte des Mittelalters machen, wenn ein Dritter den fremden Acker oder die fremde Wiese zur rechten Zeit abmähte, ohne etwas von der Ernte in seinen Besitz zu nehmen, den Gesichtspunkt geltend, dass durch seine Thätigkeit der Eigenthümer des Ackers oder der Wiese einen Vortheil hat, und geben ihm, wenn er sich in bona fide befand, Anspruch auf Ersatz seiner Arbeitskosten.   Nach römischem Recht fehlt es an einem solchen Recht, da hier kein Retentionsrecht stattfindet und die bona fides des Mähenden die Berufung auf eine negotiorum gestio unmöglich macht.   Der Sachsenspiegel III. 37. §. 4 bestimmt aber:

---

25) In nov. 77 kommt auch in diesem Falle noch eine Busse hinzu.

Sve enes anderen mannes rip e korn snit, so dat he want dat dat lant sine si oder sines herren deme he dienet, he ne misse dut nicht, deste he's nicht af ne vore; man sal ime san sines arbeides lonen [26]).

Im Schwabensp. 302 tritt eine etwas andere Färbung durch die Annahme ein, dass er nach dem Mähen *ginnert wirt, das es nut sin ist;* er soll das Getreide dann auf dem Acker lassen und den Lohn für seine Arbeit erhalten.

Der oben (II.) in Betreff des auf fremdem Boden aufgeführten Deiches angeführten Bestimmung des Dithmarsischen Rechts entspricht ein Satz bei Purgoldt II. 120, welcher dem Eigenthümer die Wahl lässt, ob er den Arbeitslohn bezahlt, oder dem Schnitter ebenso viel Korn schneiden lässt, als dieser ihm geschnitten hat [27]).

Die bisherigen Zusammenstellungen bezogen sich auf das Bebauen und Bestellen fremden Grundbesitzes und den Erwerb der Früchte desselben. Wir wenden uns jetzt zu der Frage, in wie weit der Besitzer einer fremden Mobilie berechtigt ist, deren Früchte zu ziehen, resp. zu behalten.

VI. Ueber die fructus und operae der Sklaven enthält das

---

26) Vergl. auch Deutschensp. 367, Eisen. Rechtsb. 85. — John Strafrecht in Norddeutschland. I. S. 131 sagt zu dieser Stelle: „die Worte *deste he's nicht af ne vore* sind jedenfalls nicht so zu verstehen, dass im Falle des Fortfahrens des abgemähten Getreides der Irrthum seine strafausschliessende Kraft verliert; sondern diese Worte dienen nur dazu, um anzudeuten, dass derjenige, der fremdes Korn geschnitten, seines Irrthums muthmaasslich früher inne werden werde, als es zum Einfahren der Garben kommt. Der Irrthum ist leichter zu vermuthen bei demjenigen, der das von ihm auf fremdem Acker geschnittene Korn liegen lässt, als bei demjenigen, der es fortführt. Wäre auch letzteres . . . irrthümlich geschehen, so würde zweifellos auch in diesem Falle der Irrthum die Ausschliessung jeder Strafe bewirken." — Mir ist es sehr zweifelhaft, ob John mit diesen Annahmen Recht hat, da so die betreffenden Worte *deste he's* u. s. w. ganz bedeutungslos werden. Ich möchte annehmen, dass der Sachsenspiegel eine Person, welche das Korn abführt, jedenfalls verantwortlich machen will dafür, dass sie sich so ungenügend über die ihr zustehenden Rechte unterrichtet hat; sie wird ebenso wie nach der Lex Salica keinen Anspruch auf Lohn gehabt haben und auch wohl noch bussfällig geworden sein. — Unbegründet ist auch Platner's a. a. O. II. S. 152 Umschreibung dieser Stelle: „bringt er trotz der Abmahnung das Korn fort".

27) Dieselbe Art, dem Anderen sein Interesse zu gewähren, ist auch für andere Fälle im deutschen Recht zur Anwendung gekommen; so im Lübischen Recht (Hach II. 188), dann, wenn Jemand bei Bezahlung einer Schuld sich in mora befindet. Vergl. Stobbe Vertragsrecht S. 37 f.

langobardische Recht einige Sätze. Entgegengesetzt der römischen Regel: partus ancillae in fructu non est, itaque ad dominum proprietatis pertinet, bestimmt Edict. Roth. c. 231, dass ein bei dem bonae fidei possessor geborener Sklave Eigenthum desselben werde und von ihm nicht mit der Mutter dem Eigenthümer desselben zu restituiren ist. Da es aber als natürlich und menschlich galt, das Kind bei der Mutter zu lassen, so wird der Auctor, welcher die ancilla, an welcher er selbst kein Recht hatte, dem Besitzer verkaufte, verpflichtet, das Kind von seinem Käufer, dem Besitzer, zu erwerben und dem Eigenthümer der Mutter auszuliefern [28]). Vergl. auch c. 229.

Ebenso kann auch derjenige, welcher ein nicht trächtiges Pferd verliert und nachher mit einem Füllen wieder findet, von dem Besitzer des Pferdes nur dieses, aber nicht auch das Füllen herausverlangen [29]). Und ganz allgemein sagt der Sachsenspiegel in der schon angeführten Stelle II. 44. §. 2:

Sve aver en gut in geweren hevet, dat ime an irstorven is, oder ime gegeven oder gelegen is, unde he't selve niemanne ne nimt, des ne darf he nicht wedergeven *des he dar ut nimt*, of ime dat gut afgewunnen wert, de wile he dar af nenes rechtes ne weigeret.

---

28) Es ist dies meines Wissens der älteste Fall einer von dem Gesetz anerkannten Expropriation. Der Eigenthümer muss es sich gefallen lassen, dass eine ihm gehörige Sache von einem Andern ihm abgekauft wird. — Ob übrigens die obige Interpretation von Ed. Roth. c. 231 unbedingt richtig ist, wage ich bei der Kürze der Stelle mit Sicherheit nicht zu behaupten. Jedenfalls aber ergiebt sich, dass der das Kind ausliefernde bonae fidei possessor für den Werth desselben Ersatz zu beanspruchen ein Recht hat.

29) Urtheil des Hofgerichts zu Hoya vom J. 1631 (Zeitschr. für deutsch. Recht XI. S. 100). — Diese Stellen, welche es entschieden aussprechen, dass das beim bonae fidei possessor concipirte und geborene junge Thier und der junge Sklave Eigenthum des Besitzers werde, können Delbrück's (S. 28) Behauptung entgegengestellt werden: „das Junge eines Thieres wird nach römischem Recht Eigenthum dessen, der das Mutterthier in gutem Glauben besitzt, bei den Germanen kann sich zwar wiederum der Beklagte mit der Einrede schützen, er habe das Vieh in seinem Stalle aufgezogen, aber es wird ihm mit Erfolg entgegnet werden können, der Kläger sei Eigenthümer des Mutterthieres gewesen." Diese Stellen dienen daher auch zur Widerlegung eines der von Delbrück beigebrachten Argumente, dass es den Deutschen an Regeln über den Erwerb des Eigenthums gefehlt habe. Vergl. darüber auch unten Note 35.

Der titulirte Besitzer braucht, so lange er nicht Recht ver-
weigert und dadurch sich den Nachtheilen der mala fides ausge-
setzt hat, die gehabten Nutzungen dem vindicirenden Eigenthümer
nicht zu ersetzen. Der Richtsteig Landrechts 16. §. 7 wiederholt diesen Satz für den Fall, dass ein Erbe wegen einer im
Nachlasse befindlichen, fremden Sache in Anspruch genommen wird.
Er kann vor Gericht fragen:

> na deme dat it eme geervet si unde he dar af ni rechtes
> en weigerde, oft he jenege nut dorve wedder keren, edder
> wat dar rechtes umme si. So vintme he ne dorve.

Ja selbst der malae fidei possessor, welcher aus eigenem An-
triebe, ohne beklagt zu sein, die Sache dem Eigenthümer zurück-
giebt, braucht denselben wegen der entzogenen Nutzungen nach
einem späteren Zusatz zum Sachsenspiegel nicht zu entschädigen,
I. 52. §. 3:

> Svat aver he jemanne genomen hevet mit unrechte, dat mut
> he ime wol weder laten in sine gewere; dar ne mach jene
> denne nene gave anspreken, mer so gedan recht, alse he
> dar an hadde, er't ime genomen wurde.

In Betreff der Dienste, welche ein Unfreier geleistet hatte,
scheint das spätere langobardische Recht (Ed. Liutpr. 144) einen
von dem bisher dargestellten Recht abweichenden Grundsatz be-
obachtet zu haben; denn es sagt, dass der Eigenthümer, welcher
längere Zeit hindurch die Vindication seines Unfreien unterliess,
non requirat operas, woraus wir e contrario schliessen dürfen, dass
nach langobardischem Recht der Eigenthümer, wenn er sich nicht
versäumt, Ersatz für die operae fordern darf. Dass der malae
fidei possessor zum Ersatz verpflichtet ist, wird noch ausdrücklich Ed. Liutpr. c. 132 bemerkt.

Aber auch der Schwabenspiegel weicht von dem sächsischen Princip ab; doch scheint es, dass er in der Absicht, das römische Recht
wiederzugeben, zu einem durchaus unpraktischen Satz gelangt,
welcher weder dem römischen noch dem deutschen Recht entspricht; denn cap. 57 [30]) sagt, dass wer eine gestohlene Sache
ane sine wizzen (bona fide) kaufte, nicht bloss diese selbst restituiren solle, sondern auch *allen den nutz der da von chomen ist*

---

30) Es findet sich diese Stelle so bereits im Deutschensp. 52. — Eine
ganz ähnliche Bestimmung enthält auch Schwabensp. 56 (Deutschensp. 51).

uber die fure [31]), selbst wenn das etwa so erworbene Vieh in seinem Besitz gestorben ist. Auch der Frau, welche die von ihrem Manne veräusserte Morgengabe zurückverlangt, *wil sis nit enbern, man mus ir allen den nutz wider geben, den daz gut die wile vergolten hat* (Schwabensp. 20, Deutschensp. 23 [32]).

Während nach dem Sachsenspiegel, wie oben bemerkt, auch der m. f. possessor unter Umständen die Nutzungen nicht zu ersetzen braucht, bestimmt dies dagegen ein Elbinger Rechtsbuch in einer geradezu abenteuerlichen Ausdehnung, die weder den sonstigen deutschrechtlichen Principien, noch dem römischen Recht entspricht, sondern aus einer übertriebenen Anwendung des Sittengesetzes hervorgegangen ist [33]):   •

Hat einer eyn ding gestolen und nutczet, daz allis, das do von gekomen ist, mus her wedirgeben. Stele eyner eyn korn und seite, das allis, daz do von kummet, das muste her wedir geben, dortzu hette her alle kost verloren, di mochte her nicht abeslan. Stele eyner eynen phennig unde gewunne do mete tusent mr., her musste is wedir geben mit rechte.

VII.   Oben war von den Verwendungen die Rede, welche ein bonae fidei possessor des Fruchtgenusses wegen auf Grundstücke gemacht hatte. Für den Fall nun, dass Jemand aus fremden Mobilien einen ganz neuen Gegenstand gearbeitet hat, bestimmt der Schwabensp. c. 373 und 374, dass durch diese Handlung der Specificirende nicht Eigenthum erwerbe [34]): das Schiff oder das sonstige Werk, welches aus fremdem Holz gemacht ist, gehört dem Eigen-

---

31) Das heisst wohl: mit Ausnahme der Nutzungen, die Jemand von dem Vieh durch Fahrten gehabt hat. Das Wort fure, welches sowohl „Die Fuhre", als auch Nahrung, Futter bedeutet (vergl. Benecke's mittelhochdeutsches Wörterbuch III. S. 263), scheint in dieser Stelle und im c. 56 Fuhre zu bedeuten, während es im c. 317 (der vindicirende Eigenthümer giebt von dem Vieh *de heine fure*) Futter bedeutet: der Vindicant braucht dem Besitzer nicht die Futterungskosten zu ersetzen.

32) Vergleiche auch Schwabensp. Lassb. 23 mit Deutschensp. 24 und Wackern. 23.

33) Steffenhagen de inedito juris Germanici monumento. Regim. Pruss. 1863. p. 23.

34) Die römischen Grundsätze über die Specification werden von Purgoldt III. c. 60 ff., 68 ff. wiedergegeben. — Die oben angeführten Schwabenspiegelstellen sind in das alte Kulmische Recht V. 71, 72 und aus diesem in das Jus Culmense ex ult. revis. III. 1. c. 4 und 5 übergegangen. Ueber die deutschen Grundsätze über die Specification vergl. auch Platner II. S. 153 ff.

thümer des Holzes und ebenso ist es bei anderen Verarbeitungen
der Fall; doch soll der Eigenthümer demjenigen, welcher bona
fide handelte, seine Arbeit und sonstigen Kosten ersetzen (c. 374).
Behauptet der Eigenthümer, dass ihm das Werk nichts nütze, und
will er es nicht nehmen, so behält es der Specificant, welcher
dann den Stoff dem Eigenthümer ersetzen muss (Schwabenspiegel
Wack. c. 390) [35]).

VIII. Wenn Jemand eine fremde Sache, in dem Glauben, es
sei seine eigene, nicht sowohl zu einer anderen gemacht als vielmehr nur verbessert hat, so giebt ihm das deutsche Recht den
Anspruch auf Ersatz seiner Meliorationen. Während in den Volksrechten dies Princip noch keine Anerkennung gefunden hat, sondern der Besitzer in Betreff des Ersatzes angewiesen wird, sich
an seinen Auctor zu halten, von dem er die fremde Sache erhielt [36]),

---

35) Die erste Stelle c. 374 hat in Wackernagel's Ausgabe c. 390 einen
ganz anderen Sinn. — Da gegen Delbrück's (Dingl. Klage S. 26 ff.) Ansich-
ten über das Eigenthum des deutschen Rechts und den Erwerb desselben, so
weit mir bekannt ist, nirgends eingehender polemisirt ist, so ergreife ich hier,
ebenso wie N. 29, die Gelegenheit, mich gegen dieselben zu erklären. Delbrück sagt S. 28, die Specification sei im deutschen Recht nicht als Erwerbs-
art behandelt; „zwar kann sich der Beklagte durch die Behauptung schützen,
er habe das Gewand, das ihm abgefordert wird, selbst machen lassen, aber
dieser Schutz zerfällt, wenn der Kläger das Eigenthum des Stoffs ansprechen
kann, während doch die absolute Erwerblehre nur ein Entweder Oder gestattet."
Ist dieser Schluss richtig? Ich glaube ebenso wenig, als wenn man für das
römische Recht behaupten wollte, es habe dasselbe kein Eigenthum gekannt,
weil es ein possessorisches Verfahren ausgebildet habe. Der Streit, welcher
zwischen dem Eigenthümer des Stoffs und dem Specificanten geführt wird,
dreht sich nicht um das Eigenthum, sondern um das bessere Recht an einer
Sache, wie dies Delbrück auch in seinen weiteren Untersuchungen ausge-
führt hat. Wenn der Specificant ein Recht an einem Gewande behauptet, weil
er dasselbe habe anfertigen lassen, so stützt er sich allerdings nicht auf Eigenthum, sondern auf einen titulus für den Besitz. Er unterliegt aber mit seiner
Behauptung, weil der Kläger sich auf sein Eigenthum am Stoffe berufen kann;
darum ist der Letztere denn auch, gemäss deutschrechtlichen Grundsätzen,
Eigenthümer der Verarbeitung und geht dem schwächer Berechtigten vor.
Das deutsche Recht hat also nicht nur den Eigenthumsbegriff, sondern besitzt
auch Regeln über den Eigenthumserwerb. Und es konnte nicht anders sein;
denn ohne Regeln über den Erwerb des Eigenthums kann es auch kein Eigenthum geben. Nur soviel ist richtig, dass nicht das Eigenthum, sondern das
Recht eine Sache zu besitzen der das deutsche Sachenrecht beherrschende Begriff war.
36) Ed. Liutpr. 116, L. Baiw. XVI. 4.

und dies der Sachsenspiegel auch für den Fall bestimmt, dass Jemand einen fremden Acker pflügt (vergl. oben n. III.), wird die Ersatzpflicht des Eigenthümers in späterer Zeit ganz allgemein anerkannt. Richst. 17. §. 4:

Vraget aver jene sus dar wedder: her richter, ic vrage na deme dat ic desse have vor mine hadde, unde unhelinge gehalden hebbe, unde ni rechtes af geweigeret ne hebbe, unde hebbe se mit mime gelde vorbetert, als ic se vor mine have hadde, oft he icht mi min gelt scole vorstaden als vele alse he se beter unde nütter vint. So vintme he scole, went weme de kost vromet, de gelt se bilke [37]).

Auch sind von diesem Princip manche Consequenzen ausdrücklich anerkannt worden:

1) Der Eigenthümer, welcher sein Vieh vindicirt, soll dem bonae fidei possessor die gehabten Fütterungskosten ersetzen. Bambergensis §. 112 a. E., Carolina art. 207, 213; vergl. Delbrük S. 217 f.

2) Die Handwerker, welche im Auftrage eines Unberechtigten ein Gebäude aufführten, können vom Eigenthümer des Bodens und des Gebäudes ihren rückständigen Arbeitslohn verlangen. Purgoldt II. 41.

3) Der bonae fidei possessor, welcher eine auf einem Grundstück haftende Last abgelöst hat, kann Ersatz vom Eigenthümer verlangen. Magdeb. Schöffenspr. bei Wasserschleben I. S. 107 (cap. 210).

Auch kann der Besitzer, welcher wissentlich auf eine fremde Sache Verwendungen macht, in manchen Fällen Ersatz beanspruchen:

A. Er besitzt die Sache ohne Willen des Eigenthümers.

1) Der Eigenthümer muss demjenigen, welchem seine Sachen im Wasser zugeflossen sind, die auf ihre Rettung und Erhaltung verwendeten Kosten ersetzen. Sachsensp. II. 29 [38]).

---

37) Elbinger Rechtsbuch (Steffenhagen S. 23): hette her abir koste dorumme gedan, e is ym zcu wissin were wurden, das is vorstolen was, di nius man ym wedirkeren. — Allg. Landr. I. 7. §. 204 ff.

38) Verschieden davon ist der sog. Bergelohn, welcher demjenigen, welcher schiffbrüchiges Gut rettet, als Prämie gegeben wird und meistens eine Quote des Werths beträgt. Hamburg. Seerecht v. 1292. art. 20; Hamb. Statuten II. 17. 5; Lüb. Urtheil vom Jahr 1432 bei Michelsen Lübischer Oberhof n. 138.

2) Gleichfalls kann Ersatz seiner Unkosten derjenige verlangen, welcher eine fremde Sache Dieben oder Räubern abjagt [39]). Sachsensp. II. 37. §. 1.

3) Wer Vieh gepfändet hat, verlangt Ersatz für die Futterungskosten, selbst wenn ihm das Vieh ohne seine Schuld fortläuft [40]).

B. Er besitzt die Sache mit dem Willen des Eigenthümers, sei es in Folge eines Rechtsgeschäfts, sei es in Folge gesetzlicher Bestimmung.

1) Der Verpächter, der Pfandeigenthümer soll, wenn das Grundstück an ihn wieder zurückfällt, dem Pächter, dem Pfandbesitzer die Meliorationen erstatten oder das jus tollendi zugestehen. Sachsensp. II. 53:

Svat die man buwet uppe vremedem gude, dar he tins af gevet, dat mut he wol afbreken of he dannen veret, unde sin erve na sime dode, ane den tun vore unde hindene unde dat hus unde den mes (Mist); dat sal die herre losen na der bure kore. Ne dut he's nicht, he vort dat ene mit dem anderen wech.

Altdithm. Landr. 137, 151, 152, Billwärder Landr. c. 76, Neumünsterische Kirchspielsgebräuche art. 43, Purgoldt III. 102, XII. 27, Augsb. Stadtr. (Walch) c. 282, Kleines Kaiserr. II. c. 111 a. E. [41]), Grimm Weisthümer III. S. 638. §. 5, 674, 676 (oben), 721. 7 (oben), IV. S. 661. n. 27, 39. — Höfer deutsche Urkunden II. n. 159. — Vergl. auch Riedel d. Mark Brandenb. II. S. 403 f., und überhaupt Platner a. a. O. II. S. 157 ff., und in d. Zeitschr. f. Rechtsgesch. IV. S. 141. Sehr gewöhnlich war es auch, dass bei einem Pfandvertrage, einem Verkauf mit Vorbehalt des Wiederkaufsrechts sogleich verabredet wurde, dass der Besitzer bis auf eine bestimmte Höhe hin Meliorationen und Bauten mit der Aussicht auf Entschädigung vornehmen dürfe.

2) Der Fuhrmann, welcher Auslagen machte, um das ihm ohne seine Schuld gestohlene Frachtgut wieder zu erlangen, hat Anspruch auf Ersatz. Lüneburger Stadtrecht (herausgeg. v. Kraut

---

39) Die Lex Burg. VI. §. 1 hat einen festen Satz als Prämie für den, welcher einen fugitivus ergreift.

40) Rechtsb. nach Dist. II. 8. d. 3, Purgoldt IV. 20. Vergl. auch Wilda in d. Zeitschr. f. deutsch. R. I. S. 296. N. 306.

41) Mit wunderlicher, höchst eigenthümlicher Casuistik.

S. 51). — Der Schiffer, welcher den Mast abhauen, den Anker kappen, Gut über Bord werfen lässt, um die Ladung zu retten, hat gesetzlichen Anspruch auf theilweisen Ersatz seines Schadens [42]).

3) Die Verbesserungen, welche ein Mann auf dem Gute seiner Frau vorgenommen hat, kann er nach ihrem Tode von den Erben der Frau ersetzt verlangen, an welche das Gut fällt. Magd. Schöffenurth. bei Wasserschleben I. S. 202 f.

4) Wenn ein Vasall auf dem Lehn ein Haus gebaut oder gebessert, oder sonstige Meliorationen vorgenommen hat (z. B. Servituten erworben), so soll nach langobardischem Lehnrecht (II. F. 28. §. 2) der Herr, wenn im Mangel von Lehnserben an ihn das Lehen zurückfällt, den Landerben Ersatz leisten oder ihnen das jus tollendi einräumen; das sächsische Recht kennt keine solche Ersatzpflicht, sondern lässt das Haus ohne Weiteres an den Herrn fallen [43]).

5) Wenn der Verpächter vor dem Ablauf des Pachtvertrages stirbt und die Pächter gemäss dem Vertrage verpflichtet sind, seinen Erben den Acker wiederum besäet zu überlassen, so sollen die Erben die Saat von den Pächtern durch Zahlung des Zinses lösen, den diese sonst hätten an den Verpächter zahlen müssen (Sachsensp. III. 77. §. 1. 2) [44]).

---

42) Vergl. Stobbe Gesch. des Vertragsrechts S. 287, 288. — Als Parallele führe ich noch an, dass demjenigen, dessen Haus abgebrochen wird, um durch die entstandene Lücke dem Umsichgreifen eines Brandes zu begegnen, sein Schaden theilweise zu ersetzen ist, wenn die gewünschte Wirkung erreicht wird. Münchener Stadtr. art. 360 und Lüneb. Stadtr. bei Kraut S. 24.

43) Vergl. Homeyer Sachsensp. II. 2. S. 524. — Vergl. auch oben S. 63.

44) Vergl. Homeyer's Note zu dieser Stelle und Lewis die Succession der Erben 1864. S. 132.

Literargeschichtliche Nachrichten über einige alte Ausgaben deutscher Rechtsquellen.

Die jetzt sehr seltene Ausgabe der Volksrechte, welche Tilius besorgte, hat schon seit längerer Zeit das Interesse der Gelehrten auf sich gezogen, sowohl weil in ihr eine grosse Zahl von
Volksrechten zum ersten Male gedruckt wurde und für manche
derselben diese Ausgabe die Bedeutung einer Handschrift hat,
als auch weil zwei Formen von ihr, eine ohne Generaltitel und
eine mit demselben, im Umlauf waren. Unsicher ist das Jahr,
wann die Ausgabe ohne den Generaltitel erschienen ist; man nahm
ziemlich allgemein an, dass bereits vor 1557 diese erste Ausgabe
verbreitet war [1]). Beim Durchsehen einer Anzahl von Briefsamm-
lungen von Gelehrten des 16. und 17. Jahrhunderts stiess ich auf
einen Brief, welcher beweist, dass die Ausgabe bereits vor 1555
erschienen ist. Da diese Notiz unbeachtet geblieben ist, theile
ich den Brief mit und verbinde damit zugleich einige weitere lite-
rargeschichtliche Notizen über andere ältere Ausgaben deutscher
Rechtsquellen.

I. Tilius.

In Burmann's Sylloge epistolarum II. p. 236 — 238 steht
ein Brief eines nicht genannten Verfassers an Cornelius Walther
und Georgius Cassander; er ist aus Augsburg vom 18. März
1555 datirt und theilt mit, dass sein Schreiber nach Augsburg
gekommen sei und hier den Reichstag über bleiben werde. In
der Mitte dieses Biefes heisst es nun:

Accipietis hic Missam Chrysostomi Pragae impressam; Legem
Salicam et reliqua possetis, ut opinor, facile ex Galliis habere per
bibliopolas modo scriberetis. Rogo ad me exemplar unum atque
alterum transmittatis; recte si adderitis Frisionum et Angliorum
leges. Scribit ad me Vir quidam bonus et summopere urget, ut

---

1) Vergl. meine Quellengeschichte I. S. 8 ff.

vos horter, quo alteruter ad Tilium proficiscatur, et omnibus modis cum eo agat, ne supprimat, sed edi curet, quae habet: vere-
tur enim ille, ne quod saepe solet eveniie, infula literis multum
obstet, quod si animadverteretur, vel describi quaedam possent
vel accipi ab ipso accommodato: ego illud iter pro viribus meis
sumptibus etiam juvarem, sed nescio vestram commoditatem, prae-
sertim hoc tempore belli, et quos sejungi nec posse nec debere
ipse existimo.

Im Folgenden heisst es dann weiter: hospes mihi est Daniel
Ulstatt. Fui apud Canonicum, qui et legem Salicam habet. In
fine ipse has interpretationes antiquorum vocabulorum annotave-
rat, ut inclusa est scedula.

Die beiden Adressaten sind zwei bekannte Theologen, welche
ausserordentlich befreundet waren, und von denen Cassander
damals zu Cöln lebte [2]). Wir besitzen mehrere Briefe, welche
an sie beide zusammen gerichtet sind [3]), besonders auch von Joachimus Hopperus, und dieser ist, wie sich aus einer Vergleichung des übrigen Inhalts des mitgetheilten Briefs mit den in
Burmann's Sammlung folgenden Briefen ergiebt, auch unzweifelhaft der Schreiber [4]). Hopperus war 1523 zu Friesland geboren, hatte zu Harlem, Löwen, Paris und Avignon studirt, war
1553 zu Löwen Dr. jur. und 1554 Professor der Pandekten ge-

---

2) Ueber Cassander, dessen Briefe und Werke zu Paris 1616 fol. herausgegeben sind, vergl. Jöcher und eine besondere Commentatio von A. C.
Friedrich Enarratur G. Cassandri vita et Theologia. Gött. 1855. 4.

3) Abgesehen von den in Burmann's Sammlung stehenden vergl. auch
zahlreiche Briefe in: Illustrium et clarorum virorum Epistolae selectiores supe-
riore saeculo scriptae vel a Belgis vel ad Belgas. Lugd. Bat. 1617. 8., z. B. p.
9 ff. ein Schreiben der Magdeburger Kirchenhistoriker vom J. 1557, in welchem
sie beide um ihre Unterstützung und Hülfe angehen.

4) Ueber Joachimus Hopperus vergl. H. Conringii epistolae nunc uno
volumine comprehensae. Helmst. 1666. 4. p. 286 (eine Vorrede, welche Con-
ring dem Braunschweiger Abdruck von Hopperus Werk: de vera Jurispru-
dentia 1656 vorgesetzt hatte), Jöcher II. S. 1702 f., Hugo civil. Literärgeschichte S. 295 f., nouvelle biographie générale tom. XXV. 1858. p. 129 — 121,
Wauters mémoires de Viglius et d'Hopperus sur le commencement des troubles
des Pays-Bas. Bruxelles. 1858. 8. p. 222 suivv.

Briefe an ihn und von ihm finden sich ausser bei Burmann und in Cas-
sander's Opera auch in: Illustrium virorum epistolae (vergl. n. 3) und in
Gabbema epistolarum ab illustribus et claris viris scriptarum centuriae tres.
Harling. 1665. 8.

worden. 1554 wurde er königlicher Rath in Mecheln und wandte sich nun für sein übriges Leben, während er das regste Interesse für die Wissenschaft behielt, den Staatsgeschäften zu.

Unzweifelhaft ergiebt sich aus dem Briefe, dass bereits im Frühjahr 1555 die Lex Salica von Tilius herausgegeben war, und wenn es noch überhaupt eines Beweises für die allgemeine Annahme bedarf, dass die Pariser Ed. princeps der Lex Salica und der übrigen Volksrechte von Tilius herrührt, so ist dieser auch durch die Worte des Hopperus gegeben. Der Verfasser gebraucht den Ausdruck *Legem Salicam et reliqua;* es bleibt dabei zweifelhaft, ob er darunter versteht: die Lex Salica und die übrigen von Tilius herausgegebenen Volksrechte (L. Alam., Burgund., Ribuar., Baiw. und Saxonum), oder die Lex Salica mit den zu ihr gehörenden Stücken. Denn Tilius hatte mit seiner Ausgabe der Lex Salica auch andere auf das fränkische Recht bezügliche Stücke verbunden. Es ist also die obige Nachricht auch nicht geeignet, um die Frage zu beantworten, ob Tilius die Lex Salica und die übrigen Volksrechte, von denen jedes seine besondere Paginirung hat, separatim und zu verschiedenen Zeiten erscheinen liess, oder ob er alle jene Quellen zu gleicher Zeit herausgab [5]). Hopperus scheint zu wissen, dass Tilius noch manches weitere Material zur Herausgabe besass; ob er dabei an andere dem Tilius bekannte, aber von ihm nicht edirte Volksrechte oder an sonstige Quellen denkt, wird sich nicht entscheiden lassen.

Berücksichtigen wir die weiteren Worte, in denen Hopperus die Befürchtung ausspricht, dass die erlangte Bischofswürde den Tilius leicht von weiteren wissenschaftlichen Arbeiten abhalten könnte, und ist es richtig, dass Tilius im Jahre 1553 Bischof zu St. Brieux wurde [6]), so würde die Ausgabe der Volks-

---

5) Alle bisher beschriebenen Exemplare der Ausgabe enthalten 6 Volksrechte und in derselben Reihenfolge (vergl. Quellengeschichte I. S. 8 ff. mit den Citaten, und Zeitschr. für Rechtsgeschichte I. S. 248 f., 459 f.). Und auch das von Pardessus (Loi Salique, préface p. 1) beschriebene Exemplar schliesst nicht mit dem Baiernrecht, sondern enthält, gemäss der gütigen Nachricht von E. de Rozière, ebenso wie alle übrigen, auch die Lex Saxonum. Wegen der Uebereinstimmung der bekannten Exemplare in Vollständigkeit und Reihenfolge möchte ich vermuthen, dass alle jene 6 Volksrechte zu gleicher Zeit herausgegeben wurden.

6) Vergl. Hugo civ. Literärgeschichte S. 229 ff.; eine ausführlichere Biographie des Tilius kenne ich nicht. Jöcher und die Biographie universelle Tom. XII. p. 402 sind sehr dürftig.

rechte schon 1553 oder noch früher erschienen sein. Und damit
stimmt es auch sehr gut, dass im Jahre 1557 sich ein Exemplar,
welches Tilius selbst verschenkt hatte, bereits in der Hand des
dritten Besitzers befand [7]).

Besonders interessant sind aber auch die Worte: *recte si adderitis Frisionum et Angliorum leges.* Diese Leges waren damals
noch gar nicht durch den Druck bekannt geworden; sie sind überhaupt nicht von Tilius, sondern erst 2 Jahre nach dem Brief
des Hopperus von Herold herausgegeben worden. Ich glaube
nun die angeführten Worte nicht in der Weise deuten zu dürfen,
dass Hopperus etwa Kunde von der literarischen Absicht des
Herold erhalten hatte und seine Freunde bittet, falls dessen
Ausgabe bereits erschienen wäre, sie ihm zu schicken; es wäre
dann immer auffallend, dass Herold's Name gar nicht genannt
ist. So bleiben nur zwei andere Möglichkeiten übrig: entweder
glaubte Hopperus, dass Tilius auch diese Gesetze herausgegeben habe, oder er bittet seine Freunde, ihm eine Handschrift der
betreffenden Leges zu schicken. Ich halte das letztere für das
wahrscheinlichste; jedenfalls hatte man um diese Zeit bereits Kunde
von einer Handschrift der Lex Frisionum. Es ist bekannt, dass
wir h. z. T. keine Handschrift dieses Volksrechtes besitzen und
dass wir überhaupt keinen anderen Text desselben kennen, als
welchen Herold zum Abdruck brachte, wir wissen nicht, auf
Grund welcher Handschrift. Hier kommen wir nun möglicherweise
einer Handschrift der Lex Frisionum auf die Spur.

Dem Wunsche des Hopperus entsprachen seine Freunde
und schickten ihm das erbetene Volksrecht; denn im Juni 1555
schreibt er ihnen aus Mecheln: *Remitto etiam leges Frisionum,
quas mihi jam descripsi* (a. a. O. S. 238), „ich schicke Euch die
Handschrift der friesischen Gesetze zurück, welche ich mir habe
abschreiben lassen". Er hatte für das friesische Recht ein besonderes Interesse, weil er sich mit der Geschichte seines Vaterlan-
des beschäftigte und über dieselbe auch mehrere Schriften ausar-
beitete. Dieselbe Handschrift wurde durch die Cölner Geistlichen

---

7) Vergl. die Notiz von Bluhme, in meiner Quellengeschichte I. S. 10.
n. 14. Doch dürfte der Name dessen, dem Tilius dies Buch schenkte, nicht
Ant. Schonhorn, sondern Schonhovius sein, mit welchem auch Joach.
Hopperus in gelehrtem Verkehr stand; vergl. Burmann Sylloge II. p. 238,
239.

auch Anderen zugänglich gemacht; denn 1556 schreibt aus Bremen der Canonicus Joànnes Saxo an Corn. Walther nach Cöln: *de libello legum Frisicarum ad me misso magnam tibi merito gratiam habeo* (a. a. O. S. 243).

Es wäre nun freilich noch möglich, dass diese Handschrift, welche Hopperus und Saxo benutzten, nicht das Volksrecht der Friesen, sondern spätere friesische Gesetze enthielt. Doch glaube ich aus einigen Worten in dem angeführten Brief des Joannes Saxo schliessen zu dürfen, dass es sich in der That um das Volksrecht handelte. Derselbe schreibt nämlich: *Sincfala Flandriae maritimus locus, qui etc.* und *de Sincfala ergo, rogo, ut mihi indices, siquid rescivisti.* Es ist nun *Sincfala* eine Form, welche sich nur in der alten Lex Frisionum findet, während die späteren Quellen Cincfal, Singfallus u. s. w. haben [8]), woraus denn wohl der Schluss zu ziehen ist, dass dem genannten Gelehrten eine Handschrift des Volksrechtes bekannt war; vielleicht befand sie sich in einer Cölner Bibliothek. Darüber, ob es dieselbe war, welche Herold bei seiner Ausgabe abdrucken liess, oder eine andere, fehlt es an jeder Andeutung. Jedoch wird durch die Worte in dem zuerst angeführten Brief des Hopperus, *si adderitis Frisionum et Angliorum leges*, die Annahme gerechtfertigt, dass auch in dieser Handschrift die Lex Frisionum und die Lex Angliorum ebenso neben einander standen, wie dies v. Richthofen [9]) für die Herold'-sche Handschrift annimmt [10]).

II. Lindenbrog.

Es ist bekannt, dass Lindenbrog, welcher im Jahre 1613 zu Frankfurt a. M. seinen Codex legum antiquarum herausgab, bereits viele Jahre vorher mit den Vorarbeiten beschäftigt war [11]).

---

8) Vergl. v. Richthofen, Monum. Germ. Legum Tom. III. p. 632 seq.

9) Vergl. Monum. l. l. p. 654.

10) Ich will es nicht verschweigen, dass v. Richthofen, welcher mir auf meine Bitte seine Ansicht über die obigen Notizen in der freundlichsten Weise mittheilte, es für wahrscheinlich hält, dass es sich nicht um eine Handschrift der Lex Frisionum, sondern um die noch im 15. Jahrhundert, vielleicht zu Cöln gedruckte Ausgabe des sog. alten friesischen oder westerlauwerschen Landrechts handelt. Ein wie grosses Gewicht ich auch der Autorität v. Richthofen's beimesse, so möchte ich dagegen doch einen besonderen Nachdruck auf die Worte *et Angliorum leges* legen, welche mir zu beweisen scheinen, dass Hopperus im März 1555 um eine Handschrift bat. Allerdings ist es dann nur wahrscheinlich und nicht gewiss, dass, wenn später von leges Frisionum die Rede ist, gleichfalls an eine Handschrift zu denken ist.

11) Ich habe bereits in der Quellengeschichte I. S. 11. n. 17 eine darauf

Er zweifelte lange, welchem Verleger er sein Werk überlassen sollte. Schon im Jahre 1600 schrieb Justus Lipsius aus Löwen · an ihn nach Paris (Lipsii epistolarum selectarum centuria singularis ad Germanos et Gallos. Antv. 1610. 4. n. 70):

De legibus Longobardorum et quae adhaerent, avide exspecto: et magis Glossarium. nam et ego in iis ... aliquid inquisivi et indagavi. De typographo autem nostro, si ita statuis, ad eum scribito: ego secundas facere non abnuo et eum adhortari.

Es ist wohl der Antwerpener Buchhändler Joh. Moretus gemeint, mit welchem Lipsius sehr befreundet war und welchem er auch seine Werke in Verlag gab. Im Jahre 1601 schrieb Lindenbrog aus Paris an Jos. Scaliger (Burmann sylloge II. p. 348):

Leges Germaniae paratas habeo et jam illas vidisses, si per typographum licuisset, qui nescio quid causatur ac moram trahit, at si mimis tricari inceperit, Francofurtum eas mittere decrevi, und im folgenden Jahre an denselben (a. a. O.):

Leges Germaniae, si desiderarem jam equidem hic ederentur, sed non multum urgeo. et reservabuntur fortassis an donec Augustam Vindelicorum veniam qui sic commodius Imp. Caesari exhiberi possint. Interim vero, quod tu de Eusebio scribis, ex mora meliores evadent. Nam a Daniele Marculfi formulas integras habeo, et alibi alias nactus, quas omnes (adhibito tamen judicio) in calce exhibebo. quae cura non exigui laboris et fastidii. — Vergl. auch den Brief vom Jahre 1604 (a. a. O. S. 350). Der genannte Daniel ist wohl Petrus Daniel, Advocat zu Orleans, der eine grosse Bibliothek besass und 1603 starb (Jöcher II. S. 26). Aus der Handschrift dieses Petrus Daniel gab Bignon die nach ihm benannten formulae Bignonianae heraus [12]), welche auch Lindenbrog seinem Werke einverleibte.

Lindenbrog war im Jahre 1606 von Frankreich nach Italien gegangen und 1607 von dorther nach Deutschland zurückgekehrt. Noch immer konnte er sich nicht zum Druck der Ausgabe entschliessen, auf die man aller Orten sehr gespannt war. Marquard Freher schrieb darüber im Jahre 1607 an Goldast (Vi-

---

bezügliche Stelle aus seiner Vorrede zur Ausgabe der Lex Salica vom Jahre 1602 mitgetheilt.

12) Quellengeschichte I. S. 250. n. 31.

rorum cll. et doctorum ad Melchiorem Goldastum epistolae. Francof. et Spirae 1688. 4. p. 179 seq.):

De Lindenbruchii reditu ex Italia gratum fuit cognoscere … Utinam prodeat tandem Editio illius Legum Germanicarum, jam dudum ut promissa ita desiderata, quam et libenter adjutum eam quaqua possim: neque enim negavero, multum mihi in illis vigilatum, neque pauca observata, annotata quae omnia excerpere et describere magni laboris fuerit, et forte maximam partem superflui, si et illi eadem jam sint in mundo.

Er würde gern einen Anhang von Noten zu der Ausgabe liefern: excerpsi quidem ex Palatinis quasdam Caroli Regis additiones hinc inde aspersas: sed puto illum et easdem meliora pluraque alia habere … Sed heus! cum ultimo Francofurti fuissem, sermo mihi de his legibus fuit cum Sebast. Henr. Petri, Basiliensi Typographo, viro optimo, e cujus officina illae primum [13]) prodierunt curante Basil. Heroldo, et pauca forte 50 vel circiter exemplaria supersunt. Is se recudere nolle profitebatur, meam opem et consilium petebat et de exemplari Lindebruchiano sibi cedendo sollicitabat Parisienses, sed nihil de illo comperit. Habet ergo paratum Typographum Lindenbruchius, nisi forte apud suos edere Hamburgi, et editioni ipsus praeesse malit.

Lindenbrog, der im Jahre 1608 nach seiner Vaterstadt Hamburg zurückgekehrt war, ging auf keinen dieser Vorschläge ein, sondern trug sich auch noch weiter mit dem Gedanken, sein Werk in Hamburg erscheinen zu lassen. Jungermann schrieb in diesem Jahre an Goldast (a. a. O. S. 228):

Idem Lindenbruchius Germanicarum legum volumen paratum habere ait, si modo quis Sumptus velit facere. Ego nostro persuadere debeo. Sed vereor ut frustra: quum liber excudi Hamburgi debeat, nec enim alii se commissurum, quum ipse praeesse possit, ait optimus Lindenbruchius.

Endlich im Jahre 1611 hatte der Druck begonnen. Im März dieses Jahres theilte Lindenbrog selbst aus Hamburg mit (Gudii epistolae curante Petro Burmanno. Lugd. Bat. 1711. 4. p. 285):

Sub praelo … habeo … Codicem LL. antiquarum … Sed vix intra annum prodibunt.

---

13) Freher scheint von der Tilius'schen Ausgabe nichts zu wissen oder nahm an, dass sie erst 1573 ans Licht gekommen sei.

1613 erschien wirklich zu Frankfurt das lange erwartete Werk, mit einer Dedication an den deutschen Kaiser Matthias.

Was J o e c h e r von den Diebstählen L i n d e n b r o g's erwähnt, wird durch einen Brief bestätigt, welchen wohl ebenso wie den vorherigen G r u t e r an J u n g e r m a n n im Jahre 1608 geschrieben hat (in B. G. S t r u v acta literaria fasc. VI. p. 14):

Lindenbrogius egregius est plagiarius. Ille et Wowerius in Gallia vocabantur les Corsaires de Hamburg. Lindenbrogius etiam semel in carcerem capite nudo tractus fuit, ob sedecim volumina Manuscripta, quae monacho uno conscio subduxerat e monasterio Victoris, quod postea ipse monachus fassus. Optimum fuit, quod ipse strenuissime negaret, et Calignonius (gest. 1606) herus ejus tanta esset auctoritate, ut non auderent excutere aedes ejus. Virgis erat excipiendus minimum, si non patibulo, absque illo fuisset, ejusque intercessione. Discipuli ejus jam huc apud nos sunt, e quorum praeceptore haec habeo.

III. Fr. P i t h o e u s.

Zur Geschichte der Ausgabe der Lex Salica von P i t h o e u s und L i n d e n b r o g [14]) liefern folgende Notizen einen Beitrag.

D i o n. G o t h o f r e d u s schreibt aus Frankfurt 1600 an G o l d a s t (Virorum cll. etc. p. 39): Leges Salicas Lutetiae Tysius (es ist wohl zu lesen P i t h o e u s) edere destinat, meritissimus meo judicio interpres et qui me ab instituto tali deterreat;

und F r e h e r schreibt 1607 demselben (a. a. O. S. 180):

Misi jam dudum Pithoeo, quae ad Salicam habui diversa: neque exemplum retinui MSS.

IV. G o l d a s t.

Ueber die Entstehung von G o l d a s t's Sammlung der Reichsgesetze und über die Hülfe, welche er bei der Sammlung des Materials von vielen Gelehrten, besonders von M a r q u a r d F r e h e r erhielt, sind die Briefe an G o l d a s t (vergl. oben) höchst belehrend. Ueber die Unzuverlässigkeit dieser Sammlung urtheilte schon C o n r i n g sehr richtig (Conringiana epistolica . . . cura Chr. H. R i t m e i e r i ed. nova. Lips. et Wolf. 1719. 8. p. 343):

Multa adsunt, quae non bonae fidei. Goldastus ex monumentis historicis fingit quasdam leges. Non infrequenter novos titulos pro lubito illis constitutionibus addit.

---

14) Vergl. Quellengeschichte I. S. 29. n. 3.

VI.

Magdeburger Schöffenurtheile aus einer Königsberger Handschrift.

In einer Handschrift des Königsberger Geheimen Archivs, welche theils aus Pergament-, theils aus Papierblättern besteht und von Steffenhagen (Catalogus Codicum Manuscr. Bibliothecae regiae et universitatis Regimontanae fasc. I. 1861. 4. p. 73. n. 162) beschrieben ist, finden sich auch viele Magdeburger Schöffenurtheile, von denen wir im Folgenden eine Anzahl mittheilen.

Der Titel der Handschrift, welche ein Stadtbuch von Culm ist, lautet:

„Colmische Privilegia von Gewicht, Eln, Huebenmas, Muntz und Pflueg getreidicht, Allerlei Urtel von Willkurn und Handtwercks Zunfften. Item Magdeburgische geholte Urtel auff Underschiedtliche Fragen. Ab Anno 1431 Zuesam getragen und verfasset."

Die Rückseite des Titelblattes giebt den Beschluss über die Anfertigung dieses Buches an und enthält ein ausführliches Inhaltsverzeichniss:

Anno nativitatis domini Millesimo quadringentesimo tricesimo primo salubri decretum est consilio, Egregie Civitatis Culmensis privilegia In unum registrari et colligi unde ad hujuscemodi honorabilium virorum dominorum Consulum decreta et monita, dicta privilegia ex originalium scriniis. per Conradum Bitschin[1]) ea vice

---

1) Der Güte des Herrn Dr. jur. Steffenhagen zu Königsberg verdanke ich folgende Notizen über Bitschin:

Conrad Bitschin, Stadtschreiber zu Kulm, ist der Verfasser eines gelehrten Werkes de vita coniugali, welches in zwei HH. der Königl. und Univ. Bibl. zu Königsberg (n. 1310 Reinschrift und n. 1762 grösstentheils blosses Concept, beide aus dem XV. Jh.) erhalten ist. Das Werk, merkwürdig durch den Reichthum der benutzten Quellen, (*materiolas delectabiliores ac nobiliores, quas in philosophorum, poetarum ac historiographorum tradicionibus legendo notaui, aliquociens eciam certa sacri eulogij puncta admiscendo, ex diuersissimis, quinymo ut ita loquar ex mille fere partibus . . . unum colligere cogitaui, sagt der Verf. im Prologe) geht aus von dem eheli-

eorundem dominorum Notarium, In hunc librum sunt transumpta pariter et redacta, Commendabili viro domino Tilemanno de herken preconsulatus officium honorifice gubernante.

Primo itaque continetur hic copia privilegii Civitatis ac Terre Culmensis Antiqui, quod tamen in locis plurimis variatum est in privilegio Novo. Ideo sequenti ordine ponitur privilegium novum, quod Articulos XXIV. habere notatur. Tercio subjungitur Idem privilegium in vulgari u. s. w.

Am Schluss dieses Verzeichnisses heisst es: Item die frogen von Magdeburg mancherleye, beyde die alden und neuwen.

chen Leben, ist aber eigentlich eine Encyklopädie des Wissens damaliger Zeit. Es zerfällt in IX Bücher, deren Inhalt folgendermaassen bezeichnet wird:

I.   de bono sacramenti coniugalis.
II. de fide coniugum.
III. de moribus feminarum bonarum et malarum.
     tract. 1.   de vicijs malarum
            2.   de uirtutibus et laude bonarum mulierum.
IV. de prole et filiorum regimine.
V.   de principibus et nobilibus et corum regimine domestico.
VI. de constructione ciuitatis et ordine communitatis et ciuili regimine.
     tract. 1.   de ciuitate et eius fundacione.
            2.   de commutacionibus in ciuitate et vita politica necessarijs.
            3.   de legibus et consilijs.
VII. diuersa genera principatuum condiciones videlicet bonorum et malo-
     rum principum.
VIII. de principum prouidencia contra hostium inquietaciones necnon de
      militum et bellancium condicionibus ceterisque ad bellum necessarijs.
IX. de statu ecclesiastico et eius officio ceterisque eidem annexis.
     tract. 1.   de statu ecclesiastico et officijs ad ipsum pertinentibus.
            2.   de virtutibus et vicijs clericorum.
            3.   de penitencia et eius partibus et quibusdam alijs.

(Das IX. Buch ist jedoch nur im Brouillon in n. 1762 vorhanden, während n. 1310 mit lib. VIII abschliesst.)

Gewidmet ist das Werk *Conspicue legalitatis viro ac omni honestatis gratia mirabiliter venustato Nicolao wrecht, Insignis vrbis danczik prothonotario ac comburgensi*, auf dessen Veranlassung es unternommen wurde. Den Juristen interessiren die eingestreuten Rechtsausführungen mit Citaten aus dem Corpus iuris Romani und canonici und deren Interpreten.

Während B i t s c h i n hier sich Stadtschreiber von Culm nennt (legalium virorum dominorum consulum Colmen[sium] nomen dumtaxat scribe sibi vendicans minus rite), erscheint er in einer Danziger Urkunde (ausgestellt Subkau 1464 III. nach St. Georgii, worin er einer Leibrente von 4 Mark, die er von der Marienkirche zu fordern hat, entsagt) als *etwa Pfarrherr zu Rosenberg und zur Schwetze und auch noch Vicarius zum Colmen.*

Diese Schöffenurtheile beginnen fol. 87.

Da es bei der grossen Masse der erhaltenen Sprüche des Magdeburger Schöffenstuhls nicht darauf ankommen kann, längst Gedrucktes von Neuem wieder abzudrucken oder jeden Spruch in extenso mitzutheilen, so beschränke ich mich auf eine Auswahl.

Gleich die ersten Nummern 1 — 7 sind bekannt und enthalten ein Weisthum der Magdeburger für Culm vom Jahre 1338, welches bereits G a u p p schles. Landrecht S. 272 — 276 aus einer Schweidnitzer Handschrift (H o m e y e r n. 608) mitgetheilt hat.

Aber nicht bloss in diesen beiden Handschriften findet sich dieser Schöffenbrief, sondern ebenso auch in dem sog. Elbinger Rechtsbuch (S t e f f e n h a g e n de inedito juris Germanici monumento 1863. p. 21), in einer Berliner Handschrift (H o m e y e r n. 60; vergl. W a s s e r s c h l e b e n Rechtsquellen I. S. XVI. N. **) und in einer N i e t z s c h e' schen Copie (Codex n. 254), welche sich jetzt in H o - m e y e r's Besitz befindet [2]). In unserer Handschrift ist das Weisthum in 7 Abschnitte zerlegt. Ich beginne daher meine Mittheilungen aus derselben erst mit dem 8. Abschnitt. Die Zahlen, welche die einzelnen folgenden Abschnitte in der Handschrift haben, füge ich in Parenthese hinzu.

Bei meiner Ausgabe habe ich ein besonderes Gewicht darauf gelegt, die mitgetheilten Sprüche überhaupt mit der uns sonst bekannten Magdeburger Gerichtspraxis zu vergleichen und in den Anmerkungen theils Parallelstellen, theils kleinere sachliche Erörterungen gegeben. Abgesehen von dem Schöffenbrief von 1338 und von einer Stelle aus den Magdeburger Fragen, sind diese Sprüche nicht gedruckt; doch stimmen die einzelnen Entscheidungen vielfach mit den in anderen Fällen ergangenen Urtheilen überein. Ueber n. 50 (n. XL.) findet sich die Bemerkung, dass die nachfolgenden Sprüche im Jahre 1436 registrirt seien, und dann wieder bei n. 68, dass dies der letzte Magdeburger Spruch sei, den man

---

2) Ueber diese Handschriften vergl. L a b a n d system. Schöffenrecht S. XV f. — Die 3 von mir verglichenen Texte, Kgsb. Hdschr., G a u p p und N i e t z - s c h e's Copie zeigen, dass diese beiden letzten fast ganz übereinstimmen und einen besseren Text enthalten, als die Kgsb. Handschr. Nur einige Varianten zu G a u p p führe ich aus der Kgsb. Handschr. an: S. 273. Z. 11 hinter *keyn* fh: *teil*; S. 274. Z. 19 hinter *eyn* fh: *gast*; Z. 26 statt *by tages: em desselbin tages*; S. 275. Z. 4: statt *dusen: bausen*; Z. 14 statt *day: das*; Z. 15 statt *das: do*. Die N i e t z s c h e'sche Abschrift fügt an den Schluss dieses Schöffenbriefs noch eine genaue Beschreibung des Magdeburger Schöffensiegels.

im Jahr 1430 erhalten habe. Die folgenden Nummern sind von anderer Hand später nachgetragen.

I. (8.) Von notczoge. a. 1338.

Ouch habt jr uns gefraget an euwern briefen, ab ein man wirt beclaget umb notczucht, und der entweichet und umb die sache wirt vorfestent, Ab sein gut czugehore adir gebore sienen nehesten erbeling ader sienen herren was dorumbe dunket ein Recht, Das spreche wir vor ein Recht: wirt ein man beclaget umb notczucht und leydet der man sein Recht und wirt vorfestent umb die sache, do umbe hat der man sein gut nicht vorwirket noch vorboret, Mer sein gut sal volgen ein adir seynen nehesten erblingen von R. w. und nicht sienen herren und das das Recht sey, das irczewge wir undir unsim jngesigil. Dirre brieff ist gegebin jn demselbin vorgenanten jare noch gotes geburt noch sinte Oswaldis tag.

II. (9.) Ab eyn Schultisse honig masze uffhube ane Gerichte. a. 1339.

... Were abir das her des nicht bekente, und were es den Ratleuten also wissentlich, das sie is uff en nicht halden welden als recht ist, So sulde her is ouch den Ratleuten vorbussen noch gnaden noch jrem willen und were das die Ratleute des nicht uff en halden welden, und welde her das uff den heiligen behalden, das her das unschuldig sey, und das jm das unwisslich were, das sein masz adir sein gewichte unrecht weren, So sal man en off den heiligen czu seyme Rechte komen lassen.

III. (10.) Von czwen Scheffeln der eyne czugros der ander czukleyne. a. 1339.

Auch habt Ir uns gefroget ab man undir eyme mann finde czwene scheffill, ader ander mosze, einen czugros den andirn czukleyne, und dorumbe wurde mit beschuldiget, das her mit dem grossen eynkouffte und mit dem kleynen ausmesze, Wer das richten sulde, adir wie her sich geunschuldigen möge, (und) Ab her sich nicht unschuldigen mochte, was her dorumbe vorboret hette, doruff spreche Wir (vor) ein Recht. Ist das man undir ymande vindet czwene scheffill, adir andir czwerley mosz eyns czugrosz und das andir czukleyne, das sullen dy Ratleute richten von der Stat wegen alleyne und andirs nymand von R. w. und were das der man das bekente, das seine scheffele adir andir seyne masze czugros adir czukleyne weren, So sulde her den Ratluten vorbussen noch Iren gnaden wie sie welden, Were aber das sie nicht bekenten und were is den Ratleuten also wislich, das sie es uff en halden welden also recht ist, So sulde her is ouch den Ratleuten vorbussen noch gnaden noch Irem willen und were das die Ratleute des off jm nicht halden welden, und welde her das off den heiligen behalden, das her des unschuldig sey und das jm das unwislich were das seine scheffele adir seine andere masze czugros adir czukleyne were, so sal man en off den heiligen czu seyme Rechte komen lassen, das diese ding recht sejn, das irczeuge wir undir unserm ingesigil das wir czu Rucke haben gecleyben lassen, an diesen brieff den wir gegeben haben noch gotis geburt Thusent jar dreyhundirt jar an dem neunden und dreyssigsten Jare des nehesten Sontages vor unsir frauen tag lichtemesse *).

IV. (13.) Ab czwu Stete legen VI mylen entzwey under eynem hern jn eynem lande mit eynem rechte.

Ir habt uns geschrebin das die Stat Thorun ist gelegen Sechs mile von euch mit euch in eyme lande undir eyme herren und sint begriffen mit eyme Rechte, Also das Ire hantfesten stet in euir und euir jn jrer, des fraget ir uns, js das sie komen in euir Stat und wollen kouffen und vorkouffen cleyn adir gros, das sie vorgelden mögen, Ab ir en das moget weren adir sie euch mit Rechte adir mit keyner wilköre. Hiruff spreche wir vor eyn Recht. Ist das die Burger von Thorun komen in euere Stat adir jr komet in jre Stat, So möget jr in jrer Stat und sie in euir Stat wol koufen und vorkoufen was sie adir jr czu vorkoufende adir czu koufen haben, v. R. w. Mer setczet jr in euir Stat eyne willekor mit euir witczigsten Rate adir sie in Irer Stat mit Irer witczigsten Rate, den willekor mussen sie halden mit rechte in euir Stat und Ir mit en In Irer Stat v. R. w. Das diese ding recht seyn das irczeuge wir mit unserm Ingesigele.

V. (14.) Von antworte umme geldt.

Ir habit uns gefraget ab der Richter gebutet eyme czuantworten umb gelt und der wil nicht antworten und geet weg mit frevil adir mit gewalt aus dem gerichte, Nu folge em der Richter noch mit den dingpflichtigen uff ein andir gerichte und gebüt en wederkeren das her czu rechte, dis wederspricht her mit werendir hant, Wie

---

3) Die im Codex darauf folgenden Nummern 11 und 12 enthalten mit ganz unbedeutenden Varianten eine Wiederholung von 9 und 10, die wir bei n. 10 in Parenthese gesetzt haben.

em der richter und der clager dormite gevaren sullen das jm
recht geschee. Hiruff sprechc wir vor eyn Recht. Ist das der
man entgeet dem Richter und dem Clager mit gewalt und mit werendir hand uff em andirn gerichte Also als em der Richter geboten hat czu rechtir antwort, So sal der Clager jm volgen mit geschrey, und sal vor dem Richter clagen deme her entgangen ist und
der Richter sal dem Clager richten als recht mit eyner festunge [4])
von R. w. Das diese ding recht seyn, das irczeuge wir mit unserm jngesigile.

VI. (15.) 'Von geschulden orteiln ufczugeben.

Ir habt uns geschrebin in sulchin wortin Wir frogen euch als
ir wol wisset das alle die in Pruszen Lande vor gerichten urteil
schelden in meydenburg. rechte die schelden sie czu uns von R.
w. [5]). Nu heyschet unser herre der Meyster unsir obirster herre
die briefe die czu uns gekomen sint, der beschuldenen urteil die
wir von R. w. ausgegebin haben, Ab wir die Im v. Rechte antworten sullen ader nicht. Hiruff sprechc wir vor eyn recht,
die briefe der beschuldenen urteil die czu euch gesandt werden
aus prüszen lande umb·Recht, die briefe endorfen dem Meister
euerm hoestin herren nicht entwerten, Noch Meydeburgischen
rechte v. r. w., dis recht beczeuge wir mit unserm Ingosigil.

---

4) Der Magdeburger Schöffenstuhl entfernt sich hier von den Principien
des Sachsenspiegels, dass eine Verfestung nur bei Klagen *die an dat lief oder
an die hant gat* erfolgen soll, vergl. Sachsenp. I. 68. §. 1, Richtst. Landr.
37. §. 4. Der Grund hierfür liegt darin, dass der Beklagte nicht einfach contu-
max ist, sondern sich entfernt hat *mit frevil und mit gewalt,* dass er *mit werendir hant* die Rückkehr vor den competenten Richter weigert und dass der
Kläger darauf das Geschrei erhoben hat. Der Grund ist hier also nicht ein-
facher Ungehorsam, sondern der Widerstand gegen das Gericht. Für diesen
Widerstand bestimmt auch in weniger eclatanten Fällen das Goslarer Stadtrecht
(S. 75. Z. 9 ff.) die Verfestung: Wenn der Beklagte aus dem Gericht geht,
ehe es ihm das Recht gestattet: *de kleghere scal ine dat röchte na ropen drie,
dat it de horen, de dar bi sin, so mach he ine vorvesten.* Und das Rechtsbuch nach Dist. III. 15. d. 4 sagt, man soll ihm, nachdem der Richter ihm
vergeblich geboten hat, zum Gericht zurückzukehren, folgen *mit deme geruffte*
und ihn verfesten *also wol umbe schult, also umbe ander sache, unde umbe des
ungehorsams willen.* Vergl. auch Purgoldt's Rechtsbuch VII. 29. — Es wird
also eine solche Klage zu den gemengten gezählt werden, welche aus einer
bürgerlichen zur peinlichen werden wegen *des brochaftigen unhorsamicheit*
(Richtst. 36, vergl. auch Homeyer Richtst. S. 445 ff.).

5) Culm war Oberhof für die preussischen Städte Magdeburgischen Rechts,
bereits nach der Bestimmung der Culmer Handfeste §. 7.

VII.(16.) Ab eyn man mit falschem gelde begriffen wirdt.

... Wirt eyn man begriffen mit falschem gelde und bekennet das, das her dar manch jar mite habe umbe gegangen und leydet dorumbe seyn recht, was der falschis geldis bey em hot, wenn her begriffen wirt, das fellit in das gerichte was her andirs gutis hat, Is sey an eygen an Erben und an varender habe das fellet an die erben, und nicht an die herschafft v. R. w. das dis recht sey u. s. w.

VIII. (17.) Von Gerichte bynnen der Mauwer.

Jr habt uns geschrebin das euire herren habin das gerichte jn euwir Stadt bynnen euuwir Muwer, Idoch so habt ir von Jren genaden czu eyme rechte, das jr kyset alle Jar Jerlich euwir Burger eyn czu einem Richter der sitczet ding alle virczentage bauszen gebunden tagen keyn fogt ding habt ir nicht, also was von dem gerichte von groszen brochen adir von cleynen das nymmet euwir herre die czwey teil, und euuwir Richter das dritteteil. Nu habt ir uns gefraget Ab swert adir messir adir ander wopen geczogen wurden uff eines mannes schaden wer das haben sulle, Hiruff spreche wir vor eyn recht die swert ader messer adir andir wopen die geczogen werden uff eynes mannes schaden, do schade mete getan wirt, die horen und geboren czu dem gerichte [6]) v. R. w. das diese ding u. s. w.

IX. (18.) Ab eyn man swure vor geld eynen meyn Eyd.

Jr habt uns gefraget ab ein man swure vor gelt und gener spricht her habe em einen meyneyd gesworn, wie her en des obirwinden sulle mit Rechte. Hiruff spreche wir vor eyn Recht, Ist das ein man den andern beschuldigt umb einen meynen eydt, des enmag her en nicht obirgen noch obirwinden v. R. w. Ist das her vor gerichte mit Rechte von em kumpt, So sal her Jm doran genügen lan, das das diese ding recht sein, das u. s. w. [7]).

---

6) Dasselbe bestimmt ein Magdeb. Weisthum für Halle bei Mühler Rechtshandschriften S. 84. 3 und Wasserschleben I. S. 241, c. 89; auch sonst findet sich oft diese Vorschrift.

7) Ein Meineidsverfahren ist also nicht möglich, wenn der Beklagte eine Geldschuld läugnete, dagegen wohl, wenn es sich um eine Sache handelte und der Kläger beweisen will, dass der Beklagte sich im Besitze der abgeschworenen Sache befinde, vergl. Magdeb. Urtheil bei Böhme S. 143. 4. Auch der Richtst. Landr. 11. §. 4 sagt, dass wenn der Kläger den Beklagten, welcher den Eid zu schwören bereit ist, schänden will, *so lat ene den ed don unde aneva dar na din ding, so helpet em sin ed nichtes.*

X. (19.) Ab eyn man gefangen wirdt umb ungerichte mit handhafter tat.

. . . Wirt ein man gefangen umb ungerichte in hanthaftiger tot und wirt mit geschrey vor gerichte brocht den man enmöget ir nicht loszen an des obirsten Richters willen von rechtis wegen durch den willen, das der obirste Richter teil an dem gerichte hat, Das diese ding recht sein u. s. w.

XI. (20.) Von Gerichte in unsir freiheitt.

Ir habt uns gefraget ab ir moget richten in euwir freyheit in der ummereyte obir hant und obir hals obir einen iglichen man der is vorwirkit mit ungerichte. Hiruff spreche wir ein Recht. Ist das die ummereite czu der Stadt rechte horet und geboret, So möget ir wol richten obir hant und obir hals obir igglichen man der is vorwirket mit ungerichte v. r. w. u. s. w.

XII.(21.)Ab durch eyne freiheit gingen wege vom lande.

Jr habt uns gefroget und geschriben wenn jr von gote und von euwern herren habett eine freyheit das ist eyne ummereyte mit allem nuttze, durch die freyheit geen wege vom lande in die Stadt, aus der Stadt czu den garten czu dörfern czu mölen czu walde, czu wesin czu wassir gelegin in der freyheit was jr der wege und der Stege czu rechte richten moget. Hiruff spreche wir vor ein Recht, die freiheit die jr habt von euwirn herren, jn der ummereyte mit allem nutcze die moget jr wol richten an wegen und an steigen v. R. w. u. s. w.

XIII. (22.) Von geschulden Orteill nach Magdeburg.

Ir habt uns ouch gefroget in sulchin worten Wisset das wir Ratmannen von gotes gnaden und von unsern hern haben die gewalt das man alle orteil Meydeburg. gerichtes in Pruszen lande czu uns schildet und suchet und wir noch unsern besten synnen die entrichten[8]), Nu ist geschen in unser Stadt eyme unsir Burgere von Richter Scheppen in cym gehegten dinge, das her sprach das wir Ratmannen ungerichte an em begangen hetten, dorumbe wir weren rechtlosz das wir em noch nymande mochten orteil teiln, das her uns ny obirwunden hot noch obirwinden mag umbe sottene smochheit, die her uns geboten hat, des froge wir euch, ab der man czu gerichte gestunde, was her dorumbe bestanden were. Ouch ab her nicht gesteen welde, ab wir dorumbe en mochten vorfesten mit Rechte. Hiruff spreche wir ein Recht. Ewir Burger der dar ist gekomen von Richter und von Scheppen in eyn

---

8) Vergl. oben n. VI.

gehegt ding, und hat gesprochen, das ir ungerichte an em getan habt, dorumbe Ir weret Rechtlos, das ir em noch nymande orteil teilen mochtet, und euch sulche smochheit geboten hot, demselbem euwirm Burger sullit Ir das ding kundigen laszen, und dorumbe beschuldigen, bekennet her das, So sal her jglichem Ratmann seine busse gebin, das sint dreisig schillinge, und also manche busse die Ratmannen gewynnen, und als manch gewette gewynnet der Richter und des Richters gewette ist acht schillinge [9]) und vorsacht her der (in der Handschr. *der her*) missehandelunge, So möget Ir uff en czewgen mit Richter und mit Scheppen und her enmag nicht unschuldig werden und queme her nicht vor wenn em das ding gekundiget wurde, So gewynnet em Iglicher seine busse und der Richter sein gewette und queme her vor und böte em der Richter czu Rechte antworten und welde her denne nicht gesten, So mogen sie en vorfesten v. R. w. u. s. w.

XIV. (23.) **Ab eyn man beclagt wirdt umme volleist eyns totslages.**

Ir habt uns gefroget in euirn briefen ab ein man beclaget wirt umbe volleist eines totslages adir einer kampwirdigen wunden, Ab her des bekennet was her obirwunden sey. Hiruff spreche wir eyn Recht, bekennet eyn man vor gerichte das her in eyner volleist eyns totslages adir eynir kampwirdigen wunden gewest sey, Also das her dach des totslages und kampwirdigen wunden nicht getan habe und unschuldig sey, so sal her die volleist des totslages vorbussen mit eyme wergelde und der kampwirdigen wunden mit eyme halben wergelde [10]) v. r. w.

XV. (24.) **Von feylem tranke und gar kost.**

Ouch habit ir uns gefragit, Ab eyn man umme seynen feylen trang adir umme gar kost binnen seyner herberge moge phendin an des Richttirs loube. Hiruff spreche wir vor eyn recht, das eyn man wol mag den anderen phendin In seyner herberge umme seynen feilen trank Adir umme seyne gar kost, Alzo lange bis an den Richter [11]) wes her jm denne vor dem Richter bekennit

---

9) Vergl. Magdeb. R. v. 1261. §. 32, 33; v. 1295. §. 13; v. 1304. §. 52; Glog. Rechtsb. §. 458, 466, System. Schöffenr. II. 1. c. 2, 3, 7, Magdeb. Fr. I. 4. 2, Urtheilsspruch bei Wasserschleben I. S. 238. c. 85.

10) Vergl. System. Schöffenr. III. 1. 36, Magdeb. Fr. III. 1. 6, Glog. Rechtsb. c. 254.

11) Böhme S. 143. 6: nympt her das phand so sal her das nach rechte irwerben und irfolgen yn gerichte.

das mag her wol behaldin vor seynen wetten schatz dy weile her
das pfant under [12]) en selber jn seyner were hot. Mer bekente
her Im nichtis do, zo mag der wirt uff den man fumff schillinge
behaldin als recht ist uff den heiligen vor seynen feilen trank und
vor seyne gare kost und dye sal her em ycliches tagis bereiten [13])
v. R. w.

XVI. (25.) Ab eyn man phenden moge ane Gerichte.

Ir habit uns ouch gefrogit ab ein man her sey wirt adir
gast den anderren phendin moge, adir jn gefengnisse legen anne
des Richttirs orloup umme spilgelt, Hiruff sprcche wir vor eyn
recht, das keyn man den anderen mag phendin, Adir jn gefenk-
nisse legen umme spilgelt unde der Richter hot keyn gerichtte
dor öbir von rechttis wein, wenne glöbit ein man dem anderen
ein globde das em vor dem Richtter bekennit do von mag her en
czu rechte wol phendin und behaldin mit des richtirs willen [14]).

XVII. (26.) Von holtz hauwen in eyns andern walde.

Vurbas habit Ir uns gefrogit ab eyn man holcz heuwet in des
anderen Walde, Is sey ein holcz adir ein fudir adir mee, Ab her
sal iczlichen stam sundirlich vor büssiu, Hiruff sprcche wir vor
ein recht. Schuldigt ein man den anderen vor gerichtte umme
holcz umme eyn fudir adir mee, das em abe gehauwen hot, Is das
jm bekennit, So sal her das holcz geldin noch seynen wirden,
unde sal em do czu seine busse geben und als dicke als her en
beschuldigit vor gerichte, das her seyn hölcz abe gehauwen habe
als sal her jm seyne busse geben und sals js jm alzo dicke noch
seynen wirdin geldin. Ab her das nicht bekente unde nicht iczlichen stam besundirn v. R. w. Mer hybe eyn man dem anderen
holcz abe eynis halben wirdungis wert Adir mir und beclagitte
her jn das vor gerichtte myt geschree als recht ist, unde wil sich
der man nicht entseczczen als recht ist, So mag her jn wol dor
umme vorwesten von r. w. Das desse ding noch Meydebur-
gissem Rechte gericht seint, das jrczeuge wir undir unsem Eyn·
gesegil etc.

XVIII. (27.) Von geczeugniss in Briefen adir personen.

Ir habit uns geschreben In sulchen worten. Kunt thu wir euch

---

12) Die Handschrift hat: unn.
13) Vergl. System. Schöffenr. III. 2. 49, Böhme S. 97. 3, Glog. Rechtsbuch 491.
14) Vergl. n. XV.

das vor uns und vor eyn Recht Eyne fraue Elizabethe genant und
Johannes jr brudir von zöst genant unde jr vorsprechen haben geclagit umme Gerlache umme gut, das jn an gestorben seyee noch todir
hand das Eckebrecht kale gelossen hoet. Welde her bekennende
das seyn jm liep, wel her das leucken das haben syee alzo gu-
then geholffin und geczeug als sy dorffin czu erem rechtte noch todir
hant unde briffe dy sy wuste (sic) haben. Des quam Gerlach unde
sein vorspreche mit holunge unde mit wandil. unde begerte dy were
der clage dy wart em gethan unde sprach her enwoste von den
briffin noch von erem egeczeuge nicht wes sy em schult geben
des were her unschuldig unde bette des alzo guthe geczeug als her
dorfte noch totir hant unde lisse jm des ein ortel ab her is neher czuentgeende were wen en ymant obir czeugen möchte adir
was ein Recht dorumme were, des lis jm Valkenbrecht ein ortil
werdin Ab jm dy fraue unde jr vormunde icht neher czu obirwin-
din were mit jrem geczeuge noch todir hant, wen her czu ent-
gende des lis Gerlach jm wedir ein ortil werdin Ab her icht neher czuentgende were mit seime geczeuge mit rechte den en ymant
obirwinden mochte, des wart jm geteilit her were je neher czuentgeende, des lis Valkenberg ein ortil werdin, wie her js entgen
sulde, des wart jm geteilit selb sebende noch todir hant, des be-
hilt her seynen tag als recht ist, des quam her czu seynem tage
unde volfur mit dem eyde unde lis do ein ortil werdin ab her ich
der sache lös unde ledig were, des wart jm geteilit, das her umme
dy sache keine noet mee leidin sulde, Ee das ortil fundin wart,
Do sprach valkenberg von der frauen wegen her welde do wedir
redin, do quam valkenberg wedir jn unde sprach von der frauen
unde jres vormunden wegen, welt jr horen der frauen wort den
eyt den Gerlach unde seyne folger gesworn haben der ist meyne
unde unreine des hot sy czugeczeuge dy Erbarn hirn Ratmanne czu
zost dy do czeugen an allen steten was vor en geschit glich eyme
gehegitten dinge, das en wissenlich ist das sich Gerlach kale seyme
tode unde seime brudir undirwondyn haben des gutis das eckebrecht kale lis noch seime tode unde habin hye Richter unde Scheppen unde ein geheget ding das Gerlach do vor gesworen hot, wenne
sy sich zo hois (?) geczeugis vormessen hatte, Ab nu Gerlach kale
unde seyne vormunde den geczeug ich leiden sullen do wedir rette
Petir czeumer von Gerlachis wegen das her jrre briffe noch ge-
czugnis nicht volgen welde noch enwil, das wissentlich ist Richter
unde Scheppen unde eyme gehegitten dinge, das her das vor wedir-

sprach unde noch wedir spricht, unde unse orteil und Recht geteilit
ist von den erbaren Scheppen das her js neher czu entgeende sey
mit seyme geczeuge unde ist vorwarn wissentlich Richtter unde Scheppen jn eyme gehegitten dinge ab her der sache icht ledig unde losz
sey des wart em geteilit als vor geschreben ist das her umme dy
sache keine not mee leiden sulde das wart vororkundit mit eyme
Scheppenschillinge und das besacztte das ortil schalt ffalkenberg
unde gewan dy bank mit Rechte wissentlich Richtter unde Scheppen
do her uff dy bank quam, do sprach her Hirre her Richtter welt
jr das ortil Ich teile gote unde meyme rechtten hirn unde alle den,
den Recht lip ist, unde unrecht leit ist czu eyme rechtten ortil noch Col-
meschem unde Meydeburg. rechtte wenne sich dy frawe unde jr vormunde so Erbares geczeugis vormessen hot an dem siczczenden Rat
czu Zost unde an dy geswornen unde her hy vor Richtter unde Scheppen jn gehegittem dinge gesworen hot als jm geteilt ist, Nu hat Jr uns
gebethen das wir euch dor aus entscheiden. Hir uff spreche wir vor ein
Recht, das orteil das dy scheppen gewonnen haben Gerlach, das her
unschuldig sulde werdin salp sebende noch todir hant uff den heilgen
unde her dy eide volbrocht hot mit seynen geczeugen, vor gerichtte
unde vort dy eyde vorwerit hot mit eynem Scheppen schillinge des
jm dye Richtter unde scheppen irstaen dar haben en dy Scheppen
recht an geteilt unde gewonnen unde ist domethe volkomen und sal
keyne noet mee dor umme leiden v. r. w. Unde das ffalkenberg
dis ortil stroffte und begerde was der bank unde nu dis orteil gewonnen hot jn der bank, das Gerlach unde seyne volger den geczeug des sitczenden Ratis unde der geswornen czu Zost leiden
sullen das ist ein unrecht ortil, Noch Meydeburgeschem Rechte
v. r. w. [15]).

XIX. [16]) (28.) Welche Stete czeugen mogen bausen
landes.

Vort mer hat ir uns geschreben alzo ab dye Ratmanne von
Zost jn Westvalen gelegen adir von anderen Stetin jn unsem
Rechtte czugen mogen Ab sy mit briffin adir mit personen czu-
gen sullen. Hiruff spreche wir vor eyn Recht, welche sachen ge-

---

15) Ebenso bestimmen die Magdeb. Fragen II. 2. d. 11, 3. d. 3, dass der
Beklagte sich selbsiebenter losschwört. Doch bestand hierüber am Magdeb.
Schöffenstuhl keine ganz constante Praxis. Vergl. Jahrbuch des gem. Rechts
von Bekker und Muther V. S. 344 ff.

16) Dies Urtheil gehört noch zu n. XVIII.

richt werdin jn gehegitthem dinge vor Richtter unde vor Scheppen mit rechtim ortil jn ewerem Rechte unde dy vorwortit werdin der enmag der Rat czu Zost adir andir stete nicht geczeugen boben euch wedir mit briffen noch mit personen Noch Meydeburgess. Rechtte v. R. w.

XX. (29.) Wer nicht volfurdert ungerichte.

Vort mer hat Ir uns geschreben alzo auch froge wir euch ab einer beclagit den anderen umme einen totslag vorgehegittem dinge unde nicht volfordirt doruff hat jr uns geschreben der Cleger sey schuldig dem Richter sein gewette [17]). Nu winde wir In dem Rechte [18]) mer gewette wen eyns dorumme bitthe wir euch das jr uns beschreibit dy zcale der schillinge des gewettis. Hiruff sprechе wir vor eyn Recht beclagit eyner den anderen umme eynen totslag, jn gehegittem dinge und volwordirt en nicht, So gewinnit der Richter uff den Cleger seyn gewette das seyn acht schillinge dis sint dy czale der Schillinge des gewettis v. r. w.

XXI. (30.) Ab eyn man entwiche von schuld ader von slachtung.

Ir schrebit uns auch das Ir mer gewette vinden Im Rechte den ein, das beschreibit uns wedir wo jr das windit das wolle wir euch gerne entscheiden und clar machen noch rechte. Vort mer hat jr uns geschreben. Alzo auch froge wir euch, ab ein man entwiche von schault adir von slachtunge und lisse Erbe und gut unde weip jn unsem gerichte Nu quemen leute den her schuldig were czu dem Richttere und sprechen uff sein Erbe unde uff sejn gut unde boten das uff czwei ding vorgehegittem dinge Czu dem dritten dinge queme des mannes weip unde welde das Erbe unde das gut freyen, ab sie das thun möchte adir nicht, Hiruff sprechе wir vor ein recht das dy frawe jres mannes Erbe unde

---

17) Vergl. Magdeb. Recht v. 1261. §. 45, System. Schöffenrecht II. 2. 50. Es scheint diese Anfrage Bezug zu nehmen auf das in n. XXII enthaltene Urtheil.

18) Dies ist wohl der Sachsenspiegel, der verschiedene Summen als Gewette für die verschiedenen Richter angiebt. Ueber die Anwendung des Sachsensp. in Preussen vergl. meine Quellengeschichte I. S. 364. n. 31 und unten n. XLIX. — Ich möchte aus dieser Stelle schliessen, dass man damals den Culm noch nicht in Preussen besass, da man sich sonst wohl diese ebenso wie manche andere Anfrage erspart hätte. Ueberdies kommt hinzu, dass in dem culmischen Recht das Gewedde auf die Hälfte, 4 Schillinge, herabgesetzt war.

gut nicht freien enmoge, ist aber der frawen was gegoben an eygen
adir an erben vor richter unde vor Scheppen jn gehegittem dinge
das mag sie freien unde andirs nicht das das recht ist das beczeuge
wir mit unsem Ingesegil etc.

XXII. (31.) Ab eyn man erslagen wirdt und des toden mannes frund brengen en vor Gericht.

... Ist das des todin mannes frunt jr clage nicht volfuren
als sie vorburgit haben, So gewinnit der Richter nicht mer dor
an wen seyn gewette v. R. w. [19]).

XXIII. (32.) Ab eyn man mit hanthaftiger tat vor
Gerichte gebracht wirdt.

... Wirt eyn man aus einer hanthafftigen tot vorburget mit willen des sachwaldin vor gerichte vor dreisig marg adir hoer unde
wirdt der nicht wedir jn gestellit von den burgen, So geborit das
gut dem sachwalden von dem her geburgit ist unde der Richter
hot dor nicht mer an wen seyn gewette.

XXIV. (33.) Ab sich lewte slagen und werren in cy-
nem geferte us eynem Gerichte in das ander.

Ouch habit Ir uns geschreben Alzo wir frogen ab ein geschichte
geschiit das sich leute weren unde slan jn eyme geverte aus eyme
gericht jn das andir gerichte, Ab man dy sache richtten sulle an
der stat do sy sich von jrsten hebit adir an der Stat do sye sich
endit mit wunden. Hiruff spreche wir vor ein recht. Begunden
sich leute czu slan und wern in eynem gewerte und aus eynem
gerichte jn das andir In welchim gerichte dy wondin gethan wor-
din dor sal man clagen unde sal do richten v. R. w. [20]).

XXV. (34.) Ab eyn man geld gewynnet mit noet
rechte.

... gewinnit eyn man gelt mit noet rechte unde wirdt Im das ge-
telit czu beczallende bey tagis licht und nymmit her do vor phant,
js seye Erbe adir andir phant, das mag her czu hant nicht vorkeuffin
adir vorseczczen. Sundir her mus das helden als phant Recht ist. Is
en sey das sich gener, der das phant jm gesaczczit hot, vorwillekoret
vor Richter unde vor Scheppen jn gehegittem dinge das her das thun
moge. So mag her das phant czu hant wol vorkeuffin, adir vorseczczen vor seyne phenninge v. r. w.

---

19) Vergl. zu n. XX.
20) Also forum delicti commissi. Vergl. auch Jahrbuch v. Bekker und
Muther I. S. 455 ff.

XXVI. (35.)   Ab eyn man den anderen vorfestet umb ungerichte.

... Ab ein man den anderen vorffestit umme ungerichtte unde kummit dor noch vor gerichte unde spricht her habe jm ungerichte gethon unde'en In dy ocht mit unrechte brocht was der dor umme von Rechte leiden sal keigen dem gerichte. Hiruff spreche wir vor ein recht vorfestit ein man den anderen czu unrechte unde bekennt her keigen dem richter So sal her en wedir aus lassen, unde der richtter hot dor nicht mer an wen seyn gewette v. r. w. Das dis recht ist das beczeuge wir mit unserem Ingesegil.

XXVII. (36.)   Ab eyn gast gewundt wirdt in unser Stat und weggefurt wirdt.

Ir habit uns geschreben jn euerem briffe jn sulchen worten Wir frogen ab ein gast gewunt wirdt jn unser stat unde komen seine frunde unde furen den gewonten man jn ein andir gerichte dy sache wirdt unsem richter nicht geoffinbart der wonde man stirbit jn dem gerichte, do her eyn gefurit wirdt, do heischet yn unsen burger unde vorfestit en do umme den toden deme dy wonde jn unser Stat geslagen ist, Ab dor recht sey an geschen adir nicht wen unser burger vor unsem richter sich rechtis ny gewert hoet. Hiruff spreche wir vor ein recht wirt eyn gast gewont jn euer Stat unde seyne frunde en weg fueren jn eyn andir gerichte und clagit jn euerem gerichte nicht, do her gewont ist, do hot her seyne clage mete vorlorn jn euerem gerichte do her mochte geclagit haben, In eyner hanthaftigen tot unde hot dor kein unrecht an gethan unde ist der nu tot jn dem anderen gerichte dar her gefurt ist unde hat der geclagit czu dreyen dingen so ist do recht gethan. Ist dor abir geclagit eyne hanthaftige taet, So ist euerem burger czu unrechte jn eyne vorfestunge komen v. r. w.

XXVIII. (37.)

Vort mer habit Ir uns geschreben alzo, wir fragen, Ab nu dysselben gewonten mannis frunde die en aus unseme gerichte entfurt haben unde jn ein andir gerichte geclagit haben jcht unse gerichte czu rechte laden. Hiruff spreche wir vor ein recht, desselben gewonten mannes frunde die en aus euerem gerichte entfurt haben unde jn eyme anderen gerichtte geclagit haben, der enmag euer richter nicht dorumme ladin noch vorfesten v. r. w. u. s. w.

XXIX. (38.)   Ab eyner missgebarte vor dem Rate.

... queme einer euer burger uff das Rathaues vor dem siczczenden stule des Ratis unde missehandilte euern burgermeister adir

seinen kumpan einen der Ratmanne, dem manne suldit jr das
ding kundigen unde sullit en dor umme beschuldigen bekennit her
des, So sal her jclichem euerme Ratmanne geben seyne busse
das seyn dreisig Schillinge unde dem Richter sein gewette das
seyn acht Schilling, Mer vorsacht her des, so seit Ir des neher
uff en das czu behaldin mit dem siczcenden Rathe uff den heilgen
wen her das unschuldig werdin möge, unde haldit ir js uff en, So
sal her jclichem Ratmanne geben seine busse das sint sechs unde
dreisig Schilling unde dem Richter sein gewete [21]) v. r. w.

XXX. (39.) Ab eyn man ersturbe und liesze rechte
Bruder kinder das weren knechte.

Ir habit uns geschreben jn eueren briffen jn sulchen vorthen
Eyn man ist mit uns jrstorben der hoet gelossen seinen rechten
brudir kindir das sint knechtte unde einen halben brudir Nu froge
wir euch wer sein Erbe undir en neher sey von rechte czu nemen.
Hiruff spreche wir vor ein recht das des mannes halbe brudir der
irstorben ist der neste seye sein erbe czu nemen unde seinis
rechten brudir kindir kunnen nicht dor czu komen v. r. w. [22]).

XXXI. (40.) Ab eyne frauwe ersturbe und liesze eynen Son in unser hern Orden.

Ir habit uns geschreben jn sulchen wortten wissit das wir
von gote unde von unsern hirren Meydeburgisch recht haben jn
allen orteiln Nu ist geschen das eine fraue irstorben ist jn unsem rechte dy hot gelossen eynen Son der ist jn unsir hirren Ordin lange gewest, auch hot sye gelossen eynen brudir der ist
werltlich Nu froge wir euch under den czween, welcher nehir sey
der frauen Erbe czunemen. Hiruff spreche wir vor eyn recht das
der frauen brudir der neste sey der frauen Erbe czunemen unde
ir son der jn euwir hirn ordin lange gewest ist, kan dor nicht czu
komen v. r. w. [23]).

XXXII. (41.) Ab eyn man gefangen wurde in eyner
ummereite mit hanthafftiger tat.

Ir habet uns geschreben in euwerem briefe von worte czu

_____ _____

21) Vergl. Magdeb. Fragen I. 1. 19 und oben n. XIII. In unserer Nummer wechselt, wohl durch ein Versehen, als Busse für jeden Rathmann 30 und
36 Schillinge ab.

22) Den Vorzug der Halbgeschwister vor den Kindern voller Geschwister
sprechen sehr viele Magdeb. Sprüche aus; vergl. oben S. 50 f.

23) Vergl. Magdeb. Spruch bei Wasserschleben I. S. 165 f., 421 f.

worte alsus wisset das wir haben von gote unde von unseren herren eyne ummereite die ist uns behandfestet mit unser herren bulle
sprechen In sogetanen worten Praeterea supradicta bona tam in
silvis quam in pratis et in agris cum omni utilitate quam domus
nostra percipere posset exinde dicti cives inperpetuum libere possi-
debunt [24]). Nu froge wir euch ab yn der ummereite eyn man gefangen wurde mit hanthaftiger tat dem der sachewalde welde
gnade thun und ledig laszen, ap wir den selben ouch mochten
gnade thun gleich unsern herren. Hiruff spreche wir vor eyn
recht: Wil der sachewalde und der richter deme der gefangen
wirt jn handhaftiger tat in euwer ummereite gnade thun, deme
moget ir ouch wol gnade thun in deme was is euch antrit [25])
v. r. w.

XXXIII. (42.) Von tuffe und lenge kampwirdiger
wunden.

Alzo als ir uns offinbart und gebeten habet in uwerem brife
umme dreyerleye sache der ir gerne berichtet weret noch unserem
rechte Das erste stucke das ir froget das ist das wie tiff und wie
lang eyne wunde wesin sulle do eyn man seyne hand mete vorboren moge, des berichte wir euch alzo noch unserem rechte, sie
sal sein lydes lang und nagels tiff [26]). Das ander stucke das ir
uns gefroget hat, das spricht alzo Ab eyn man den andern slet
eyne wunde die nicht campwurdig sy und des bekenne jn gehegtem dinge was her do mete vorboret habe und was syne busze sy
dorumme Des berichte wir euch alzo das her deme cleger sul geben seyne busze, das ist dreisig schillinge und deme Richter seyne
wette das sint VIII schillinge. Die dritte sache do ir umme ge-
betin habet die spricht alzo, ab eyn scheppe eyn orteil voreweli-
chen us gebe buszen den andern scheppen wille, do mete eyn
man seyne hand vorlore und ab her des obirwunden wurde, das
das orteil unrecht wurde adir were wie her das besseren sulde
weme her is besseren sulde, Des berichte wir euch alzo Ist is

24) Aus der Culmer Handfeste, bei Kretzschmer p. 25.

25) Ebenso entscheidet Magdeb. Fr. I. 2. 23, 24, 26.

26) System. Schöffenr. III. 1. c. 11 erklärt für eine kampfwürdige Wunde
eine mit einer Waffe gestochene, die ihre rechte Tiefe hat, ohne Rücksicht auf
die Länge der Wunde. Vergl. auch Böhme 91. 1 und 119. 7, Glog. Rechtsb.
c. 256. Dagegen enthält Magdeb. Fr. III. 1. 2 dieselbe bestimmtere Definition:
Fleischwunden, welche einen Nagel tief und ein Glied lang sind.

gescheen jn gehegtem dinge do richter und scheppen kegenwortig sein gewesin und wellen sie en des obirgan Im gehegtem dinge, das her dese sache hot geton, so sal ym der Richter und die scheppen die bank entweldigen, das her keyn scheppe mer wesin sal. wil en vorbas kein man beschuldigen deme das ortil czu schaden komen ist, deme sal her antworten alze recht ist.

XXXIV. (43.) Von czwen die gleich gewundt seyn.

Ir habet uns geschreben in euweren briffen jn sulchen worten czu deme ersten mole alzus. Wir frogen ab czwene kommen vor gerichte der eyne claget czu dem andern umme eyne kamper wunde und beyder syt vorborget wirt und der cleger dor noch nicht gesteet, seyne sache volczufordernde was her und seyne burgen bestanden sein kegen dem gerichte. Hiruff spreche wir vor eyn recht Justet (gesteet?) der cleger seyne clage nicht volczufordernde So gewinnet der richter uff den cleger sein gewette und gener uff den her geclaget hat seyne busze und sal en los teilen der clage und beredde der cleger das gewette und die busze nicht, So sal man das fordern uff den burgen v. r. w. [27]).

XXXV. (44.) Ab eyn man huset und hofet eynen echter.

. . . huset und hofet ymand eynen echter in frevele und wirt her dorumme beredet von gerichtes weyne in gehegtem dinge bekennet her is der Richter gewynnet seyne wette, vorsachet her des, her wirt sin unschuldig uff den heilgen alze recht is von r. w. [28]).

XXXVI. (45.) Ab der Stat wechter wurde missehandelt.

Ouch habet ir uns geschreben alzus wir frogen euch ab eyn wechter an der stat dinst geende adir reytende mit unrechter gewalt wurde angefertiget und wurde gewund, ab das sulde richten der burggreve der Stat adir dy Rathmanne, und was recht sie haben sullen wedir andern luthen. Hiruff spreche wir vor eyn recht. Wirt eyn Wechter an der stat dinst geende adir reytende mit ungerichte angefertiget unde gewundet das sal richten der beleente richter von der stat und die stat sal dor an vordern eren kore, das sint XXXVI schillinge v. r. w.

27) Vergl. n. XX.
28) Vergl. System. Schöffenr. III. 2. 112, Böhme 103. 3, Glog. Rechtsb. 214.

XXXVII. (46.) Ob eyn man moerte sein elichs weib.

... Mordet eyn man seyn eelich weib und entweichet seyme gute, deme sal man folgin mit rechter clage um den mort den her getan hot, das geet ym an seynen leib und nicht an seyn gut und die konigliche gewalt hot nicht an deme gute und seyne kinder mogen sich wol underwinden seynes gutes mit seyme willen ader weme her das gan. v. r. w.

XXXVIII. (47.) Von sunderlichem geschichte umme totslag.

... Beclagit eyn man den andern um eynen totslag mit seyner eygen handt vor gerichte und entheyst her em eynen eyd do vor czu thuende jn gehegetem dinge und her den eyd nicht leyst uff den tag Als her den entheyschen hat So hat der cleger uff en gewonnen seyne clage und mag en vorfesten und der cleger gewynnet och uff en weregelt, das synt achczen pfunt dorumme das her abetrunnik gewurden ist unde nicht volstanden hat unde der richter gewynnet seyn gewette v. r. w.

XXXIX. (48.) Von czobereye.

... Claget eyne fraue off eynen man das her sy beczobert habe, dor mag sy en umme schuldigen vorgerichte, bekennet her des das geet em an seynen leip, vorsachet her is, So mag her des unschuldig werden uff den heilgen und sy mag des nicht uff en brengin v. r. w.

XL. (49.) Von angesprochen gute Erbes adir erbczinses.

Ir habet uns geschrebin an eyme briefe alzo vor euch jn eyme gehegetem dinge quam eyne fraue mit iren kindern und mit iren frunden und mit irem vorspreche und dingete do holunge unde wandel und clagete do czu eynen [29] Bertram [30] umb ansichtig erbeczins hausen der stat und do bynnen und in der stat freyheit, das der frauen von Irme rechte Eewarten, und irem Ekinde von seynem rechten Evater an irstorbin ist, noch toder hant, von hern heynemanne von allen gnant, Was dy weile got wolde das her lebete und lybete an dy stat do is kraft unde macht hatte ny enquomen, do seyn vorczegin, die fraue und ir kindt, do sy recht czu hatten, wolde Bertram das bekennen das were en lyp wolde her icht do wedir redin, das hette dy fraue und ir kiut

---

29) *eynen* wieder ausgestrichen.
30) *Bertram* mit anderer Dinte zugeschrieben.

und ir vormunde so gutte gehulfe und geczeug, also sy bedorf-
ten czu ir forderunge noch toder hant, und gerten gerichtis und
seyner antworte. Do quam bertram unde seyn vorspreche und dingete holunge und wandil seyn gespreche und alle seyn recht und
frogeten ab is ir wort were der frauen ires kindes und des vormunden, das ir vorsprecho geclagit hette do sprochen sy io. Do sprach
bertrames vorspreche Erbe hette dy fraue und das kint do sy
ynne sesen und en an irstorbin were des gerte her en nicht czu
entgeen und hette das gutlich mit en en schichtet wissende Ersa-
men leuten dy dor obir gewest weren, was sy em do boben schult
geben dy fraue und ir kinth der vormunde und ir vorspreche des
wer her unschuldig und hette seyn also gute gehulfin und geczeug
als her bedorfte czu seyme rechte noch toder hant. Das wart
voriowort des yaite der frauen vorspreche yn eyme orteil Ab sy
und ire kindt ires angesichtiges erbes und erbe czins icht neher
czu behaldin were das en von rechte an irstorbin ist mit irme
eylichen geczeuge noch todir hant, wenne is em ymant ouch entfremden mochte. Do wedir sprach der frauen vorspreche ires
kindes und ires vormunden wen her is vorswegin hette und en
der antworte sich nicht czu der gewer czuch Ab is dy fraue und
ir kint in vormundeschaft icht neher czu behaldin sey mit irme
geczeuge noch toder hant wen is ir ymant entpfremden mochte
Do wedir rette Bertrames vorspreche wen ich eyne rede gere-
dit habe und her dy ander do uff und man czwuschen czween reden orteils frogen sal abir keyne rede doryn gestoszen moge dy
craft habe man vinde uns denne E eyn orteil, das wart gefrist
von den scheppen vier wochen Do teilten dy scheppen czu eyme
rechten noch clage und noch wedir rede was der frauen ansichtiges erbes unde erbeczins an irstorbin ist czu rechte von irme
rechten Ewirte und irme kinde von seyme rechten Evater, das
synt sy neher czu behaldin mit irme geczeuge noch todir hant
denne is ymant czuentfremden. Des orteils wart gevolget beyder
seyten do vrogete Bertrames vorspreche in eymc orteil Ab sy is
icht benumen solde, was sy behalden sulde do sy czu recht hette,
das ir an irstorbin were sy und ir kind do wart is geteilet sy
suldo is benennen do benumete sy gut erbe und erbeczins das
achte teil das heynemanne von [31]) allen der frauen Ewirte und

---

31) Von späterer Hand und mit anderer Dinte.

des kindes Evater anirstorbin were von seyner Emuter dy weile
her lebete das bertram dy tofel und dy schrift hette und sy keyn ende
nicht enwoste und sy is em wol getraucte und gloubete hette bis
uff dese czeit. Do sprach bertrames vorsprechc her danckete gote
der tofil unde der schrift dy do ynne geschrebin were erbe und
gut unde erbeczins das seyme vater an irstorbin were von seynir
muter noch dem rechte do sy yune irstarb und her is besasz iar
und tag ane ansproche noch irme tode unde von dem vatere an
en unde an andere seyne geswistere irstorbin were und sy is besessen hetten iar und tag ane ansprache noch des vatir tode unde
do bertram alle recht begangin hatte und lis em eyn orteil werdin Ab en do von ymant gedringen mochte, wenne her is in gewalt und in gewere hette her ensulde en dorumme beschuldigen
adir was eyn recht dorumme were Do sprach der frauen vorspreche
und yres kindes und ires vormunden Wenne dy getreuen scheppen
funden han, das sy ir ansichtiges erbes unde erbe czins mit irme
irlichen geczeuge noch toder hant neher czu behaldin sey, Wenne
sy is benumet habe denne is ir ymant entfuren mochte adir moge
das achte teil das heynemanne [82]) dem vorgenanten an irstorbin were were (sic) von seynir muter Des lis her en eyn orteil
werdin Ab sy icht is noch nehir czu behaldin were mit eren geczeugen noch todir hant denne ymant czu entfremden adir was
eyn recht sey Do funden dy scheppen der frauen und dem kinde
und irem vormunde also sy vor gefunden hetten das sy ires ansichtiges
erbis und erbeczinsz das sy an irstorbin were noch neher czu beherten
were mit erem geczeuge noch todir hant mit rechte wenne is ir ymant
entfremden Das orteil schalt bertrames vorspreche unde wurchte sich
uff dy bank mit rechte unde teilte alzo Erbe und Erbeczins das bertramme an irstorbin ist von seyme evatere das der frauen czu geteilet
ist und her in gewalt und in gewere gehabet hat ane ansproche Jar und
tag noch seynes bruders tode des ist her neher czu behaldin mit seyme
geczeuge noch todir hant wenne sich ymant do yn geteilen moge
Do teilte her noch clage unde noch wedir rede czu Eyme Colmischen rechte czwuschen desen czweyen reden habet ir uns gebeten czu entscheiden und schreyben eyn recht wen ir von gote
unde von uwern hirren habet Megdeborgisch recht. Hir uff spreche
wir vor eyn recht, Das orteil das dy scheppen gefunden haben

---

82) Später geschrieben.

czwuschen yren beydir rede das ist recht Also was dem kinde
von seyme vatere an erbe unde an erbeczins gut an irstorben ist,
das ist das kind nehir czu behalden, denne is ymant mit geczeuge
entfremden moge Alleyne das kind der were des gutes nicht en-
habe, Is en sey das bertramme an dem gute was gegeben sey vor
gerichte, das her beweysen moge. Adir das das kinth des gutes
vorczegen habe vor gerichte unde des kindes muter en mag an dem
gute keyn erbe beweysen v. r. w. Is en sey das ir vor gerichte
an dem gute was gegeben sey das sy beweysen moge, das sal man
ir czu rechte folgen laszen noch Megdeborgischem rechte, Das
dese ding recht seyn noch Megdeburgischem rechte, das irczeuge
wir mit unserem Ingesegil.

Diese nachgeschreben fragen sint geregistriret us
den vorsigilten Briefen von Magdeburg Im Jar Cristi
MCCCCXXXVI.

XLI. (50.) Von leengutter ufreichung In vormundschaft eyner unmundigen jungfrauen.

Ir habet uns gefroget alsus Eyne unmundige Jungfrau kos
eynen vormunder in gehegtem dinge dy hatte frey leengut in eyner groffenschaft das selbe leengut vorkoufte der vormunder und
gelobte die jungfrau in das landding czugestellen, des leengutes
sich dor czuvorczeyende Bynnen des gab her sie eynem manne
der furte sie in eyne ander Grofenschaft. Do mante der koufer
des gutes den vormunden das her brechte das weib und erin man
der ir eliche vormunde was sich des gutes czuvorczeyende, das
her ym vorkouft hatte. Do czoch der vormunde in die grofenschaft do die fraue jngefurt wart und bat sie und iren man dort
hin czukomen und sich des gutes czuvorczeyende des wolden sie
beyde nicht thun Sunder sie gingen mit ym vor eyn gehegt landding und machten en do mechtig und mundig dem koufer das
selbe gekoufte gut uff czulangen. Des boten sie den landrichter
und die Scheppen umb eynen briff. das das ire wille und ire
wort were. Des wart en gegeben eyn briff us landgehegtem dinge
mit eyme angehangenen Ingesegil do her nu quam mit dem briffe
jn jene Grafenschaft vor eyn landgebegt ding und wolde sich vorczien des erbis alze vorgeschr. ist. Do wolde ym der kouffer
nicht laszin angenugen und sprach du salt den rechten erben
her brengen an rechte dingstat als du mir host gelobet. Do sprach
jener widder du siest wol meyne beweysunge Do bobin hot unser
herre der homeister der eyn furste des landis ist und oberste leen-

herre der das erbe geleent alleyne is nicht gescheen ist vor gehegtem dinge So hostu dach das erbe besessen jar und tag und aber
jar und tag an allerleye ansprache und hindernisse Ab nü derselbe vorkeufer genug gethan habe bey der vorczyunge und uff-
langunge des gutes adir ap her me czuthun pflichtig v. r. w. sey
vorbunden.   Hiruff Spreche wir S. v. M. eyn recht, der vorkeufer
der der Jungfrauen vormunder was, do her das leengut vorkoufte,
der sal deme koufer noch halden, alzo das die fraue ym das leengut ufflaszin sal vor dem leenherren adir uff senden dem leenherren bey des herren manne v. r. w. **).

XLII. (51.) Wie eyn vorfestent man seyn besattzttes
gut vorantworten mag jm nehesten Gerichte do her
komen mag.

Ir habet uns ouch gefroget ab eyn man were in der acht in
unserem gerichte und luthe sprechen uff seyn gut derselbe wer
schuldig adir nicht, und worde dorczu antwort vorbotten alze
recht ist, der schrebe her welde gerne komen und sich vorantworten mit neyn adir mit jo, her kunde nicht, went her eyn vor-
vestet man were die lute volgeten der besatczunge noch als eyn
recht were und worden des gutes gewaldiget ab sie das gut bynnen jar und tag mochten erfordern adir ab Jener mit seyner vor-
vestunge die irforderunge mochte vorcziben adir wie lange hers
vorczien moge v. r. w.   Hiruff spreche wir S. v. M. eyn recht,
den vorechten (sal?) man noch weisen in das neheste gerichte.
do her komen mag sich czu vorantwertende bekennen adir vorsachen, noch dem male her in das gerichte nicht komen mochte
do her vorvestit ynne was v. r. w.

XLIII. (52.) Wie eyn herre dutsches ordens nicht
clagen mag jn vormundschaft vor seynen brotessen und
man Im nicht pflichtig ist czuantworten.

Ir habet uns geschreben in euwerem briffe an diesen worten
Euwer ersamkeit bete wir frundlichen das ir uns desses geschulden orteil hirnoch geschreben usrichtet und und (!) entscheidet
unde entscheiden sunderlich in eyme briffe wedir sendet beslossen
under euwerem Ingesegil, das in sogetane worte lautet. der
kumpthur von Nessow ist gekomen vor eyn gehegt ding und kos

---

83) Vergl. auch System. Schöffenr. IV. 2. 85, wo eine Auflassung durch
einen Mandatar für zulässig erklärt wird.

eynen vormunden, do wart ym holunge und wandelunge und seyme
vormunden geteilt und do hatte her clage geleet das seyn brot-
esse was an der stat do her frede und gnade sulde haben uff der
freyen landstroszen die sie haben von gote und von unsem herren
dem keiser. Do quam eyner der heist Ditmar Reber mit eyme
geczogenen wofen und slug en do in seyn beyn eyne wunde die
her wol beweiset hette, czu rechter czeit als her czu rechte sulde.
hette sine uberge walt gethan die her an dem menschen leit,
die man noch fordern wil mit rechte Wolde her nü des bekennen
in vormundeschaft das were ym lib, Wolde her do widder icht,
das hette meyn herre alze gutten geczug alze her dorfte czu seyme
rechte, Wen eyn itczlich herre seynen brotessen wol vortedingen
mag. Wen ir eygen briff der von Thorun spricht das sie obir
keynen wegenvertigen man nicht czu richten han in der freyen
landstroszen. Uff den die clage ging der irbat eynen man an
seyn wort, der wart im erlobet, der dingte ym holunge und wandelunge, das wart ym geteilt unde sprach alzo, ir habet wol gehort, wie meyn herre claget in vormundeschaft umme eynen seynen brotessen das der sulde gewund sein und her czu vormunde
nicht gekorn ist und derselbe gewunte man frunde bynnen landes hot die seyne frunde sein adir besippe und meyn herre sich
ym nicht czu moge adir czu sippe czeut, und her ouch sein eygen nicht en ist, und meyn herre ouch selben mit vormundeschaft
tedinget ab her keyn antwort dorumme pflichtig sey adir was recht
sey. Czwuschen der beyder rede teilten die Scheppen alzo uns
ist nicht wissentlich von der wunden do der kumpthur von Nessow
umme anclayt hat, Ditmar Reber, das des gewunten frund adir
frunde keyn lautbarunge, keyne clage vor uns alze vor gerichte
ye gescheen ist, und der kumpthur von Nessow die sache gelut-
bart und geclait hot vor Richter Scheppen und eyme gehegtem dinge,
eyn ding und das ander und den selben ditmar alze dicke geladen
hot vor gerichte und en do mete dingstellig hot gemacht die vorgeschr. clage czu ym hot geleyt umme synen knecht alze umme
seynen brotessen So teile wir vor eyn recht das derselbe ditmar
dem kumpthur von Nessow durch recht sal antworten und seynem
vormunde. Das orteil schalt der vorspreche und gewan die bank
mit rechte und teilte alzo Sint der czeit das der kumpthur alzo
gewaldig were eynen man czu laden us eyme gerichte in das andere
und hy mit vormundeschaft clayte von eynes gewunten mannes
wegen, dor her czu vormunde ny gekorn were von keyme des ge-

wunten frundes wegen, an der stat do is craft und macht hette und ouch sein mechtig nicht en ist, der gewunte ouch seyn eygen nicht en ist, So teile ich durch landrecht meyme herren keyne antworte nicht czuthuende vor die clage. Hiruff spreche (wir) S. von M. vor eyn recht, Das der kumpthur von Nessow wedir ane vormundeschaft adir mit vormundeschaft vor gerichte nicht clagen mag umme eynen seynen brotessen, das der sulde gewund sein und der beclaite Ditmar Reber ist dem kumpthur noch seynem vormunde keyn antwort nicht pflichtig czu thunde umme die clage. Wente der gewunte mân mus selber clagen mit der wunden vorgerichte wen her do mete beruchtiget adir beclaget der mus ym dorumme antworten adir her volget ym mit rechte alze recht ist v. r. w.

XLIV. (53.) Wie man leuthe die in hanthaffter Tat begriffen werden oberwinden sulle eyns Totslages u. s. w.

... Hiruff spreche wir vor eyn recht die vier man die eynen man tod slugen und worden alle viere begriffen in hanthaftiger tat und mit geruchte vor gerichte bracht die sal man alzo obirwinden, den eyneme den man des todslages schult gebet mit geczeuge, hot her den toten gewundet, so sal der cleger salbsebende off en sweren das her der wunden und des todes des irslagenen mannes schuldig sey das ym got helfe und die heilgen So hot der cleger en obirwunden das men sal obir en richten alze recht is, unde die anderen czwene, den man iclichem eyner kampwürdigen wunden scholt gebet mit geczeuge in hanthaftiger tat, des sal der cleger uff ir iclichen besundern salbsebende sweren, das her der wunden und des irslagenen mannes todes schuldig sey, das ym got so helfe und die heilgen So hat der cleger sy obirwunden, das man sal obir sie richten alze recht. Den vierden sal der cleger beschuldigen mit geczeuge umme die volleist des todes, die gescheen ist an deme irslagenen manne bekennet her der volleist und das her in der vechte mete gewest hot das sal her deme cleger vorboren mit eyme wergelde das sint XVIII pfund und deme Richter mit eyme gewette das seyn VIII schillinge [84]) und dor mete ist her ledig und los wente man ym keyner wunden schult gebet Wil her abir unschuldig werden, das sal her thun mit

---

[84] Vergl. System. Schöffenrecht III. 1. c. 36, Glog. Rechtsb. c. 254, Magdeb. Fr. III. 1. 6.

geczeuge salbsebende, dorumme das her mit geruchte in hanthaftiger tat begriffen ist, her sal sweren salbsebende das her der
volleist des todes an dem irslagenen manne unschuldig sey und
in der vechte nicht sey gewest das ym got alzo helfe und die heilgen, dormete ist her ledig v. r. w.

XLV. (54.) Wie eyn vormund sich halden und bewa-
ren sal, das her adir siene Erbe darumb keyn noet
durffen leyden.

. . . Is das alzo das der der do vormunder was sich vornugete
mit den, der vormunder her was bey seyme leben vor seyme tode
czehen jar adir mer, is das vor gerichte gescheen, und sie den
vormunder vor seyme tode ny maneten und das vor seyme leben
vorswegen haben, so sal seyne fraue und seyne kindere keyne not
dorumme von en leiden. Is adir die vornugunge vor gerichte
nicht gescheen, so mogen sie des vormunders kindere, die seyne
erben seyn, wol beschuldigen, und nicht seyne fraue ab ir vater
en was schuldig were bleben von der vormundeschaft. Des vormunders kindere under en mogen des ouch wol unschuldig werden, alse recht ist, ab en ir vater nicht sey schuldig bleben von
der vormundeschaft. Ist dor adir eygen unvorgeben und unvor-
wandelt das eres vaters hot gewesen der vormunder her was, und
mogen die luthe das beweisen, der vormunder jenner was, des sullen sie sich undirwinden mit rechte und in ere were nemen, dor
mag en nymand unscholt vor thun v. r. w.

XLVI. (55.) Wie man geczugniss thun mag mit Briefen
us Gehegtem dinge us eyner Groffschaft in die ander,
und nicht furen darff lebende leute.

Ir habet uns gefroget umme recht In desen nochgeschreben
worten eyn burger in unser Stat gesessen burgete III C marc eyme
gaste gesessen obir LX meyle in eyner andern Grofeschaft und
dor vor wurden burge ouch eyn gesessen burger in unser Stat,
der tag des gutis ginge umme, unde der man blebe unbeczalt,
des czoge der burge in die andere Grofeschaft und beclaite den,
vor den her were burge worden umme III C marc, der schultman bekennet ym des gutes vor gehegtem dinge, und worde dorvor mit
der hand, mit seyme weibe geantwert synem burgen [35]). Dornoch

---

35) Höchst auffallend ist, dass in die Schuldknechtschaft auch die Frau
des Schuldners gegeben wird; nach dem Recht der Hansestädte konnte die

queme der selbe burge czu husze in unse Stat, des wurde gewar
der das gut usgeborget hette, und machte denselben burgen dingstellig vor richter Scheppin in gehegtem dinge und clagete her
Richter ich clage czu desem wie das her mir schuldig is III C marc
von burgeschaft wegen vor eynen, der in eyner andern Grofeschaft is gesessen, wil her das bekennen das sege ich gerne, wil
her adir des vorsachen des czihe ich mich an Richter und Scheppen und gehegt ding, das her den schultman gesessen in der andern Grofeschaft vor gehegtem dinge beclaget und der ym do be-
kant hat und ym geantwert ist vor die scholt mit der hand mit
seyme weibe und vor anders keyn gelt und wil das beczeugen
mit brieffen desselben gehegten dinges, do is gesceen ist, und
ouch dor czu mit meyme czuge Der burge spricht do widder, Wo
ich gereten habe als obir LX meyle, das habe ich getan nicht
anders, wenne durch rechtes gunst wille und ouch libe, was her
dor boben mir schult gebit des bin ich unschuldig und habe des
meynen erbarn czog etc. Nu bete wir uns berichten und undir-
weisen, ap nü der burge des sich geledigen moge mit seyner unschult mit seyme geczeuge adir ab der cleger en billicher obirczeu-
gen moge mit brieffen us gehegtem dinge, alse her sich vormessen
hot, adir ap her czu desir sachen leiblich und lebende luthe, alze
richter und Scheppen sulle furen us der grofeschaft in die andere als obir LX meyle und ap in eyner Grofeschaft die briffe us
gehegtem dinge alse vil macht haben als eyn gehegt ding, adir was
hirumme recht sey. Hiruff sprechen wir S. zcu M. eyn recht, mag
der cleger der das gut vorborget hot mit Richters und Scheppen
offenen briefen beczeugen us der andern Grofeschaft in euwer
Statgerichte, das der burge den Schultman vor en jn gehegtem
dinge umme die III C marc beschuldiget habe, und umme anders
keyne sache und hot her den burger der das gelt usgeborget hot
bey namen dorczu benumet, das her ym gelobet habe, So mag
der burge keyne unscholt dor vorgethun, Mer mit des Richters
und Scheppen briefe geczugnisze us gehegtem dinge mag der der
das gelt usgeborget hot den borgen obirczugen und darff
Richter noch Scheppen us der anderen Grofeschaft in dieser

Frau auch nicht einmal, wenn sie selbst Schuldnerin war, in Haft genommen
werden.

sache leiblich und lebende in die andere Grofeschaft nicht furen [36])
v. r. w. [37]).

XLVII. (57.) Wie und worumb eyn prister Rechtes
pflegen mus vor eynem werldlichen Richter.

... Vordert eyn prister recht vor wertlichem gerichte uff
eynen uweren burger, der sal do rechtis widder pflegen ab man
en beclaget umme gelt [38]) und eygen, das in deme gerichte leyt [39]).
Beclaget men abir den prister umme schulde adir farnde habe,
Dor sal men den papen umme weysen vor seinen geistlichen Richter ab her das heischet, Abir her sal vorwissen, das her dem leyen
vor geistlichem gerichte rechtes pflege v. r. w.

XLVIII. (58.) Wie man gifftig gut und farende habe
wol vorgeben moge vor Gerichte ane Erbe loub, adir
nicht steende eygen.

Ir habet uns gefroget umme recht in diesen worten, ab dreye
bruder weren ebinburtig von vater und von muter, die czwene
weren unvorschichtet unde ungescheiden, der dritte were czu mole
von en gesundert, wie nu die czwene ungeschichten bruder das
mit rechte mochten bestellen und beleyten ab Ir eyner storbe
ane kindere wy der andere sein gut mochte nemen mit rechte Alzo
das der abegeschichte bruder do kegen nicht reden mochte noch
teil nemen mit rechte. Hiruff spreche wir S. czu M. eyn recht
haben die unvorschichten bruder giftig gut und farnde habe und
gereyt gelt, das mag ir eyner dem andern wol geben vor gerichte,
alzo das der gesunderte bruder dorczu nicht komen moge noch
syme tode, Adir haben sie Steende eygen, das en an erbet das
mag ir eyne deme andern nicht geben an des usgesunderten brudir volbort, is sey denne das sie kindere haben, welcher die hette

---

36) Vergl. Böhme 104, 5, System. Schöffenr. III. 2. 63.

37) Die nächste Nummer (56), deron Ueberschrift lautet: Wie eyn vetter vaterhalb der eyn leye ist, des kyndes vormund ist vor eynen Rechten vetter von vater und muter, der eyn prister ist,
übergehen wir.

38) Es sind hier Renten gemeint, welche nach den Regeln von Immobilien behandelt werden.

39) Der Grund ist die allgemeine Anerkennung des forum rei sitae,
nicht, wie es auf den ersten Blick scheinen könnte, die Reconventio. Denn
für Klagen wegen Mobilien soll dieselbe nicht die Wirkung haben, dass der
Geistliche seinem geistlichen Forum entzogen wird. Vergl. auch Jahrb. des
gemeinen Rechts von Bekker und Muther I. S. 448.

der mochte mit volbort seyner kinder seyn Erbeygen wol vorgeben, seyme unvorschichten bruder alzo das der gesunderte brudir
des nicht nemen mochte v. r. w.

XLIX. (59.) Eyner der unelich geborn ist, nicht
erbet seyn gut an seyne eliche kynder.

Ir hobit uns geschrebin alsus vor uns ist gekomen eyn te-
ding mit eyme geschulden ortel alze hirnoch steet, Wir voget vom
lesken quomen vor eyn gehegt ding und botin umme eynen vorsprechen der wart uns dirloubet. Der vorvormunte uns noch
rechte, dem wart geteilt Irhollunge und wandel und seyn recht
und sprach so, her richter hir hot eyn man gewonit lentczke genant, der ist offinbar eyn kebeskind geborn und uneelich das
man wol beweisen mag als recht ist, der ist tod und hot seyn
recht ny dirworben von des reiches statu. der hot erbe und gut
geloszin des wil sich meyn herre undirwinden uff recht, wenne is
andirs nicht erben mag wenne an die konigliche gewalt. Lentczken son quam ouch vor gerichte und bat vor eynen vorsprechin,
der wart im irloubet, der dingete ym holunge wandel und recht,
das wart ym und sprach her Richter lentczke der do tot ist der
meynes hoptmannes vater gewest ist, der nam eyne iuncfrau czu
der ee unde wart ym getreuet offinbar czu der lichtenau vor der
kirchen das her wol czeugen mag und meyn houptman ist ir beyder kind wie meynes houptmannes vater kebeskind geborn ist, So
ist dach meyn houptman in der ee geczelit, So fregit her Richter
is moge mit merem rechte uff meynen houptman gestorben seyn
lentczken gut, wen an die konigliche gewalt. Der ander vorspreche
sprach do widder Her Richter Wir haben orkunde in dem rechte
das mannich man ist rechtelos, der dach nicht ist echtelos der
rechtelose man mag wol eelich weib nemen und kinder bey ym
gewynnen die ym ebinburtig seyn die sullen sein erbe nemen, das
mag dem unelichen nicht gescheen [40]) wen lentczke unelich geborn
ist und eelich kind sedir nicht gewynnen mag, her dustire vor
der keysers schar do her mit streite kegen eyme anderen konige
lege, do mag her seyn irwerben und nicht seyn gut das ym vor
enteilit was [41]), des nicht gescheen ist, so vrogit umme recht die
konigliche gewalt sulle sich seynes gutes undirwinden wen der
tode man selben eyn kebeskind ist geborn, Lentczken Sones vor-

---

40) Vergl. Sachsensp. L 51. §. 1.
41) Sachsensp. I. 88. §. 3.

spreche sprach do widder Noch der czeit meynes houptmannes vater
hie gewonet hot manchen tag unbeschulden an seyme rechte die weile
her lebete und meyn houptman in der ee geczilt ist, her sulle des nicht
entgelden das seyn vater unelich geborn ist und sulle seynes vater
erbe mit meren rechte nemen, wenne die konigliche gewald. Do wedir
sprach der ander vorspreche her richter wir haben ouch orkunde an
dem rechte wo eyn kint geborn ist frey und echte das behelt synes vater recht⁴²). Ist aber der vater unelich geborn so mag seyn kind nicht
me rechtes behalden wen alze seyn vater hat. Noch der czeit das
lentczke unelich geborn ist und seyn kind in dem selben rechte be-
steen mus, So vroget her Richter ortels ab die koningl. gewalt sulle
sich seynes gutis undirwinden und nicht seyn son wen her nicht bessir
recht gehaben mag wen seyn vater. Do teilten die Scheppen Noch
allen reden die wir gehort haben So teile wir das sein kind seyn
erbe sey und seyn erbe nemen sulle, Wen sy in der ee geborn
sint, und sullen des nicht entgelden, das ir vater unelich geborn
ist, Das ortel schalt der ander vorspreche und quam uff die bank
mit rechte und teilte so, Noch alle dessen redin die hy gescheen
sint, die man wol beweisen mag wen lentczke unelich geborn ist
und seyne kind nicht bessir recht haben mogen wen her selben,
So teile ich czu eyme Colmischen rechte das die konigliche gewalt seyn erbe nemen mag mit merem rechte wen seyn kind die
in seyme rechten steen muszen dor us bitte wir uns czu entscheiden, welch orteil recht sey. Hiruff sprechen wir S. czu M. eyn recht
Noch dem mole lentczke unelich geboren ist, So ist des vorsprechen
orteil recht, der das teilte, das seyn kind seyn erbe nicht nemen
mogen, wen was gutis der uneliche lentczke gelossin hot, das fellit an die konigliche gewalt, das ist an den richter bynnen des
gerichte das gut erstorben ist⁴³).

---

42) Sachsensp. I. 16. §. 2.

43) In Betreff der Frage, ob uneheliche Personen, welche eine gültige Ehe
abgeschlossen und Kinder gewonnen haben, von ihren Kindern beerbt werden,
oder ob ihr Nachlass als erbloses Gut an den Landesherrn fällt, hat der Schöffenstuhl keine consequente Praxis befolgt. Denn während das system. Schöffenr. IV. 2. 54 und das Magdeb.-Görl. Recht von 1304 art. 36 den Kindern
ein Erbrecht zugestehen, schliesst sie unser Spruch und Magdeb. Fr. I. 14. d.
4, 5 und 8 von dem Nachlass aus. Besonders interessant ist die letzte Stelle,
welcher der in der angeführten Stelle des System. Schöffenrechts enthaltene
Spruch zu Grunde liegt. Während dieser aber sagt, dass der Nachlass von
unehelichen an die königl. Gewalt fällt, wenn sie nicht *eliche kinder habin*, ver-

L. (60.) Muter bruder mag nicht eyn vormund sin siener Swester kynd sunder der neheste swert mog.

Ir habet uns ouch gefroget ab eyn unmundig kind hette seyner muter volbruder und eynen andern seynes vaters moge, der ym forder beystunde an sippe czal welcher mit merim rechte sulle vormunde seyn und ab man deme alze muter bruder swert moge heissen moge. Hiruff sprech wir eyn recht muter bruder mag von gebort wegen seyner swester unmundigen kindes vormunde nicht seyn und mag ouch nicht der kindere swertmoge heissen, Sunder der kinder vaters neheste swert moge alus von swerthalben geborn alleyn her forder beysteet an sippeczal sal der kindere vormunde seyn.

LI. (61.) Von Erbteilung der usgeraten kynder mit den, die nicht usgeraten seyn.

. . . Welch kind der vater ausretet von seyme gute das kind hot an des vater gute nicht mer, die weile her lebet, und stirbet der vater und let kindere in der were unberaten, die sullen des vater gut behalden und die usgeraten kinder konnen dorczu nicht komen, Is were denne steende eygen das dem vater an irstorcen were von seynen eldern dar sulden die usgeraten kinder ouch gleiche teil anhebin ab sie sich nicht vorczegen haben. Stirbet adir eyn man und hot alle seyne kindere usgeroten, So sullen sie alle gleiche des vater erbe nemen unde irkeyne darff nicht dorczu jnbringen. Ist is adir das eyne frau stirbet bey ires mannes leben adir do noch und let sie erbe gut, das sullen alle ir kindere usgeroten und nicht usgeroten gleiche nemen und teilen und dorffen dorczu nicht jnbrengen **⁴⁴**) v. r. w. **⁴⁵**).

LII. (63.) Wie der Elder vater und Muter Bruder gleiche teill nemen.

Ir hot uns ouch gefroget, ap eyn man hette eynen son der neme eyn weib das do hette czwene bruder, des egenanten mannes son gewonne eyn kind mit seyme weibe her sturbe das weib

---

wandeln diese Worte die Magdeb. Fr. I. 14. d. 8 in: *nicht ehelicher kinder Recht* haben. Diese letztere strengere, dem Sachsenspiegel (I. 51. §. 1) entsprechende Ansicht scheint die später vertheidigte zu sein.

44) Ueber den Mangel an Consequenz des Schöffenstuhls in Betreff dieser Frage vergl. oben Beitrag III.

45) Die folgende Nummer 62 mit der Ueberschrift: Wie man eynen totslag dovor eyde entheissen seyn, vorbusset mit eynem wergelde, eyne wunde mit ½ wergelde, lassen wir aus.

und das kind dornoch, und der man des gewibeten sons vater und der frouen brudere beyde bleiben lebende ab nu der eldervater des toten kindes adir die omen das gut nemen sullen adir sie alle mit enander. Hiruff spreche wir eyn recht, Stirbet das kint noch der muter, So sullen sein eldervater ·und der Muter brudere des kindes gut glich nemen noch personen czal v. r. w. [46]).

LIII. (64.) Wie der vater eyde nemen mag an synes unmundigen kyndes stat.

. . . Wen eyn kind czwelff jar ald ist, So ist is mundig und mag eyde nemen vor erbe vor schult vor todslag und vor wunden dor is ym czu clagende bort, Ouch mag des kindes vater die eyde wol nemen und recht in des das seyn kind unmundig ist v. r. w. [47]).

LIV. (70.) Scheppin czu Magdeburg.

. . . Is tylke von der vechte so krank, das sy von krancheit wegen ires leybes in das landt czu prussen, als konigisberg mit ires selbes leybe nicht komen mag, So mag sy czu lemgow vor gerichte geen und swern uff den heyligen, das sy so krank sey das sy selber in das landt czu konigisberge von krancheyt wegen

---

46) Vergl. oben S. 49 f.

47) Ich übergehe die folgende Nummer 65 mit der Ueberschrift: Wie der vater eyde nemen sal an sienes toden kyndes stat. Ein Vater hat wegen einer culposen Beschädigung seines Kindes gegen einen Mann geklagt; es war bestimmt, der Beklagte solle einen Eid schwören, wenn das kind mündig, d. h. 18 Jahre alt geworden ist. Da das Kind vorher stirbt, fragt es sich, ob der Beklagte den Eid gleich schwören oder ob man so lange warten solle, bis das Kind, wenn es leben geblieben, 18 Jahre alt geworden wäre.

Auch die folgenden Nummern übergehen wir: n. 66: Eyn frage von dantzik, wie es scheint aus dem Jahre 1391. Es heisst hier: *also das die fraue was komen boben ire rechte jarczal unde das sie ir alder brochte in unvornunft.* Zu dem sehr verwirrt vorgetragenen Falle gehört auch n. 67: Wie eyne frauwe vorgibt adir vorkouft allerhande farende habe ane czinse die jr angeerbet syn ane Iror Erben wille. Die Danziger bemerken, dass nach ihrer Handfeste Frauen dasselbe Erbrecht haben wie Männer.

n. 68 Wie eyner sich eyner leemden entsetcet mit dem czehenden teil eyns gesatczten wergeldes. Dabei auch die Ueberschrift: *dis ist die letcrte froge ken Magdeburg gethan im Jar MCCCCXXX.*

n. 69 Bereits von anderer Hand; ein Magdeburger Spruch für Danzig, welcher ohne die Anfrage selbst unverständlich ist.

Dann folgen 2 nicht numerirte Abschnitte, von denen wir das Urtheil des ersten oben als n. LIV mittheilen.

jres leybes er angestorben Erbe czu fordern nicht komen kan und mag denne vorder T.... vor rychter und scheppin, adir vor deme Rothe czu lemgaw mechtig machen, der ere echte noth und kranckheyt beweyse als recht ist, in deme gerychte czu Colmen, und der mechtiger mag sich denne, von der frauwen wegen, er angestorbene Erbe czu czybeen salp drytte alse recht ist in allir mosse, als dy frauwe selbin thun mochte, wenne sy kegenwertig seyn mochte und mag denne, das angestorbene Erbe, das frauwen Tylken von ires vater bruder sone in deme lande czu koningisberg angestorben ist, irfordern und in manen v. r. w. [48]).

LV. [49])

... Syntmole das der eyne swoger, der abegescheydenen frauwen Elichir man bynnen den dreyssig jaren und tage, ... nicht beweysedt hot das der weggeczogene man, seyn swoger vor syner hausfrauwe syner swester tode vorsturben ist, So en mag her sich nu czu deme Erbe und gute, das deme weggeczogene manne von syner Swestir angesturben und in gerichte bleiben ist, nicht cziheen noch eynnige vorderunge dortczu thun, und des weggeczonen mannes swestir kyndes halbe swester ist bey deme nochgelassene Erpgute neheer und mit besserem rechte czu bleybende wenne des weggeczonen mannes swoger, noch der man, des syne Elder mutter und des weggeczogenen mannes Eldervater Elichir Bruder und Swester gewest synt is doran gehyndern mogen und das deme weggeczogenen mannes swoger XXX jar czu beyten geteylet ist, So her das setczet, das en mag jm nicht czu hulffe komen [50]).

LVI. (72.) Das ist abir eyn ander vroge der Meydeburger.

Fort habet ir uns gefroget, ap wir eynen man in gefengnisse brechten umbe ungehorsam, und unfur, noch der Stadt wyllekor, ap wir den selbigen man mochten uslossen us deme gefengnisse, addir insetczen ane unseres herren wyllen, und ap wir von deme selbigen manne icht nemen in geldes weyse, vor seyne broche, ap

---

48) Die folgenden Sätze sagen, dass die Freiheit eines Grundstücks von der Zinslast daraus folge, dass man es 30 Jahre und Jahr und Tag ohne Widerspruch besessen hat.

49) Eine Thorner Sache.

50) N. 71: der medeburger vroge von der wilkor wegen, ist Magdeb. Fr. I. 1. 11 mit einzelnen unwesentlichen Varianten.

der selbe unse herre, icht teyles dorane hette, Hiruff spreche wir
Scheppin czu Meydeburg vor eyn recht, Sulche obegenante luthe,
moget ir, umbe euwir Stadt broche in gefengnisse setczen, und
uszlassen und moget in geldes weyze, das uf solche wyllekore ge-
satczt und offenbare gekundiget ist, euwir Stadt czu eren und
czu fromen und czu notcze wol nemen, dor hot dy hyrsschafft
nicht teyles noch forderunge an, v. r. w.

VII.

Schöffenurtheile von Leipzig und Wittenberg nach Freiberg.

Aus einer Handschrift der Göttinger Bibliothek („Freyber-gisch Stadtrecht") [1]), veröffentliche ich im Folgenden eine Anzahl von Stücken aus der zweiten Hälfte des 16. Jahrhunderts. Zum grössten Theile sind es Urtheile des Leipziger Schöffenstuhls und des Hofgerichts zu Wittenberg; ausserdem theile ich ein Urtheil des Magdeburger, und eines des Schöffenstuhls zu Dohna und einige Urtheile geistlicher Gerichte mit. Ich glaubte mich auf eine Auswahl dessen beschränken zu sollen, was mir für die Rechtsge-schichte und insbesondere die sächsische Praxis der 70ger und 80ger Jahre des 16. Jahrhunderts von besonderem Interesse zu sein schien. Auch kam es mir nicht darauf an, alle einzelnen Stücke in extenso mitzutheilen; da der in ihnen zur Geltung ge-brachte Rechtssatz am meisten unsere Aufmerksamkeit verdient, liess ich meistens die Ueberschriften, die für die einzelnen Ge-richte stereotypen Eingänge und Schlüsse und die Unterschrift weg. Für die rechtshistorische Benützung schien es mir zu genügen, wenn bei jedem Stück das Datum, sobald dasselbe überliefert ist, und das Gericht angegeben wird, welches das Urtheil fällte.

Das Interesse der nachfolgenden Urtheilssprüche liegt zunächst darin, dass sie von den beiden hervorragendsten Gerichten Sach-sens, dem Leipziger Schöffenstuhl und dem Wittenberger Hofge-richt, welche an der Ausarbeitung der Constitutiones Saxonicae den grössten Antheil hatten, ausgegangen sind; und dass sie uns Gelegenheit geben zu beobachten, wie man in Sachsen die neue Gesetzgebung zur Anwendung brachte. Für einzelne Processe be-sitzen wir Urtheile sowohl von Leipzig, als auch von Wittenberg;

---

1) Als ich die Handschrift im Jahre 1854 zu Göttingen benützte, trug sie die Signatur Jus statutar. Germ. n. 814 fol.; nach gütiger Nachricht des Herrn Dr. Frensdorff ist sie jetzt bezeichnet als Cod. ms. jurid. 468.

meistens stimmen sie in der Entscheidung mit einander überein, bisweilen weichen sie von einander ab; vergl. n. 52 und 53.

Es kommt aber auch hinzu, dass diese Erkenntnisse grössentheils in Streitigkeiten, welche vor den Freiberger Gerichten anhängig waren, gefällt sind. Freyberg hatte sich im Jahre 1572 und 1573 sehr energisch gegen die Publication der kursächsischen Constitutionen gewehrt und versucht, die im Freyberger Stadtrecht enthaltenen Abweichungen von den Grundsätzen der Constitutionen auch gegen dieselben aufrecht zu erhalten, — freilich ohne Erfolg [2]). Aus mehreren der Urtheile ersehen wir nun, wie conservativ auch noch in den folgenden Jahren die Freiberger an ihren statutarischen Sätzen besonders im Erbrecht festzuhalten bestrebt waren und wie sie sich gegen die Bestimmungen der Constitutionen und des Römischen Rechts auflehnten. So bezweifeln sie in n. 24, ob in dem Testament über das Erbrecht des überlebenden Ehegatten und der Kinder eine Disposition getroffen werden dürfe, welche von ihrem gesetzlichen Erbrecht abweicht, und in n. 26, ob nicht dazu vielmehr eine Uebergabe vor dem Rath und eine Eintragung in das Stadtbuch erforderlich sein solle; in n. 42 berufen sie sich auf den Satz ihres Stadtrechts, dass die Geschwister der Mutter vorgehen. Vergl. auch n. 66.

Einzelne Urtheile sind auch darum bemerkenswerth, weil sie lehren, wie die sächsischen Dikasterien im 16. Jahrhundert controverse Fragen des sächsischen Rechts entschieden.

Da ich nicht alle Urtheile mittheile, und da dieselben in der Handschrift weder völlig chronologisch noch nach den Materien geordnet sind, so glaubte ich sie in freier Anordnung, indem ich mich besonders an die Reihenfolge der Gegenstände in den Constitutiones Saxonicae anschloss, wiedergeben zu dürfen.

Da der dritte Beitrag dieses Hefts die von dem Magdeburger Schöffenstuhl beobachtete Successionsordnung behandelt, und unser Codex eine grössere Zahl von Entscheidungen über die Erbfolgeordnung enthält, so stelle ich hier ganz kurz die von dem Leipziger Schöffenstuhl und dem Wittenberger Oberhofgericht beobachteten Normen zur Vergleichung zusammen.

---

2) Vergl. Stobbe Geschichte der deutschen Rechtsquellen II. §. 71. n. 4 ff.

Die nächsten Erben sind die Descendenten und zwar gilt für sie das Repräsentationsrecht (n. 32); für die bereits abgesonderten oder ausgestatteten Kinder gilt die Collationspflicht (n. 36, 37). In der zweiten Classe folgen die Ascendenten (n. 39 — 41, vergl. auch 42); und zwar besteht nicht bloss für die Eltern, sondern auch für die weiteren Ascendenten ein unbedingter Vorzug vor den Collateralen (n. 44, 45). Nach der Ascendenz kommen die Collateralen, unter Ausschliessung des Repräsentationsrechts und mit dem Vorzug der vollen vor der halben Geburt. Die mitgetheilten Schöffenurtheile enthalten folgende Sätze:

a) Die Halbschwester geht den Kindern vollbürtiger Geschwister vor (n. 47);

b) Halbgeschwister sind näher als Vettern (n. 51);

c) Kinder vollbürtiger Geschwister gehen den Kindern der Halbgeschwister vor (n. 49);

d) Oheime gehen den Vettern vor (n. 46, 49);

e) Vettern erben nach der Ansicht des Leipziger Schöffenstuhls mit den Geschwistern der Grosseltern zusammen (n. 52), nach der des Wittenberger Hofgerichts gehen sie ihnen vor (n. 53).

Leider haben wir keine Entscheidungen für noch entferntere Verwandte. Halten wir uns bei e) an die Entscheidung des Leipziger Schöffenstuhls, so würde derselbe die Gradesnähe nach römischer Computation haben entscheiden lassen; die übrigen Entscheidungen stimmen gleichfalls zu diesem Princip unter den angegebenen Modificationen. Aber die Sätze von a) bis d) lassen sich auch im Sinne der Parentelenordnung deuten und dieser entspricht auch die Entscheidung des Wittenberger Hofgerichts für den bei e) angeführten Fall.

I.   zu Const. I. 24.   Leipzig. 4 März 1577.

Habt Ir Euch mit euerm ehemanne, welcher nunmehr vorstorben, Inn der Ehestifftung unter andern der gestalt vorglichen, das wen er vor euch mit tode abginge, Ir seiner Tochterkindt, Hansen wimmers Sohne von Dresden, von allen seynen zu euch gebrachten güttern . . . Inn drey oder 4 Jahren, 700 R. reichen und geben solltet, Hatt nun Hans wimmer nach absterben gedachtes euers Ehemannes, sich mit einer Schultverschreibung bei euch angegeben, als sollte er Ime vor 10 Jaren 146 taler schuldig worden sein, da Ir nun nicht erweisen mochtet, das Hans wimmer solcher geforderten schult bezalt, so würde Ime dieselbe nachmals von euers Mannes hinderlassenenen Güttern billich entricht, Und er were sich derwegen ungeachtet, das er Inn euers Mannes krankheit bei Ime gewesen und derselben schult weder gegen Ime noch euch gedacht, sich mit seinem Eide zu purgiren nicht schuldigk.

II.   Const. I. 28.   Leipzig.

Ist ein Burger bei euch verstorben und hat eine Tochter und drey Söhne, sampt Haus undt Hoff nach sich verlassen und die andern drey geschwister haben dem Eldisten Bruder Haus und Hoff verkaufft und von dem Angelde dem Jüngsten 50 R. zuvoraus gemacht, welcher solch gelt bei dem Eldisten umb geburliche verzinsung hat stehen lassen und nochmals, als er sein volkomen altter erreicht, durch ein Testament seiner schwester kindern vermacht, Und es ist nachmals der Ander Bruder, so Inn frembden Landen gewest, auch gestorben, und sein Antheil von den Ahn und Erbegeldern, so bei dem Keuffer des Hauses vonn welchem sein vormundt dieselben nicht bekommen können, stehen blieben, Auf Itztgemeltte seine schwester vorerbt, Do nun der Erste Bruder, so das Haus gekaufft auch gestorben, und sein weib nach sich vorlassen, Se mag doch dieselbe mit Irem eingebrachtten Gutt, seiner schwester und derselben Kindern, nicht vorgezogen werden [3]).

III.   Const. I. 28.   Leipzig. 23 Jan. 1577.

Ob gleich euer Man, welcher unlangst vorstorben, Inn seinem Richter Ampt von den gelden, so hinder die Gerichtte gelegt, alle Jhar ettwas, bis sichs letzlichen Inn die 400 R erstreckt, zu sich genommen, So kan dennoch ein Erbar Rath wegen dieser 400 R euch euers eingebrachten Gutts halben, So vil Ir dessen, wie Recht liquidiren würdet, nicht vorgezogen werden.

IV.   Const. I. 28.   Leipzig. 21 April 1582.

Hat Peter marx von wegen seiner kinder erster Ehe dero

---

3) Const. I. 28 giebt die Reihenfolge an, in welcher die Gläubiger befriedigt werden sollen; es heisst hier: „. . . Erbe-Geld; und nach diesem, soll des Schuldners Eheweib mit ihrem eingebrachten Gute . . . allen anderen Gläubigern . . . vorgezogen werden.“ — Ueber den Begriff des Erbegeldes vergl. Haubold §. 354; in Breslauer Urkunden bedeutet Erbegold regelmässig das Kaufgeld für ein Grundstück.

eines teils unmundigk und nicht bevormundet gewesen, Iren grosmutterlichen Erbfall als nemlichen 120 R. zu sich gehabt, Ob sie nu gleich nicht gerichtlichen sich angegeben, undt andern Ires Vatern haus haben verpfenden lassen, So werden sie dennoch dessen ungeachtet, allen Ires Vatern glaubigern, so kein besser Recht oder keine eltere gerichtliche vorpfendung haben, mit der bezalung der bemelten 120 R grossmütterlichen erbes billich vorgezogen.

V.　　　　Const. I. 32.　　　　Leipzig. 5 Jan. 1582.

Habt Ir ezlicher schulden halben, damit euch Wolff müller vorhafftet, zu einem Erbfall, den er von seiner Freunde einer, damals zugewartten, gehabt, Nuhmer aber durch derselben absterben, bekommen, einen Gerichtlichen Kommer gesucht, und erlangt, Ob nun gleich vor solchem Kommer, gedachter Wolff müller Sigemunt Rölicken, deme er auch ezlich gelt auff gewisse Termin zuerlegen schuldigk, vor Gerichte zugesagt, Wan Ime Gott kunfftig etwas bescheren würde, So wollte er Ihn, ohne alle mittel, auch noch vor den Terminen bezalen, Solches auch Ins Gerichts buch also verschreiben lassen, Wo Ir aber dennoch euern erlangten Kommer gebürlichen prosequirt hattet, So würdet Ir krafft desselben, Von dem vorledigten Erbfall euer schulden vor gemelten Rolicken billich bezalet.

VI.　　　　Const. I. 32.　　Wittenberg. 9 April 1582.
(Urtheil in derselben Sache.)

Es wolte und könde dan Röligk seinem fürgeben nach, wie Recht erweisen und darthun, das diese wörtter oder aber auch die einvorleibungk Inn das gerichtsbuch diese Wirkung, Ihe und allwege, über Rechts vorwerte Zeit gehabt, das dadurch alle des Schuldeners gutter dem glaubiger vorpfendet, Mit solcher Beweisung wurde er billich gehort und zugelassen, Erginge alsdan darauff und der Parteien weiter einbringen ferner was Recht ist.

VII.　　　　Const. II. 16.　　Leipzig. 17 März. 1577.

Ob sich gleich Anders müllers wyttwe und euer eheweib vor Hans schirmern wegen 275 R. gegen Hern Kulewein Stadtrichttern, allhier Inn Burgschafft eingelassen, do sie sich aber dennoch des Benefitii Senatus Consulti Velleiani auf vorgehende notturfftige erinnerung bestendiglichen nicht vorzihen hetten, So were auch solche Ire vorpflichtunge zu Recht unkrefftigk, derwegen wirt euerm weibe das gellt, so hinder die Gerichte gelegtt und Ir zustendigk, billich gevolget.

VIII.   **Const. II. 19.**   **Leipzig. 25 Apr. 1573.**

So Christoph gneus nicht Inn abrhede, das er die uber-
schickte vorschreibung Inhaltts derselben gesiegelt und sich dadurch vor seinen Vettern, Inn Burgschafft eingelassen, So were
er auch derselben ungeachtet, das Ir dem selbschuldigen auf sein
ansuchen weitter Frist gestattet, nachzusehen schuldig.

IX.   **Leipzig. Aug. 1579.**

Ist euer Vater vor Peter engeln gegen dem Rathe zu Freiberg wegen Hans steins Ime gevolgete 201 fl, anderer gestalt
nicht, dan bis gedachter Engel dem Rath die zugesagte vesiche-
rung zuschicken wurde, burge worden, Und ermelter Peter Engel
hat die versicherung ubersantt, der Rath auch dieselbe angenommen, und damit zu friden gewesen, So ist auch euers Vatern
Burgschaft erloschen, und Ir mochtet derwegen ferner nicht, belangt werden.

X.   **Const. II. 22.**   **Leipzig Sept. 1581.**

Uns. fr. d. u. s. w.   Ist der Burger bey euch zu Freibergk
... seinen gleubigern 65 fl schuldigk, vormöge seiner vorpflichtung
Inn bürgerlichen gehorsam gelegt worden. Dorinnen er nachmals
enthalten wirdet, do er nun sunsten an Güttern nichts vormöchte,
den ezliche erbegelde, so er auff seinem verkaufftem Hause zu
fodern hat, Und seine gläubiger dovon bezalt werden konden, So
würde er des gehorsams billich entlediget, Und den gleubigern
vormöge C. F. S. Constitutionen zu solchen erbegelden vorholf-
fen [4]).

XI.   **Const. II. 22.**   **Wittemberg 1573.**

Unsere freundtliche dinst zuvorn, Erbar gutter freundt, Als
Ir uns berichtet, welcher gestalt Ir Inn schulden gerathen und
euere gleubiger zugefahren, undt euere Gütter mitt Kommer und Arrest beschlagen, Darumb Ihr Inen zu Irer Zalung euer
Haus undt Hoff sampt euern aussstehenden schulden und erbegelden, doran sich auch euer Weib Ires eingebrachten gutts, das
sich Iun die 1500 R höh erstreckt vorzihen, vormüge der gerichtlichen Registratur übergeben, undt angewiesen, Darüber auch
in die 1200 R. nach Hinderstellung undt uberlauff bleiben soll,
Domit die gemelte euer gleubiger zu friden gewesen, Sie auch
eines theills, Nach geschehener Verkauffung eures Hauses bezalung

---

4) Ueber Erbegelder vergl. Note 3.

entpfangen, das aber nhumehr etzliche von Inen mit der geschehe-
nen ahnweisung nicht zufrieden, Denen Ir, weill sie mit bahrem
gelde nicht bezahlt werden können, 700 R zu Erstattung dessen,
und zum uberflus volgen zu lassen erbötigk. Darüber Ir euch
des Rechten zu berichten gebethen habt, Demnach Sprechen wir
vorordente Doctores des C. F. S. Hofgerichts zu Wittenberg, dorauff vor Recht, Doraus sovil zu befinden, Do es solchem euerm
Bericht nach gewantt, undt euer gleubiger hatten die ahnweisung,
an die Erbegelde und schulden wegen Irer forderung, angenomen,
So weren sie euch daruber zu gefangnis zu zihen nicht befugt.

XII.   Const. II. 22.   Leipzig. 1573.
(Urtheil in derselben Sache.)

Habt Ir euern gläubigern euer Haus und Hoff und alle euere
gütter ubergeben und angewiesen, Und es hat sich nach gehalltte-
ner gerichtlicher Liquidation undt abrechnung befunden, das sie
nicht alleine aller Irer schulden, dovon bezalt werden können,
Sundern auch noch 1200 R euch uberig bleiben, Von welchen Ir
700 R. zu erstattung das sichs mitt den tagzeitten ettwas verwei-
len muchte, den gleubigern angewiesen . . . Ob nhun wohl bemeltte gleubiger nicht als baldt bahr bezalt werden konnen, Sondern sich wegen der Erbegelde ettwas vorzihen mochtte, So seint
sie euch doch derenttwegen, sunderlich numehr, weill sie, euerm
bericht nach, mit der beschehen Anweysung euerer gütter einmhol
zu friden gewesen, undt dieselbe noch unter sich haben, Inn Hafftung zu nehmen nicht befugt.

XIII.   Const. II. 22.   Leipzig: 17 Nov. 1581.

Wo euere Bürgere welche Ir schulden halben zu hafften genomen euerm anzeigen nach dermassen unvormügend weren, das
sie sich selbst Im gefengnis nicht unterhalten, auch an ortten, da
sie sizen, ob gleich euerm fernern bericht nach, viel leute daselbst
füruber gehen, Iren unterhalt nicht erbetteln konden, So weren
Ire glaubiger, auf derenthalben sie zu Hafften genommen worden,
Inen wo ferne sie sie aus dem gefengniss nicht lassen wolten, not-
turftigen unterhalt dorinnen zu vorschaffen schuldigk, Und Ir seit
sie von dem gemeinen gutte und allmosen zu alimentiren nicht
pflichtigk [5]).

---

5) In der Ueberschrift dieses Urtheils heisst es: Contra Constit.: Electo-
ris princ. Dies ist wahr; denn es heisst Const. II. 22: „Wann aber von denen Gläubigern, seiner Alimenten und Unterhaltung halben, in der Execution

XIV.   Const. II. 23.   Leipzig. Nov. 1587.

Ist euch Wolff Herklotz vor abgekauffte wahren 200 R 14 gr.
5 pf schuldigk, Ob nu gleich Im gerichtsbuche, zu Freibergk sich
befunden, das sein Haus und Hoff dem langen Caspar Horn vorpfendet, Weil aber dennoch darneben keine schult, noch gewisse
Summa geldes namhafftig gemacht, noch specificirt worden, und
gedachter Herklotz unlängst Ime keiner vorpfendung gestendig,
und angezeigt, das er Horn, welcher Itzo 300 R schult angegeben, über 15 R nicht schuldigk, So were auch solche vorpfendung
zu Recht nicht kreftig.

XV.   Wittemberg. 26 Dec. 1571.

Unser freuntliche dinste zuvorn, Erbarer gutter freundt, Als
Ihr uns berichtet, das philip J. erben zu einmhanunge Irer aus-
stehenden schulden einen Jeremias Teschner genantt, gevolmech-
tiget, mit zusage, das sie Ime von einem Jeden gulden, den er
einmhanen wurde, zwene gr. geben wollen, Welchs ob wol derselbe auf sich genomen undt die schulden einstheils einghemanet,
So hette er doch, den Erben wenigk dovon zugestelt, Undt sich
nach gehalttener Rechnung befunden, das er Inen noch˙ 150 R
schuldigk blieben, Derwegen weill vormuttlich das er solchs entpfangen gelt, Inn seinen eignen Nutz gewant, Ir euch des Rechten daruber zuberichtten gebethen habtt, demnach Sprechen wir
vorordentte Doctores des C. F. S. Hoffgerichts zu Wittenbergk
dorauff vor Rechtt, das die obgedachten Erben wegen des hinder-
stelligen geldes so oberwentter Taschner Irenthalben eingemha-
net, sich ahn ungewisse schulden und auf langwierige tagzeit
weisen zu lassen, Nicht schuldigk, Sie sindt Ime aber die zuge-
sagten 2 gr von einem Jeden gulden, so er eingefordertt, zu entrichten oder Inen abzukurtzen zulassen pflichtig, Dargegen er
Ihnen das Interesse, so sie wegen seiner Nichthalttung erlitten und
liquidiren mochtten, zu ersezen schuldigk.

XVI.   Wittemberg. 21. Febr. 1579.

**Ob ein Kauff, der richtigk Inn die Gerichtsbucher
vorschriben könne hindertrieben werden. Resp. Non.**

Das der Kauff, so euer weib, mit einem Jungen gesellen der

---

und Excussion seiner Güter, keine Verordnung und Aussetzung gemachet, so
wird er selbst darauf zu denken wissen, wie und welcher Gestalt, er seine
Unterhaltung haben möge."

24 Jar alt über sein Haus und Hoff getroffen und vom Amptt Inn Lehen entpfangen, sampt beschehener Vorzicht zu Recht krefftig und euer weib von dem schösser oder verkeuffern, do sie sunsten, nichts erhebliches vorzuwenden haben, dorvon nicht mogen abgedrungen werden.

XVII.   Const. II. 31.   Leipzig.

Hatt euer Vatter Paul Schuman selieger, bey seinem Leben Euch beiden Sohnen, sein Gutt, so er umb vierhundert R gekaufft gehabtt, Umb Funffzehenhundert gulden erblichen verkauffett, Nach Inhaltt der Kauffzettel, So ist solcher Kauff ungeachttet euer schwester Ehemenner einrhede, Als das sie nicht dortzu erfordertt, undt nicht mitt Irem vorwissen, Derselbige beschlossen sey, Czu Recht kreffttigk, Do aber euere schwestern dadurch ahn Irer vaterlichen Legittima vorkurtzt weren, dieselbige wehrett Ir Inen zuerfullen schuldig.

XVIII.   Const. II. 31.   Leipzig. 4 Juli 1586.

Obgleich euere Mutter euers Vatern seligen hinderlassene Gutt, welches sie umb 400 R kaufweise an sich bracht, Irem andern ehemanne, Jacob weinolt ubergeben, Innhalts angezogenen Copey, dieweil aber dennoch gedachtte euere Mutter zu solcher Ubergabe mit keinem Vormunde versehen gewesen, Und die Ubergaben Unter den lebendigen zwischen eheleutten verbotten, So mag auch berurte Ubergabe zu Recht vor bestendig nicht geachtet werden, Ir habt euch aber an dem gemeltten Gutte des Vhorkauffs aus deren Inn euerer frage angezogenen ursachen, vor euerm halben Bruder anderer Ehe nicht anzumassen.

XIX.   Const. II, 31.   Wittenberg. 21 Juli 1586.
(Urtheil in derselben Sache.)

Ist nach absterben Egidii Lösers desselben wittwe mit bewilligung seiner Kinder vormunden und Consens des Erbhern, Hansen von Hartschs, euers Vatern seligen, das vorlossene Gut, vor Richtte und scheppen, bestendiglichen vorkaufft, Innhalts des uns überschickten Extracts aus dem Gerichts buch zur Kolmnitz, Und es hat volgents gedachte wittwe Irem anderen ehemanne, Jacob weinolt, solch von Iren Kindern und derselben Vormunden erkaufft Gutt, Hinwider Inn deme werth und beschwerung wie sie es angenommen, verkaufft, und es würden Richter und scheppen, vor denen solcher Kauff auch geschehen, bestendiglichen aussagen, das die verkeufferin solch Gutt Inn beisein und vorwilligung Ires vormunden Lorentz gelferts, Irem Andern eheman, anderweitt verkaufft, Caspar Loser auch, als der Jüngste Sohn, der Ersten Ehe nach der Zeit seiner erlangtten mundigen Jare, hette durch aufhebung und annehmung seines Vaterlichen Erbteils, den Ersten Kauff belibet, und demselben zu rechter Zeit gebürlichen nicht widersprochen, So bleibt auch, solch zum Andern mahl, verkaufft Gut nach absterben Jacob weinolts desselben nachgelassenen Sohne, vor den Kindern erster Ehe, nunmehr billich.

XX.   Const. II. 34.   Leipzig. 3 Juni 1592.

Ob gleich euers grosvattern Marx Heinels seligen Gütter Hansen schubert vor ezlichen Jaren, umb tausent altte schock vorkaufft, Do aber solcher Kauff in euern unmundigen Jaren one dringende schulden und andere Ursachen, so zu voreusserung der unmundigen kinder von Rechts wegen erfordert werden, fürgenommen worden weren, Ir auch oder euer miterben, als Ir mundig worden, denselben nicht belibet, noch ratificiret, So hettet Ir auch solchen kauff Sunderlich, do Ir euerm Bericht nach, über den halben Werth vorforteilt worden zuwiderfechtten und zu hinderzihen, wohl fugk.

XXI.   Leipzig.

Urtell ob ein auffgerichtter vortrag möge umbgestossen werden.

Ist zwischen Nickeln und Longino den kirchpachen ein solcher Vortrag aufgerichtt, das hinförder zu aller zeytt, Longinus kirchpacher oder seyne Nachkomlingk alle Wehre zu der Zeit, wenn der fisch sein steygen undt gehen hatt, gar offenen undt mitt nichtts . . . dieselbe zeit zumachen solle, . . . Undt Ir habt gedachtts Longini kirchpachs Gutt kaufft, und thutt dasselbe Itziger zeit besitzen, Ob nhun wol euerm Bericht nach 28 Jar verflossen, das sich Nickel kirchpacher oder seyne Nachkomen und besitzer seines Gutts gemelter gerecktickeit des fischens nicht gebraucht, dieweill aber dennoch dreissig Jar, Jar und tagk noch zur Zeit nicht vorflossen, So haben sich die Itziegen Besitzere solches guts, derselben nochmals anzumassen und zugebrauchen wohl fuegk, Und Ir seitt Inen solche gerechtickeytt noch besage des Vertrags, So ferne Ir, wie recht nichtt erweysen könttet, das Longinus kirchpacher denselben nichtt gewilligett, zugestatten schuldigk [6]).

_____

6) Dieses Urtheil ist in doppelter Hinsicht interessant: a) weil es zeigt, dass man auch bei servitutes discontinuae zum Verlust des Rechts nicht die

XXII. Leipzig.

Hapt Ir noch thodlichem abgange euer Meister, mit vorwilligunge des gantzen fleischer handtwergs, das fleischer Handtwergk getriben und haben euch die Meister obgedachts Handtwergs, in allen fellen und vorfallenden sachen, gleich als wann, Eure Meistere noch am leben, zcum Handtwerge gefordert, Und von euch nach Handtwergs gewonheit, an gelde den Buchssenpfenningk, wochentlich entpfangen, und Ihr seith solchem Handtwerge noch eingeleibett, undt wirth euch dasselbe gleich andern Meistern zcutreiben gestattett, Haben nun die Meistere des Fleischer Handtwergs, die alten Fleischbencke, welche fast baufelligk gewesen, an denen eure Vorstorbene Ehemenner Ire Erbgerechtickeitt gehapt, und welche umb derselben geldt erkaufft, eingerissen undt abgetragen, und nun andere und neue fleischbencke an dieselbe Stedt, von des Hantwergs gemeinem zusamen getragenem und eingelegttem gelde, erpauen lassen, und Ihr habt Euch, zu obgedachten neuen Fleischbencken, wie man dieselben bauen wollen, euern antheil, wo das eingelegtte geldt nicht reichen wurde, zuerlegen erbotten, undt die Handtwergsmeister haben solchs von euch nicht annehmen wollen, So seindt euch die Handtwergsmeister, obgedachter euer Ehemenner antheil, an gemelten neuen fleischbencken auf darlegunge eures gepurenden antheils, eintzuwenden schuldigk.

XXIII. Const. III. 3. Leipzig.

... Das solcher letzter wille, welchen ... A. Arnolt alleine vor einem Notario ohne beisein ezlicher zeugen aufgericht zu Recht nichtigk und unkrefftigk, derwegen hat sich seine nachgelassene wittwe aus seinen güttern des drittentheils nach gewonheit des Orts alleine anzumassen.

XXIV. Const. III. 3. Leipzig.

Ob das Freibergische Stadt Recht ein Testament hindertreiben khan. Resp. Non.

Obgleich bey euch ein solches Stadtrecht und bestendiger gebrauch eingefuret, das dem weibe nach des Mannes tode der Drittetheill, und den Kindern zwey theill an desselben verlassenschafftt gebüre, Dieweil aber dennoch Andreas arnoltt ein Testa-

---

Immemorialverjährung, sondern die gewöhnliche sächsische Verjährung verlangte, und b) weil es sich aus ihm ergiebt, dass Servituten durch einfachen Vertrag erworben werden können und es der gerichtlichen Bestätigung nicht bedarf. Beide Fragen waren controvers. Vergl. Haubold §. 191.

ment, welches er auch hinder die Gerichtte gelegt, aufgericht, Dorinnen er sein eheweib und seine Tochtter, die er mit derselben
erzeugett, zu gleichem Erbe eingesezt, nach besage der ubersantten Copey, So kan auch das obenangezogene Stadtrecht,
disfals nicht stat haben, Sundern wirt sulchem leztten willen billich nachgegangen.

XXV.   Const. III. 3.   Leipzig. 8 Oct. 1579.

Als Ir uns Copey Jungfrau Elisabet Hartmans seligen letzten willens, Beneben euer fragen zugeschickt... Darnach sprechen
wir C. F. S. Scheppen zu Leipzigk dorauff vor Recht, das solcher
letzter wille, welchen gedachte Jungfrau durch einen Notarium
verfassen undt hinder die Gerichtte legen lassen, Ausserhalb dem
Jenigen, So von den stucken zur Gerade gehorigk, vorordnet,
euers beschehenen vorwunderns ungeachtet, zu Recht krefftigk und
bestendigk, Ob nu wohl Inn ermeltem letzten willen, unter andern
diese Clausell zu befinden, das, wo Ir geschwister eins, oder mehr,
oder Jhemants von Irentwegen Inn oder ausserhalb Rechtens sich
unttersteheu würde, solchen Iren lezten willen zu hindertreiben,
das die oder derselbe seins antheils an Irem Hinderlas, nicht fol-
gigk, sundern dovon ausgeschlossen und enterbet sein solten,
Do aber dennoch *aus erheblichen und Rechtmesigen ursachen* derselbe von euch angefochten werden kondte, So würdet Ir der angezogenen Clausellu ungeacht dardurch euer gerechtickeit nicht
vorlustigk.

XXVI.   Wittenberg.

Ob ein Testament durch ein Statut auch khan hin-
dertriben werden.

Als Ir uns abschrifft eines Testaments, so Augstin schneider
Burgermeister zu Russwein seligen auffgericht, neben Extract der
Statuten daselbst, zugeschickt, und gebethen habt, euch des Rechten daruber zu berichten, Demnach sprechen wir verordentte Doctores des C. F. S. Hoffgerichts zu Witteberg dorauff vor Recht,
Wann gleich die Statuta des Innhalts, do der man oder das weib
einander mehr, den den drittentheil nach Irem absterben, zu haben zuwenden und zu eigenen woltt, das Inen solchs unbenomen
sein sollt, doch das es vor dem Rathe geschehe und glaubwirdig
Ins Stadtbuch vorschriben werde, Und denselben Statuten, von
weilant Herzog Georgen zu Sachssen milder gedechtnis nachzuge-
leben bevolen worden, So ist doch Burgerm. schneider seligen
Inn seinem Testament, ungeacht, das solchs vor dem Rath zu

Ruswein nicht geschehen, noch dasselbige eingeschriben, seinem weibe ein mehrers denn Ir sunst vormöge der Statuten gebüret hette, zuvormachen unbenomen gewesen, Und mag derenthalben solch Testament nicht angefochten, noch umbgestossen werden. Do aber die Kinder, eure mundlein, durch solchs Testament an Irer gebürender Veterlichen Legittima vorkurzt, So weret Ir die erfullung euer mundlein Legittima aus Ires Vatern güttern zufodern wol befugt.

XXVII.   Const. III. 5.   Wittenberg. 6 Sept. 1583.

Unser freundl. d. u. s. w. Sprechen wir Doctores des c. f. s. Hoffgerichts zu Witteberg vor Rechtt, das gedachtes euers Stiffvatters jungst Dinstags nach Reminiscere dises lauffenden Jares aufgerichter letztter Wille Inn seinen Solenniteten bestendigk und zu Recht krefftigk, dadurch auch sein Erstes Testament oder vorordnung anuliret und zu Rück gezogen, Es konde und wollte dan Inn euerer fragen angezogener Doctor G. Kluge, wie Recht, erweisen, und darthun, das gemelter euer stifvatter von euch inn seiner schwacheit oder sunsten geferlicherweise durch ungestümes eingeben der gestalt, sein Testament zu widerruffen oder zu endern uberredet wer worden, Damit würde er billich gehort und erginge alsdan nach gelegenheit derselben beweisung ferner was Recht ist.

XXVIII.   Const. III. 6.   Leipzig.

Ob wol euer Vater Im Gefengnus, do bereit ahn das peinliche halsgerichte uber ihn gesessen, und das Zetergeschrey ergangen, vor eim offentlichen Notario und ein Zeugen, der Austeilerin Töchtter, drey hundert gulden testiret und vormachet, So ist doch solch Vermechtnüss aus mangelunge der gebürlichen Solenniteten, nicht krefftigk.

N o t a. Die Hern Scabini haben sein Testament nie gelesen, als es Inen aber noch einmal zugeschickt, haben sie es vor krefftigk erkantt.

XXIX.   Const. III. 6.   Leipzig.

Hat euers ehemannes Wolffen thulen austeilers seligen mutter bruders sohn Nickel weis, euern beiden töchtern . . . 300 R, welche Ime Hans Vogel zum Haine schuldig, Inn beisein undt gegenwart des Hern Pfarhers zu Krummenhennersdorff undt zweier Diacon zu Freibergk geschenkt, undt übergeben, Dorumb das bemeltter Jungfrauen vater, als seines vatern schwester sohn, Ime viel guts bezeigt undt bewiesen, . . . Undt als er hernach seiner vorbrechungk halben zu gefengnis kommen, und gerichtet hatt werden sollen, Hat er eher und zuvor, dann er vortheilt, und do noch kein Urttell uber Inen ergangen gewest ist, Inn beisein eines offenbaren Notarien, und des Lehenhern und erbhern, Abraham von Schonbergk undt sunst noch funff anderer personen vom Adell, und geschworen menner, diese vorordnunge und Letztten willen gemacht, Das er Erstlich die obbemeltten 300 R seinem weibe, und dagegen obgedachtten zwein Jungfrauen seinen muhmen, andere 300 R bei etzlichen andern seinen schuldigern vermacht undt bescheiden, So ist solch Vermechtnus undt ubergabe, zu Rechtte kreftigk undt volgen gedachtten seinen muhmen, solche 300 R vormöge gedachts seines Letztten willens billich, undt sein weib undt kinder haben solch vormechtnis undt ubergabe, darumb das sie darbei nicht gewesen, undt er Inn hafftung gewest, nicht zu wider fechten, Weill sie seinem anzeigen nach, gleichwol ohne das genug bekommen, undt die kinder an Irer veterlichen Legittima dardurch nicht vorkurzt sein worden.

XXX.   Const. III. 9.   Leipzig.

... Als ihr Uns eine frage beneben Copey eines Urtels zugeschickt und umb erclerungk desselben gebethen hapt. Demnach sprechen wibr Scheppen zu Leipzigk dorauf vor Recht, das die Legitima, davon gedachtes unser voriges Urttel meldet, nach gelegenheit disfals, weil euers vorstorbenen Mannes seligen kinder, der ersten undt anderer Ehe zehne sint, der halbe theill seiner hintterlassenen Gütter ist. Do nun Inn euers Mannes gemachten letzten willen, davon euere Frage und unser Urtel meldet, den Kindern einem itzlichen zu seinem Antheill, soviel als ihm von dem Halbentheill der Gütter, da kein letztter wille vorhanden, gebuhrett, nicht gelassen worden, So wurde ihn dasselbige von ihres Vatern nachgelassenen gutern billich erfüllet, und erstattet.

XXXI.   Const. III. 9.   Magdeburg.

Unsern freuntlichen grus zuvorn, Erbar besunder gutter freundt, auf euere an uns geschickte fragschrift, und vorsiegeltte Copey eins Testaments, mitt bitt euch daruber des Rechten zuberichten, Sprechen wir Scheppen zu Magdeburg das Recht, Hatt Anders Wann, weilandt burger zu Leipzig, ein Testamentt lauts gewentter [7])

---

7) D. h. doch wohl laut der in deutsche Sprache übersetzten Copic; die Magdeburger Schöffen verstehen kein Latein.

mit ubersanten Copien gemacht, Und den Hern Schoppen zu Leipzig dasselbig vorschlossen uberanttwortet, darinnen Er seiner Hausfrauen, euerer Mutter Justineu Blumentrostin, seiner leiblichen Naturlichen vollburtigen Schwestern und Iren Töchtern, desgleichen Jacob wannen seins brudern Sohn, und seinen kindern, seine nachgelassene gütter vormacht und vorordnet, wiewol Er dan euer aus ursachen, das Er Inn 12 Jaren, do Ir auserhalb Landes gewesen, von euch kein kundtschafft gehabt und gemeintt, das Ir gestorben, nicht gedachtt, So kan doch solch Testament derhalben vor unkrefftigk nicht geachtet noch erkantt werden, Sundern was euer mutter darinnen gegeben undt vormacht, das genisset Ir billich mitte, und Jacob wann ist seinen antheil mitt euch zuteilen nicht schuldig, v. R. w., vorsigeltt mit Unserm Sigill.

XXXII.   Leipzig.

. . . Ist Paul Wolff vor etzlichen Jharen und nach Ihme seine Ehliche Hausfrau, vorstorben, und haben zwo töchter, zwene Söhne, und derselben zweier vorstorbenen bruder Söhne und töchter, sampt einem Erbgutte nach sich gelassen, So haben sye alle Ire hinderlassene gutter zu Erbe und Erbrechte gehorigk auf Ire hinderlassene kinder und kindes kinder zugleich, Idoch nach dem Stamme zurechnen vorfellet, Also das der vorstorbenen Bruder Kinder so viel als Iren Vetern do sye gelebt, geburett hette, bekemen.

XXXIII.   Leipzig.

Do euch euer erstes weib selige . . . nichts zugebracht hette, Unnd es were an dem ortte, do sye gestorben, keine Wilkur, noch uber Rechts vorwertte zeytt bestendiglich, nicht hergebrachtt, noch unvorbruchlich gehaltten worden [8]), Das den kindern nach absterben Irer Mutter von des Mannes güttern zu Muttertheill ettwas gegeben werden solle, So weret Ir auch euere kindere, der Ersten Ehe, muttertheill zugeben nicht schuldig.

XXXIV.   Leipzig.

Hatt eure Mutter, erstlich euren Vatern und volgends nach sein absterben, Ihren andern Ehemanne, ein klein guttlein zubracht, welchs Sie beyde, mit rathe euer Mutter Vaters, Michael finckens, umb ein anders vorbeutet, So hatt euer Muter, Iren an-

---

8) Der Leipziger Schöffenstuhl geht hier also von der Ansicht aus, dass Gewohnheitsrechte die Verjährungszeit hindurch gegolten haben müssen.

theil des vorbeutten guts, uff euch vorfellet, do man auch gleich
des orts kein Muttertheill zugebenn pflegtte, So wehre doch solcher gebrauch, Euch, an euer geburlichen Mutterlichen Legittima,
(das ist dem drittentheil, alles des, was Eure Mutter vorlassen,
welchen Euch euer Stiffvater in allewege zuentrichten oder volgen zulassen schuldigk.) unschedlich.

XXXV.   Leipzig. 10 Octob. 1575.

Do Ir gleich ander gestalt, dan durch die blosse Kuntschafft,
derent abschrifft Ir uns ubersandt, wie Recht darthun möchtet,
das des Orts uber Rechts vorwertte Zeit, eine solche gewonheit,
bestendiglich eingefürt unnd Jeder Zeit unverbruchlich also gehalten worden, das Inn solchen fall, wie sich denn mit euch zuge-
tragen, kein Muttertheil pflegt gegeben zuwerden, So werdet Ir
dennoch derselben Ungeacht, euern Stiffkindern ihre gebuhrende
Mutterliche Legittima zuentrichten schuldig.

XXXVI.   Leipzig. 2 Mai 1582.

Hat euer Vater und schweher Mats fliber seliger bei seinem
Leben seinen dreien Kindern Erster Ehe Jedem 100 R. uber aus-
richtung Irer wirtschafften zuvor ausgegeben, und seinem Sone
Mats flihern mehr als mit 1000 R zu seinen Studiis und das er
Magister worden, geholffen, wo nu gedachter euer Vater und schweher das Jenige, was er euerm Bericht nach, gemeltem seinem Sohne
zu seinen Studiis geben, bei seinem Leben in Rechnung gebracht
hette, oder sunsten andere nachrichtung zubefinden, das sein ge-
müt und meinung gewest were, das euerm Bruder und schweher
solch gelt hernach Inn der Veterlichen Erbteilung widerumb ab-
gekurtzt werden sollte, Oder aber, Ir ohne das, euer Veterliche
Legittima nicht haben kendet, Auf den fall, wer euch der Magister
solche Sumptus zu conferiren schuldigk, Es weren aber dargegen
auch sein geschwister eine Jede die 100 R so sie euerm Bericht
nach, bei des Vatern Leben bekommen, Inn gemeine Teilung widerumb zubringen, oder Inen abkurzen zulassen, pflichtigk.

XXXVII.   Leipzig. 9 Mai 1582.

Ist euer schweher Mats fliber kurz vorruckter Zeit vorstorben, und hat zwo töchter erster und eine anderer Ehe nach sich
gelassen, Ist nun die Tochter anderer Ehe mit kleidern, und anderm weiblichem schmuck Inn ihrer ausstattung reichlich vorsehen
worden, welches euer weib nicht bekommen, So geschicht Ir
nachmals aus Ires Vattern Erbschaft derwegen gebürende erstat-
tungk billich.

XXXVIII. Const. III. 15. Leipzig.

Dieweil dem Jungsten Sohne . . . nach gewonheitt des Orts
do sein Vatter gewohnett undt vorstorben, die Chure zcum Gutte
gebhurett, Ime auch dieselbe Im ersten undt letztten kauffe vor-
behaltten worden, undt beide solche Kauffe von dem Eldistenn
Bruder Andres schuman bewilligett, Er auch zuvor bey seiner
Seelen selickeitt erteuren wollen, das das gutt sovil nicht werdt,
als es Im letztten Kauffe, welcher irst Inn diesem Jare beschlossen, angeschlagen, So hatt er nhumehr nicht fuegk, der Chure
halben auff einen hohern Kauff zu dringen, Sundern er ist dem
Jungsten Bruder vormoge der Ime gebührenden undt vorbehaltenen Chure das Gutt Inn dem letztten Kauffe zukhomen zulassen,
schuldig.

XXXIX. Wittenberg. 22 Mai 1573.

Als Ir uns berichtet, welcher gestalt die Andres alnperkin
seligen euer tochter auch seligen Kindern 203 fl Inn einem Testament beschieden und Legirt hat, undt das derselben etzliche mitt
todte abgangen, Daruber Ir euch des Rechtens zu berichtten gebethen habtt, Demnach Sprechen Wir vorordentte Doctores des
C. F. S. Hoffgerichts zu Wittembergk dorauff vor Recht, daraus
soviel zubefinden, das euer Tochter seligen Kinder, Des Jenigen,
so nach Ires Vattern Brosius Stülern tödtlichen abgang vorstorben, uff euch den Gros Vatter, das eyne aber, das bey seinem des
Vattern leben abgeschiden, auff Inen den Vatter seinen Antheil
an diesen ausbeschidenen 203 fl vormoge üblicher Sechssischer
Recht gebracht, und vorfellet haben.

XL. Wittenberg. 1573.

Als Ir uns berichtet, das ein burger bei euch philip J. genantt der Elttere verstorben sey, und eine statliche Narung hinder sich vorlassen, Beneben seiner wittwen und Sieben kinder, und
des volgents sein Eldister Sohn auch Philip genant, auch mit
tode abgangen, Vor welchen seiner Brüder auch zwene Barthel
und peter, ohne Leibs erben vorstorben, Daruber Ir euch des
Rechten zuberichten gebethen, Demnach sprechen wir vorordente
Doctores des C. F. S. Hoffgerichts zu Wittemberg, Dorauff vor
Recht, Daraus sovil zubefinden, erwenter P. (Philip) J. der Jun-
gere ausserhalb des, was seinem weibe doran zustendig, dess glei-
chen auch Barthel und peter . . . Ire verlassenschaft mit mehrerm
Rechte auff die mutter, als uff Ire geschwister gebracht und vorfellet
haben, Und do P. (Philip) wittwe den drittentheil Ires Mannes se-

ligen gütter zunhemen bedacht, So were sie Ir anererbt Veterlich
angefell einzubringen und zu conferiren schuldigk.

XLI.   Leipzig. 12 Octob. 1581.

Ist Simon Jeger euer sohn vorstorben, und hat euch seine
mutter undt einen volbürttigen Bruder und schwester auch euere
kinder zu sampt ezlichen Güttern, so er von seinem Vatern ererbet, nach sich vorlassen, So hat er solche seine Erbschafft, nach
Landt übelichem Sechsissischen Rechten, auch seiner mutter Inn
die schos gebracht undt vorfellet, und euere andere kinder sein
Bruder und schwester, haben sich derselben nicht anzumassen.

XLII.   Vergl. auch Const. III. 12.   Leipzig. 1 Juli 1576.

Ob gleich zu Freiberg ein solches Statutum wann einer vor-
stürbe und vorlisse Brüder und schwestern an einem, und dann
seine eheleibliche Mutter, am Andern Teile, das der vorstorbene
seine hinderlassenschaft auff seine geschwistere alleine, Und nicht
auff die Mutter vorfellet, So gebüren dennoch euerm weibe', als
des vorstorbenen Michaln Schafhirtten eheleibliche Mutter von desselben Erbschafft Ire geburliche Legittima, Ungeachtet des Statuts
und konnen sich seine geschwister darmit, Nach auch den vorflossenen Jaren, nicht behelffen [9]).

XLIII.   Const. III. 12.   Leipzig. 26 Jan. 1588.

Ist euer tochter Asmus wageners eheweib, ungefer vor 2 Jaren
und Er ettwa, vor einem Virtel Jare one leibs erben vorstorben,
und hat euch an einem und seiner schwester Kinder am Andern
Theil, sampt ezlichen Güttern zu erbe und erbrecht gehörigk, nach
sich gelassen, So ist er euch euer tochter hinderlassene Gerade,
wo ferne Ir dieselbe, Inn gebührenden Zeit gefordert, Und dann
von dem Jenigen, so sie Ime zugebracht, den Drittentheil zu euerer gebürenden mütterlichen Legittimen zu entrichten schuldigk.
Die andern Gütter aber, volgen seiner schwester Kinder billich.

---

9) Während die beiden vorhergehenden Urtheile ganz allgemein es aussprechen, dass gemäss sächsischen Rechten, die Ascendenten im Erbrecht
unbedingt den Collateralen vorgehen, sagt dies Urtheil nur, dass die Ascendenten ihre gebührliche Legitima erhalten. Mir ist wahrscheinlich, dass da hier
dem erkennenden Schöffengericht der Rechtssatz des Freiberger Stadtrechts,
dass die Geschwister den Ascendenten vorgehen, mitgetheilt war, dasselbe
diesen Satz nicht völlig zu Gunsten des Sachsenspiegels beseitigen, sondern
nur die Legitima der Eltern aufrecht erhalten wollte, wie dieselbe in Const.
III. 12 allerdings mit Beziehung auf einen andern Fall, nämlich für die Concurrenz des überlebenden Ehegatten mit den Eltern, angeordnet war.

XLIV. Wittenberg.

Ist ein megdlein vorstorben, Und hat ihre grosmutter von der Mutter an einem, und dann ihres vorstorbenen Vaters Bruder und schwester am andern, nach sich vorlassen, So hat auch das selbige Megdlein ihre Veterlich und Mutterlich erbtheil, Vormuge Sechssischer Rechte, auff ihre Grossmutter alein gebracht und vorfellet, und haben sich die andern derselben nicht antzumassen [10]).

XLV. Leipzig. 16 Dec. 1585.

Uns. fr. d. u. s. w. Seint Blasius Bischofs seligen nachgelassene 4 Kinder gestorben und haben Itztgedachts Ires Vater Brüder an Einem, Und auch als Iren gros Vater Von der Mutter am andern theil zusampt ezlichen Güttern nach sich vorlassen, So haben sie alle Ire Gütter so vil dero zu Erbe und Erbrecht gehorig auf euch gebracht, und verfellet, Und Ires Vatern Brüder haben doran keine Forderung [11]).

XLVI. Leipzig. 23 Dec. 1577.

Hat euers Brudern Gregor Zimmermans seligen nachgelassene witwe, mit der er drey kinder, als zwene sohne und eine tochter erzeuget, sich mit Urban wernern anderweit vereblicht, Und es ist anfanglichen der eine sohn Bastian, hernach das weib, volgents die tochter und lezlich der ander son Caspar verstorben, und hat euch seins Vatern bruder, und seiner mutter brüder und schwestern an einem, und seiner mutter brüder und schwester Kinder (die Handschr. hat: *brüder*) anderstheils, nach sich vorlassen, So hat der Sohn, welcher erstlichen todes abgangen, seine verlassenschaft auf seine mutter, die Mutter aber Ire bewegliche gütter, auserhalb der gerade, so Irer tochtern alleine gebüret, auf Iren eheman, Undt die unbeweglichen, auf gedachte Ire kinder, die Tochter ferner Ire Gerade auf Ire nehste Nifftell und den andren antheil auf Iren Bruder Caspern, und Derselbe forthan seine güttere, zu Erb und erbrecht gehorigk, auf euch

---

10) Nach diesem Wittenberger Urtheil erbt die Grossmutter vor den Geschwistern der Eltern. Der Magdeburger Schöffenstuhl lässt entgegengesetzt sie zusammen erben, und auch der Leipziger Schöffenstuhl befolgte dieselbe Praxis nach einer Mittheilung in den Sippzahlregeln bei Wasserschleben Successionsordnung S. 166; ebenso entscheidet ein Urtheil der Dresdener Schöffen bei Wasserschleben Rechtsquellen I. S. 325 f. — Jene Notiz der Sippzahlregeln erweist sich aber wenigstens für die spätere Praxis des Leipziger Schöffenstuhls als unrichtig, wie aus dem folgenden Urtheil n. XLV hervorgeht.

11) Vergl. die Note zu n. XLIV.

seines Vatern und muttern Brüdere und schwestern zugleich gebracht, und vorfellet, Und es haben seiner mutter brüder und
schwester kinder, doran keine forderung.

XLVII.   Const. III. 18.   Leipzig.

Ist euers weibs schwester zu Döbeln gestorbenn, und hat euer
weib als Ire halbe schwester an eynem, Und Irer zuvor vorstorbenen volburttigen schwester kinder anderstheils, nach sich gelassen, So hatt sie nach Landtüblichem Sechsischem Rechten, alle
Ire hinderlassene gütter, zu Erbe und erbrecht gehörigk, auserhalb des, was davon Irem manne gebüret, auf gedacht euer weib,
undt Irer vorstorbenen volburttigen schwester kindere, zugleich
gebracht, und vorfellet.

XLVIII.   Leipzig. 30 Juni 1579.

So hat sie Ihre Erbschaft auf Ire vollburttige schwester kinder gebracht, und vorfellet, und Irer halben geschwister kinder
haben doran keine forderung von Rechts.

XLIX.   Const. III. 18 letzter Absatz.   Leipzig. 11 April 1578.

Ist euers Brudern Son Caspar Zimmerman nach seinen Eltern und geschwistern, vorstorben, Und hat euch als seines Vatern
Bruder an einem, und seiner Mutter vier Brüder und zwo schwestern
am andern theile nach sich gelassen, do nun Itztbemeltte seiner
mutter geschwister alle von voller geburt und seinen des Caspar
todt erlebet, und seine Erbschafft angenommen hetten, So were
dieselbe auffe sy und auch zugleich nach personen anzahl zuteilen,
vorfallen, Also das billig siben gleiche theil daraus gemacht, und
auch ein theil [12]), die andern Sechs aber der mutter geschwister
gevolget werden. Do aber dieselbe obgemelte ewers Brudern Sones todt nicht alle erlebet, So hetten sich der abgestorbenen Kinder an solcher erbschafft keiner gerechtigkeit anzumassen.

L.   ·   Leipzig. 13 Jan. 1578.

Uns. fr. d. u. s. w. Seint euers Brudern Peter lehmans beide
Kinder nach Ime dem Vatern und Irer Mutter Anno 76 und 77
vorstorben, und haben euch und euern Bruder Valten, als derselben Vatern, Desgleichen auch Irer Mutter volburttigen Bruder,
nach sich gelassen, So haben sie alle gütter zu Erbe und erbrecht
gehorig auf euch und euern Bruder Valten, Auch Irer mutter bruder, zugleich nach personen anzahl gebracht und vorfellet.

---

12) Hier fehlt wohl: „des Vaters Bruder".

LI.   Leipzig.

Hat euer freuntt und Vetter Nicol Krantz bei seinem leben Richtter und Scheppen zu sich fordern lassen, und in derselben gegenwart seinen letzten willen, laut der uns zugeschickten Copey auffgericht, So ist solcher sein letzter wille der Solemniteten halben zu recht crefftigk, ihr möchtet dan wie recht darthun, das er zu der Zeit als er Richtter und Scheppen zu sich fordern lassen, albereit mit dem thot gerungen, und bei gutter vornunfft nicht mehr gewesen wehre. Auff den fall, wer gedachtter letzter wille zu Recht nicht bestendigk und volgten uff den fall, alle seine hinderlassene gutter, zu erb und erbrecht gehörigk seinen hinderlassenen halben geschwistern billich, Undt ihr als seiner vorstorbenen Vatern volburttige Schwester und bruder Kinder und seines vorstorbenen Weibes schwestern und brudere, hetten doran keine forderungk.

LII.   Leipzig. 14 Mai 1586.

Ob des Vatern volbürttige Geschwister Kinder und der vorstorbenen grossmutter schwester miteinander zugleich erben. Resp. Ja.

Seint Philip Dönell und sein weib und nach Inen auch Ire Kinder vorstorben und haben Itzttbemeltes Ires Vatern Vollburttige geschwister Kinder an Einem und Irer Mütterlichen grossmutter volbürttiger schwester, am Andern Teile nach sich vorlassen, So haben sie Ire vorlassenschafft, sovil der zu Erbe und Erbrecht gehörig auff gemeltte Ires Vatern geschwister kinder Und Irer grosmutter schwester, als welche Inen Inn gleichem Gradt der Sippschafft vorwant zugleich nach personen anzal gebracht und vorfellet [18]).

---

18) Zunächst ist es auffallend, dass die in derselben Sache von Leipzig und Wittenberg ergangenen Urtheile (vergl. auch die folgende Nummer) unter demselben Datum *publicirt* sind; der Codex bemerkt beide Male bei dem Datum, dass es der Tag der Publication sei. Man scheint, um recht sicher zu gehen, an beide Gerichte zu gleicher Zeit sich gewendet zu haben. Das Resultat war freilich sehr unglücklich, denn die Leipziger erklären, dass Vettern und Geschwister der Grosseltern zusammen erben, weil sie in demselben Grade verwandt sind, und die Wittenberger lassen die Vettern den Geschwistern der Grosseltern vorgehen. Der Leipziger Schöffenstuhl, ebenso wie der Magdeburger (Magdeb. Fr. III. 9. 10) sieht hier allein auf die Gradesnähe; das Wittenberger Hofgericht scheint bei seiner Entscheidung, dem alt-sächsischem Recht gemäss, an der Parentelenordnung festzuhalten und mit Rücksicht auf

LIII.   Wittenberg. 14 Mai 1586.

Ob nicht des Vater vollbürttige geschwister Kinder der grossenmuter so verstorben, Ire volburttige schwester mussen mitte in Capita erbenemen lassen.

R. Non. Contra Lipsensium Sententiam.

Seint Philip Dönels zu Odern nachgelassene zwey Kinder verstorben, welche euch als Irer Vatern schwestern Kinder an Einem und ezliche Irer Vatern Brüder Kinder Im Landt zu Behmen, Anderstheils, Und dann Irer grosmutter volburttigen schwester Drittentheills nach sich vorlassen, So haben sie Ihre Erbschafft auff Irer Vatern Bruder undt schwester Kinder nach den Haupttern Und also nach personen anzahl, Inn gleiche Teill zuteilen, gebracht und vorfellet, Und es hat sich Irer grosmutter schwester doran nichts anzumassen, do auch weren bericht noch (denen) aus dem Lant zu Behmen, an den ort, do obgemelte Kinder vorstorben, von erbe nichts raus gevolgett würde, So weret Ir auch auff solchen fall der vorstorbenen Vaters Brüder Kinder Ins Lant zu Behmen ettwas zuvolgen nicht schuldig.

LIV.   Leipzig.

Ist euer weib und nach Ir euer mit Ir erzeuget Sönlein, vor dem grosvater Georgen friderichen vorstorben, Ob nu gleich derselbe sein Gutt . . . seinem Sone Mattessen vorkaufft, und wie es umb seine Gütter, nach seinem absterben, Und das keine fernere Theilung gehalten soll werden ordnung gemacht, Weil aber dennoch euer weib, noch euer Sönlein desselben todt nicht erlebtt, So habt Ir euch seiner vorlassenschafft nicht anzumassen, Und euere schwegere seint euch von solcher Erbschafft auszuschlissen wol befugt.

LV.   Const. III. 20.   Leipzig. 22 Juni 1577.

Unser fr. d. u. s. w. Ist jacob mitler Undt acht tage nach Ime sein ander eheweib verstorben, und er hatt zwo töchter der ersten ehe; Sie aber Iren Bruder und schwester neben etzlichen Güttern zu Erbe und Gerade gehörende, nach sich verlassen, So hatt er auff sein weib der Andern ehe, den Virten theil aller Gütter, dorein des weibes Erben Irer schwestern einbringen und gütter zusampt der Gerade zu conferiren schuldigk, Und das Uebrige auf seine zwo töchter, der ersten ehe, Und sein weib

diese ist es unzweifelhaft, dass der Vetter, welcher zur Parentel des Grossvaters gehört, den Geschwistern der Grosseltern vorgeht, welche einer weiteren Parentel angehören.

förder solchen Virten theill auf Iren Bruder Undt schwester zu
gleicher theilung verfellet, Sie wollten sich dann des Virten theils
begeben, Und zu Irer schwestern gerade und einbringen greiffen,
Auf den fall volget Inen dasselbe billich Und es ist der Bruder
einig Hergerethe zu fordern, Vielweniger die Tuchscheren und
tuchpressen darfur anzuziehen nicht befugt, Sondern gehören
Ins Erbe, undt zu gleicher Teilung billich [14]).

LVI.

**Welcher massen die Gerade nach Sachssen Rechten
Inn der Stadt Eiszleben gegeben wirdt.**

Grosse Gerade erben die Töchter von Irer Mutter, Auch ein
Weib, so Ir man stirbt, undt haben keine Kinder darzu gehört,
Alles geworcht golt undt Silber, das zu frauen Zirde gehörigk,
Schaff und Bucher, die frauen pflegen zulesen, die zu Gottes dienste gehören, Kasten mit aufgehabenen Leden, Betten Kussen,
Leilacken, Badelacken, Kolten, Quelen, Ruckelacken Teppede vor-
henge, Umbhenge, Speelacken (?), Gebende, alle Weibliche kleider,
undt alles Leinen garn und Leinpfannen, die man Aufnüttet,
Tröge, Tegeln, Schüppen, Badekappen, Leuchtere Laden unnd San-
schrein (?). Doch sol dem Manne von welchem solche gerade
genommen, bereit werden sein Bette als es stunde, do sein
weib Lebete, sein stül mit eim Kussen undt seim Banck mit eim
pfüll.

Stirbet die frau Ehr den der Mahn, Unnd lest unberathene
Tochtere, so soll der mahn den Töchtern, die Gerade zu Nutz
keren, so er beste kann und magk.

So viel von der grossen gerade.

Hiernacher volgt wie es in der Stadt Eiszleben mit der
kleinen gerade gehalten wirdt.

Ist aber keine tochter vorhanden, so soll man der Todten
frauen nehesten gespinnen geben, der Todten frauen bestes bar
Cleider unndt ein Bette, das sie gelassen hat, mit zweyen kussen
unndt ein Bar Lacken unnd eine Decke, Was darmehr gerehtes
unndt Ingedoms ist, das soll der man behalten [15]).

---

14) Dieser Schöffenspruch zeigt, dass die ältere Praxis, entgegengesetzt
der von Haubold §. 329. N. b. vertheidigten Ansicht, das Recht der Wittwe
zu wählen, ob sie ihr Eingebrachtes herausnehmen oder den dritten Theil vom
Nachlass des Mannes beanspruchen will, auch auf die Erben der Wittwe übergehen liess.

15) Hierauf folgt im Codex das Wittenberger Urtheil N. LVII.

LVII.   Const. III. 21.   Wittenberg.

Ist des Wolffen Wachssen Eheliche Hausfrau, Walnpurg, Ohne Leibes Erben vorstorben, So hat sie nach Sechsischem Recht, da sonsten der Ortter kein Andere bewerte gewonheit vorhanden, das unbewegliche Erbe gelt, sampt den Ligenden grunden, Da sie selbige verlassen, Auff Ihre volburtige Brudere, Die Farnus aber, Ausserhalb der Gerade auff Ihren Eheman, Unnd die Gerade auff Ihrer Mutter Schwester Tochter gebracht unnd vorfellet, Da nun die Vorstorbene unnd Euere Ehefrauen von Ritters Ardt, So hetten sie sich derer stück, welche zu der grossen gerade gehörig ahnzumassen, Sonsten aber musten sie sich Ahn der Kleinen Gerade genug lassen.

LVIII.   Leipzig. 10 Mai 1572.

Ist Caspar hofemans eheliche Hausfrau, ohne Leibes erben gestorben, undt hatt Iren hinderlassenen Eheman an Einem, undt Ires verstorbenen Brüdern Kindere Anderstheills nach sich gelassen, So hatt sie alle Ire hinderlassene unbewegliche gütter auff gedachtte Ire hinderlassene Brüder Kindere gebracht undt verfellet, Aber die barschafft undt andere fahrende haabe ausserhalb der Gerade, welche Irer nehsten Nifftell zustendig, Ist nach Verordnung Sechssischer Rechtt, auff Iren hinderlassenen Eheman kommen und gefallen.

LIX.   Leipzig. 21 Juli 1572.

. . . Als Ir uns Copey eines unsers urtels auf euere vorige an uns gethane frage gesprochenen urtels beneben einem bericht zugeschickt und euch des Rechten daruber zubelernen gebeten habt, demnach sprechen wir scheppen zu Leipzig vor Recht, ob wol Caspar Hofemans eheliche Hausfrau Irem ehemanne etzliche und 30 Jar ehelichen beigewohnet Und Ime seine güttere erwerben helffen, Weill Ir aber dennoch, Inn euerm Itzigen bericht selber vormeldet, das sie Irem ehemanne nichts an unbeweglichen Güttern zugebracht, noch auch in stehender Ehe ererbet, Sundern Ime alleine etzliche bewegliche gütter zugebracht, So seint auch dieselbigen (auserhalb der Gerhade.) nach verordnung sechssischer Rechtte auff gedachten Iren überlebenden Eheman alleine kommen und gefallen, und derselbige ist, seins vorstorbenen weibs Brüders-Kindern, von seinen unbeweglichen güttern, Wo fern es durch einen bestendigen gebrauch anderst nicht hergebracht, Noch auch von der Gerade ettwas volgen zulassen, nicht vorpflichtet.

LX.   Leipzig. 12 Jan. 1578.

Ist euere tochter Catharina zwene tage vor Irem ehemanne, Michel kemppen ohne Kinder vorstorben, Und hat euch Ihre Mutter und gedachten Iren ehemann, Er aber seine Brüdere neben etzlichen beweglichen und unbeweglichen güttern nach sich vorlassen, So hat euere tochter Ire Farnis auserhalb der Gerade, so euch gebüret auf Iren eheman, Und die unbeweglichen Gütter auf euch, Er aber seine bewegliche und unbewegliche Gütter auf seine Brüder vorfellet und gebracht, Und do Ir mit den Arbeittern erweisen kondet, das euch euer Eidam, die Siben schock hafern, welche auf euer tochtter Acker gewachsen, übergeben und Inn euere scheuer fhüren heissen, So bliben euch dieselben auch billich.

LXI.   Leipzig. 1583.

Ist Magdalena euer eheweib vorstorben, und hat euch Iren eheman, und Ire mutter sampt etzlichem Farnus nach sich verlassen, So hat sie dasselbe, Ausserhalb der Geraden, so Irer mutter gebüret, vormöge Landt ubelicher Sechssischer Recht, auf euch gebracht und vorfellet, Und Ire mutter Ist euch dasselbe volgen zu lassen schuldigk.

LXII.   Leipzig. Aug. 1585.

Ist euere mutter vorstorben, und hat Caspar Kestnern, Iren andern eheman, euern Stiffvatern und auch Ire Kinder, der Ersten Ehe, und unter andern Güttern, auch was sie aus euers Vatters Erbschafft, an Haus, Hoff, Eckern, und anderm zu Irem drittentheil bekommen, nach sich vorlassen, So hat sie die Farende haabe Ausserhalb der Gerade, so Irer nehsten Nifftel gebüret, Nach Lant ubelichen Sechssischem Rechten auff Iren eheman, die unbeweglichen Gutter aber, und Iren Drittentheil, an euers Vatern seligen hinderlossenem Hause, und liegenden Gründen, so euer Stiffater angenommen, auff euch gebracht und vorfellett.

LXIII.   Leipzig. 1581.

Obgleich Barthel Josten, euers gewesenen pactmans eheweib ezlich Leinen gerethe, Flachs werg, und andere zur Gerade gehörige stuck die Zeit über, weil Ir eheman euer Gutt deutschenbore pactweise Inne gehabt, eingezeuget, Und mit den Flachsfrönen, so euch die Leutte zuthun schuldigk, erworben, So hat doch obgedachter Ir eheman, euch solch gerete, one Ire bewilligung, bestendiger weise, nicht vorpfenden konnen, derwegen seit Ir obbemeltem weibe, dasselbige volgen zulassen oder zubezalen schuldig.

LXIV.   Wittenberg.

Als Ir uns berichtet, welcher gestalt euer man, gewesener Richter zu S. Michel seliger mitt tode abgangen und das Richtergutt doselbst, dorauff euch 100 R zur Morgengabe verschriben, und Manlehen sein soll, Beneben einer halben Hufen Landes und etzlichen andern stücken zu Erbe gehorig, beneben euch, mit Ime erzeugeten tochter und seinen bruder hinder sich vorlassen habe, und gebeten habt, euch des Rechtens daruber zuberichten, demnach sprechen wir . . . vor Recht das . . . do erwenttes euers Mannes erledigtes Richtergutt, die arth und Eigenschafft eines rechten Manlehens hette, So volgette dasselbe den nehsten ahnwarttenden mitbelehentten Lehensvölgern billich, undt dieselben habtt Ir, der dorauff verschribenen Morgengabe halben geburlich zubelangen, Auch sunst euere Inn den güttern zustehende freuliche gerechtickeitt zu fordern, die halbe Erbhufe aber und was zu Erbe und erbgerechtickeitt geherigk, so euer man hinder sich verlassen, dasselbe hatt er auff euere und seine tochter gebracht, und vorfellet, Und do sie von dem Erbe Irem Stande nach, nicht mochte aufferzogen und ausgestattet werden, So weren Ir das auf erachten und ermessigung des Lehen herren die Lehensvölgere aus dem lehen, eine erstattung undt hulffe zu thun schuldig.

LXV.   zu Const. III. 25.   Leipzig. 6 April 1574.

Ob wol die Bergktheil so euer weib vor 17 Jaren, von Irer Mutter ererbett, Inn dem Gegenbuch zu Freibergk, ungefer vor 10 Jaren euch zugeschriben worden, Dieweill ober dennoch aus eueren fragen nicht zu befinden, das euer weib bey Irem leben euch bemeltte Theill bestendiger weis übergeben, Sondern es sich darfür ansehen lest, das gemeltte Bergtheill, auff euern nhamen allein als eines ehelichen vormunden gerichtet worden, So habtt Ihr euch auch erwentter Bergtheil, vor euern Kindern, der angezogenen Bergordnung ungeachtet, anzumassen nicht fugk.

LXVI.   Wittenberg. 7 Mai 1574.

Ob dan wol Euch wegen Euers weibes dem Freyburgischen statrecht nach etlichs Bergktheil, die Euer weib, von Irer Muoter seeligenn, ererbet, Ins gegenbuch zugeschriben worden sein und sonsten die Churfurstliche Berckordenunge vormag, das die theile derer sein und bleiben sollen, denen sie zugeschribenn, dennoch aber dessen ungeachtet, Habt Ir Euch vermöge ublicher Sechssischer Rechte, solcher Bergktheil nicht anzumassen, Sondern die

volgen Euern Töchtern, als unbeweglich gutt billich, Es were dan
das es diszfalls durch ein Freibergisch Stat Rech͠t anders hergebracht oder sonsten Euch dieselbigen bestendiger weise, Erblichen
und eigenthumlichen ubergeben worden, dessen genösset Ihr auch,
Jedoch ohne abdruck der Kinder Legitimen billich.

LXVII.　　　　　　　　　　　　　　　　　　Leipzig.

Ob gleich euer weib stucke zu Gerade gehorigk noch sich
gelassen, Wo aber demest euerm berichtt nach ahn dem ortte,
d o s y e g e s t o r b e n n ¹⁶), keine gerade gegeben wurde, So weret
Ir auch euers weibs nehsten niffttelln dieselbe zugeben nichtt
schuldigk.

LXVIII.　　　　　　　　　　　　　　　　　　Leipzig.

... Das euer Mutter Bruders vormechtnus, so er seinem
andern Eheweibe, undt unechttigen kindern, So er mit Ihr Im
Ehebruch, darinnen ehr mit Ihr etzliche und dreissigk Jhar ge-
lebtt, und also dieselben kinder Im Ehebruch, bey leben seins
Ersten weibs ertzeuget, vor Gericht gethan hat, zcu Rechtte ist
unkreffttigk, Jedoch volgen den Kindern aus guttickeitt Geistlicher
Rechtt die Alimenta billich.

LXIX.　　　　　　　　　　　　　Leipzig. 12 Juli 1571.

Dieweill Ir bekennet, Das Ir Barthel Kleibern auff freien
strassen erstlichen mit einem beile, und darnach mit einer Rode-
haue auff den Kopf geschlagen, das er als balt niedergefallen und
gestorben, So werdet Ir derwegen, do Ir auff euerm Bekentnis
vor gericht freiwilligk verharren, oder das sunst, wie Recht, uber-
wiesen würdet, hinwieder mit dem schwert, vom leben zum tode
billich gestrafft, Ir mechtet dann euer angegeben not were, erheblichen und wie Recht darthun. Damit wurdet Ir dann billich gehort und euch ein geleitt zu Recht und vor unrechter gewalt, mit-
getheilet wirdet. Als dan erginge dorauff euerer straff halben,
oder sunsten ferner was Recht ist, Und do wieder den gefangenen Jungen gesellen, so euerm Bericht nach mit bey dem todt-
schlage gewesen, Deswegen auch vermuttung undt Inditia weren,
So möchte er derwegen, das Ir euch allein zu vielgedachtem todt-

---

16) Nach diesem Urtheil könnte man annehmen, dass der Schöffenstuhl
für die Beerbung das Recht am Ort des Todes entscheiden lässt; indessen ist
es auch möglich, dass auf jene Worte kein besonderes Gewicht zu legen ist,
indem wahrscheinlich die Frau an ihrem Domicil verstarb.

schlage guttwilligk bekennettt, seins gefengnis nicht entlediget werden.

LXX. Leipzig.

. . . Hat euer Mage mit euers Sohns Magen ein Kramfas mit eisern Reiffen vom Boden lassen sollen, und wie Sie dasselbige an das Seill ahngeschlingen und Inne türlein des auffzugs herausgethan, ist das fas aus der schlinge loszgegangen, und auff ein schwanger Weib, so ohne gefahr fürüber gangen, gefallen, und sie mit der frucht In tode geschlagen, so sein die beyde Magen, das gedachtte Weib, und ihre frucht, gegen derselben freunden, mit gebührlichem wehrgelde zuverbussen schuldigk, und ihr noch euer Weib mögen derhalben nicht belangt werden, v. R. w. u. s. w.

LXXI, zu Const. IV. 7. Wittenberg.

Ist Urban Günter, als Er durch den Rat zu Freybergk wegen eins begangenen todtschlags in die Acht erklert worden, daraus er sich nicht gewirckt, den 9 July zu Hennersdorff zum Bier gewest, und da er zu des Richters Hause hinden nauff gegangen, ist ihme des Müllers knecht im Dorffe begegnet, den Er, zu sich in meinungk ihn ahnzusprechen gefodert, Er hat aber alsbaldt auff den Mühlknecht zugehauen, der ihm in die wehre gefallen, und do andere personen mit zugelauffen, habe er der Urban Güntter denselbigen personen geflucht undt gesagt, es müsse untter ihnen einer sterben, und als Er dorauff seine wehre zihen wollen, ist ihm ein ander zuvor komen, der ihnen In den Kopff vorwundet und darvougangen, und do ihr als ein gerichtsperson von des Güntters schwester ahngeschriben und günttern von gerichts wegen ahngreiffen wollen, hette er, einen stich nach euch gethan, wie dan derselbige an den kleidern zusehen, Ihr aber seit oben auff ihn gefallen, und ihm eine fleischwunden gehauen, nachdem sei er zu hafften gebracht. Wan nun Urban güntter von den zugefügten vorwundungen vorsterben wurde, undt es ungewis, von welcher wunden Er den todt genomen hette, so weret ihr, und der ander, welcher ihn erstlich auff den kopf vorwundet, semptlichen seynen nehsten schwertmagen, vermöge Sexischer Recht, ein gantz wehr geld zugeben schuldigk [17]).

LXXII. Leipzig.

Würd ein Man gemordett von zweien oder dreyen oder mehr

---

17) Vergl. Schletter Constitutionen S. 319. N. 1.

Leuten, und der todt mörtliche wunden so viel het, davon er vom
leben zum tode bracht wehre, undt wurden der fridbrecher zwen
oder mehr begriffen, auff flüchtigem fus vor gericht bracht, in
handthafftiger that, uber die soll der Richtter Richtten, doch das
sie nach Schopffen urteilen werden uberwunden mit Recht, Und
dorumb soll weder Richter noch Schoppe noch Sachwaldt noch
die Sie auffgehaltten haben, von niemandt kein not leiden.

LXXIII. Leipzig 1577.

Haben zwene Junge gesellen, ohne einigen zorn oder wider-
willen Inn schertz mit aufgezogenen wehren, gegen einander ge-
strichen und der eine einen streich Inn seine rechtte hantt bekommen, dardurch eine Lehme, das er derselben wie zuvor gar
nicht zugebrauchen, ervolget, So ist der Beclagtte dem Kleger,
solche zugefügte lehme mit einem halben Wehrgelde sampt erstattung des Artztlohnes, schaden und vorseumnis, sovil er dero,
wie Recht liquidiren wirdt zuvorbüssen schuldigk.

LXXIV. Leipzig. 26 Nov. 1578.

Wann einer dz einer hant gelehmet, das er dieselbe
zu seiner notturfft nicht mehr gebrauchen möchte, Ob
sich der Teter mit einem halben wehrgelde von dem
beschedigten entbrechen möge.

Unser freuntlich dinst zuvor. Ersamer gutter freundt, als Ir
uns etzlicher vorhortten personen aussage beneben einer fragen
zugeschickt, und euch des Rechten daruber zubelernen gebethen
habt. Demnach Sprechen wir C. F. S. scheppen zu Leipzigk dorauf
vor Recht. Do Itzt gedachte personen auf vorgehenden gewönlichen zeugen eydt Ire getane aussage widerholen, und also dorauf
vorharren, Auch der Teter Hans petsch der zu citirt, mit seinen
Interrogatorien und anderer Rechtlichen notturft, derwider gehort
würde, und nichts erheblichers, denn Inn euerer fragen angezogen
vorzuwenden hette, So erschine doraus sovil, das gedachter Hans
petsch dem beschedigten Matts hofeman wegen dero Ime zuge-
fügtten scheden, Nicht alleine des artztlon, aufgewantte Unkosten,
und vorseumnis zu erstatten, sundern auch des Jenigen halben,
was er hinforder, die zeitt seines lebens, wegen der abgelösten
handt, weniger erwerben kan, sich der Tether mit erlegung eines
halben wehrgeldes, vonn Ime nicht entbrechen.

LXXV. Leipzig.

Sprechen wir Scheppen zu Leipzigk. Das Cristoph Harnisch
euer Sohn, von des wegen, das Ime sein Sohn, der nur Siben

Jar altt. Inn ein auge geschossen, abtrag zu thun, noch auch das Artztgeltt, und vorseumnis zuerlegen nicht vorpflicht, v. R. w.

per c. finale de Delictis puerorum.

Idem Responsum est Heinrich Mattssen Burgern zu Stollberg Anno 1548 In Aprili, In qua tamen sententia non est facta mentio aetatis. Putabat enim D. Loessel patrem nunquam teneri pro filio cujuscunq. sit aetatis filius. In X. Tit. ne filius pro patre. Vide de hoc plenius Jur. Sax. Li. 2. Art. 65.

LXXVI.   Leipzig.

Das bemeltter Christoff straus, von wegen der dreu wort, dovon euer frage meldet, billich so lange gefenglich enthalten wirdet, Bis das er genugsam vorsicherung, gemacht nichts tetlichs wieder euch, die euern, und sunsten Menniglichen, vorzunehmen, Sundern sich an gleich undt Recht begnugen zu lassen.

LXXVII.   Leipzig.

Hat Walpurg Losin anfenglich vorgegeben, als sollte J. zuvor zu Ir Inn pusch komen sein, und genozigt haben undt solchs baldt widerruffen, undt angezeigt, Jacob lose ein Junger geselle hette sie zu fall gebracht, den sie den volgents auch entschuldiget, undt auff Valten schiffeln, einen eheman bekantt, das sie derselbe geschwengert, Ob sie nun wohl darauff verharret, undt er berüchttiget, das er gerechtferttigte Diebe geherbriget, und was sie gestolen, abgekauft, und verpartiren helffen und derwegen Inn flüchtten gangen, Do Ir aber dennoch wider Ihn kein andere und krefftigere Inditien des begangenen Ehebruchs halben, hettett, So möchte auch wider Ihn derwegen nichtts vorgenommen werden.

LXXVIII.   Const. Sax. IV. 28.   Leipzig. 15 Mai 1584.

Ist Walpurg Losin auf Ir getanes Bekentnis, Als nemlich, das sie mit einem ehemanne fleischliche unzucht getrieben, den 17 Mai des vorschienenen 83ten Jares mit staupenschlegen auf einen gewönlichen Uhrfrieden des Landes ewigk vorwiesen, dessen aber ungeachtet darinnen wider betretten, und zu hafftten gebracht worden, So wirt sie von wegen Ires begangenen Meyneidts mit abhauung der beiden förder finger, damit sie geschworen des Landes anderweit ewig billich vorwiesen.

LXXIX.   1584.

Walpurg Losin ander uhrpfedt so sie den 15 May zur Kolmnitz geschworen, daruber Ir die fordern 2 glider an der Rechten Hant an den fingern, da-

mit sie den Ersten Eidt geschworen, abgeschlagen
worden.

Nachdem und als Ich W. L. wegen meiner begangener unzucht den 17 May des vorflossenen 83ten Jares durch Urtel und
Recht ... so wol aus des C. F. zu Sachssen etc. Landen bin
vorwiesen worden, Darneben damals mit auffgereckten fingern
eidtlichen geschworen und zugesaget dasselbe die zeit meines Lebens, nicht mehr zuberüren, und aber demselben meinem getanen
uhrfriedt zuwider, mich widerumb darinnen finden und ergreiffen
lassen, Dadurch mir durch ein Urtel des C. F. S. Schoppenstuhl
zu Leipzigk aufferlegt und zuerkant, das mir, wegen meines falschen Eides, die zwene fordern Finger, damit Ich den Eidt geleistet
und geschworen, sollen abgeschlagen und des Landes ewigk vor-
wisen werden. Demnach schwere Ich hirmit zu Gott und seinen
allein seligmachenden wort, das Ich dem gesprochenen Urttel wil
gebürliche volge thun und nach abgeschlagenen fingern, des von
Hartschs Gerichts, und des C. F. zu Sachssen Lande, die Zeit
meines lebens meiden, auch das gefengnis, noch das Jenige, so
mir wegen meins gebrochenen Eides widerfaren, keines wegs
rechnen, Noch Jemants verstatten, oder anleitung geben, solchs
von meintwegen Inn argem zueifern, undt do Ich über diesen meinen andern Uhrfrid Inn des von Hartschs Gerichten oder In C.
Furstentum begriffen, die straff der Rechten gewartten, So war
mir Got helff und sein heiliges wortt.

LXXX.   Donin.
Donisch Urtel, Urban gunter entleibung belangende [18]).

... Sprechen wir ... Scheppen zu Donau zu Recht, haben drei personen, Martin Kirchner, Georg sorer, und Lorentz goltman, auf einen
Urban günter genant, gehauen, geschlagen und gestochen und ist be-
rurter urban günter dovon entleibet und gestorben, und so habt (Ir)
auf anhalten des entleibten bruder und schwertmegen, Peter (?),
sorern und goltman gestrenglichen eingezogen, Martin Kirchner
aber, welcher von dem Vorstorbenen des Todschlags vornemlich
beschuldiget ist, flüchtig worden. Dorauf Ir zwei peinliche gerichte gehalten und wider den Kirchner, als den Tother und
die zwene gefangene als die Volger vorfahren, so seit Ir auch, das

─────────

18) Vergl. auch n. 71.

dritte gericht zu haltten und damit also wider die Drey vorbrecher fortzuschreitten wohl befugt, Eiz (?) wirt aber die zwene gefangene, nach gestalt der erhobenen Anclage, auf die straffe, und wider den flüchttigen, auff die Achtt, wie lantleufftig und gebreuchlich, billich also procediret, das die gefangene mitt Irer rechtlichen notturfft, auch des flüchtigen Ahnwalt oder Defensor, do sich von seintwegen Jemants angeben würde, mit führwendung der ursachen, des ungehorsamen aussenbleibens, Bis zum Urtel des Dritten Gerichts auch gehört, und zugelassen werden.

LXXXI.   Leipzig. 1566.

Unser freuntlich dienst zuvorn, Namhafftiger gutter freundt, als Ir uns der zweier gefangenen personen, Die Ins Hortes (?) und George zweypfennigs genantt, Und 2 Junger gesellen mit namen Thomas scheuner und Christoff Jenichen aussage zugeschickt und euch des Rechten daruber zubelernen gebethen habt, Demnach sprechen wir Scheppen zu Leipzigk dorauf vor Recht, dieweil obgemeltte gefangene personen nicht gestendigk. das sie scheuners und Jenichens bezichtigung nach, Inn einem Holtz, das Tennicht genanntt, allein beisammen gewesen, So mügen sie auch auf obgemelter beider Jungen gesellen blosse bezichtigung und unvoreidtte aussage, mit der scherffe nicht angegriffen werden, Sundern es werden die wieder sie von gedachtten 2 gesellen angegebene und sunst Inn deme uns ubersantten bericht vor zeichnetten Inditia, und do dero villeicht noch mehr wider sie vorhanden, billich Inn Beweis-Artikell wieder sie gefast, die zeugen auf vorgehende Ladung der gefangenen und gewönliche Voraidung, auf solche Artickell, Und wann die gefangenen mitt Iren Interrogatorien auf bemeltte Beweisartickel und nach eröffnung des Gezeugnis wider der zeugen person und aussagen mit Irer notturft gehort, So ergehet als dan dorauff der scharffen frage halben, oder sunst ferner, was Recht ist.

LXXXII.   Wittenberg, 23 Nov. 1578.

Seint vor Neun wochen Inn euers Vatern Hause am Marck ehrlicher redlicher Leut kinder, von Jungen gesellen und Burgers Söhnen, zum Bire gewesen, unter welchen etzliche zu unfrieden worden, Und noch wenig stunden einer auf der Burggossen todt gefunden, umb welcher begangenen that euer Bruder Caspar Inn vordacht und bande genommen, wider den auch als Tetern der Rath peinlichen Proces angestellet, und an die personen, So damals zum Bier gewesen als zeugen, Citation ausgehen lassen, Dorumbe Ir auch, vor einen zeugen mitt angegeben, So seitt Ir wider euern willen disfalls gegen euern volburttigen Bruder zeugnis zugeben nicht schuldig, Und do Ihr euch dessen weigertet, Seint die Gerichte mit auflegung einiger straff euch dorzu zu zwingen nicht befugt.

LXXXIII.   Leipzig. 10 Febr. 1586.

Uns. fr. d. u. s. w. Seit Ir als volger und Ilgen Kholer als Teter der entleibung halben, so an Georg wideman, und Marten Kholern geschehen ist, von den Gerichten zu Freiberg vorbescheiden worden, und sie sein erbötigk, euch das begerte Gleit, gegen einem Vorstande auff 300 R zugeben, do Ir nun mit einem Guttlein hundert R wirdig besessen, und euerm bericht nach, bei obgemeltter entleibung nichts gethan, so liessen sich euch die Gerichte mit solchem Vorstande billich begnugen, Und wirt euch ein Beistant, der euer notturfft und unschult vorbringe, billich verstattet, Dorauff als den ferner ergehet was Recht ist.

LXXXIV.   Leipzig. 17 Mai 1583.

Do Ir, wie zu Recht genugsam erweisen möchtet, das es bey euch, durch eine bestendige gewonheit also herbracht und uber Rechts vorwerthe Zeit unvorbrüchlich gehalten worden were, das euere Unttterthanen die Unkosten der peinlichen Rechtferttigung tragen mussen, so bliebe es bei solcher gewonheit billich und sie weren vormöge derselben auch die Unkosten so auff die ausgesteupte W. Losin [19]) gewantt zuerstatten pflichtigk. Das Kindt aber so euerm anzeigen nach Itztgemeltte Dirne, als sie vorwiesen worden, Inn euerm Dorff Kolmnitz auff die Gemeine geleget mögen sie von Irem gemeinen gelde zuerhalten und zuerziehen wieder Iren willen nicht gedrungen werden.

LXXXV.   Leipzig. 7 Jan. 1576.

Ist euer weib drey gantze Jahr auf einer stette, im sich bette gelegen, das sie nirgent hinkommen können, dan wo man sie hingetragen, Unnd es hat Irer schwester Tochter Ir in ihrer Krankheit zum treulichsten gepfleget, auch euere Kinder aufferziehen helffen, Ob nun wol euer weib auf Ihren Todbette euch gebethen, das ir nach Ihrem absterben, gedachte Ihrer schwester Tochter, wegen vielfaltiger Treue, so sie Inn Ihrer Kranckheit, Ir und Ihren Kindern ertzeiget, ehelichen woltet, welchs Ir auch zuthun zuge-

---

19) Vergl. n. 77 — 79.

sagt, Und sie volgender Zeit fleischlich erkandt und geschwengert, So seit Ir sie dennoch wegen der nahen vorwandnus, damit sie euch zugethann, Zuehelichen nicht befugt.

LXXXVI.   Ober-Consistorium zu Dresden. 15 Juni 1581.

Inn Ehesachen Barbara Christoff Preler nachgelassene Tochter zu Kempnitz Klegern Eines und Martin Albrechten daselbst Beclagten anderstheils, erkennen und sprechen wir vorordentte des Obern Consistorii zu Dresden vor Recht . . . weil Beclagter nicht Inn abrede (sc. stellt), das er die Beclagte beschlaffen, Aber das er Ir die Ehe zugesagt sol haben, nicht gestendigk sein wil, So ist er auch vormittelst seines leiblichen Eides, auf vorgehende genugsame erinnerung des meineidts, das er der Klegerin keine ehe zugesagt, sich vor uns zurheinigen und zu purgiren schuldigk.

LXXXVII.   Consistorium zu Meissen. 9 Juli 1574.

Wir vorordentte Commissarien des C. F. Consistorii zu Meissen erkunden hirmitt offentlich, das wir Inn Ehesachen Christoff Doring von Freibergk undt sein eheweib belangende, volgenden abschidt gegeben, Nemlichen, Nachdem gedachter Christoff Doring furbracht, das er seinem weibe nhun Ins funffte Jar beigewohnet, Und aber derselben eheliche pflicht zu leisten nimahls mechtig gewesen, Daruber auch armut halben, sie geburlich nicht alimentiren konnen, Sondern von Ir undt Irer freuntschafft sey erneret worden, Als hat er uns gebethen, Ime zu erlauben, das er sich seines gewissens halben von seinem weibe wenden, und Inn ein Hospital begeben, Seinem weibe aber als einer Jungen person, sich anderweitt zuvorehlichen nachgelassen werdenn mochtte, Wann wir aber Inn der vorhör allenthalben auch von gedachtts Christoffs dorings weibe undt Irer mutter sovil befunden, Das diese clagen vornemlich sich des armutts halben vorursachen, Und die Vorwendung der Unmüglickeitt zu ehelicher pflicht noch zur zeitt nicht geburlichen aufgefürett, noch gewis dargethan, So haben wir gedachtten Christof Doring bevohlen und aufferlegt, das er die Jerliche unttterhalttung, als funfzehen gulden, so Ime durch das Consistorium zu Leipzigk von seiner freunde Güttern vorordnett, seinem weibe unwegerlichen verschaffen, Und sovil seine vorgewantte Impotentiam belanget, die nehstvolgenden zwey Jar von Dato, alle menschliche mittel undt Remedia pflegen undt gebrauchen solle, dardurch er zur ehelichen beiwohnung tüchttigk undt mechttig wurden moge, Wurde aber Inn angezeygtter frist, keine besserunge ervolgen, So soll als dan sein eheweib nach vorflissung zweier Jar In Consistorio alhier ferner lre notturfft vorbrigen, Undt billichs erkenttnis dorauff gewarten. Dornach sie sich beiderseitts zu richtten.

VIII.

Lübische Weisthümer für Elbing.

Nachdem von dem deutschen Orden im Jahre 1237 zunächst eine Burg an dem Flusse Elbing gegründet war [1]), entstand noch in demselben Jahre die Stadt Elbing [2]), in welcher sich besonders Lübecker angesiedelt zu haben scheinen. Ein Privileg aus diesem Jahre, durch welches der Stadt Lübisches Recht ertheilt worden wäre, wie v. Kamptz [3]) ein solches anführt, hat es nicht gegeben. Vielmehr findet sich die erste urkundliche Mittheilung darüber, dass Elbing des Lübischen Rechts geniessen soll, in dem Privilegium, welches der Hochmeister Heinrich von Hohenlohe der jungen Stadt 1246 ertheilte [4]):

> Item eisdem civibus jura, que sunt in Lubeke, concessimus, ita tamen, ut quicquid sit contra Deum et domum nostram, Civitatem et terram penitus sit exclusum, loco cujus secundum fratrum consilium discretorum statuetur aliud, quod domui nostre et terre et Civitati visum fuerit expedire. Et ne pro Sentenciis reprehensis longas vias ad correctionem ipsarum facere compellantur, sanccimus, ut ipsa correctio fiat infra quatuor scampna judicialia, secundum consilium domus nostre.

---

1) Voigt Geschichte Preussens II. S. 284.

2) Voigt a. a. O. II. S. 288 ff. Das Privileg, welches die Stadt schon von Herzog Miecislav im Jahre 1183 erhalten zu haben behauptet (bei Crichton Urkunden und Beiträge zur Preussischen Geschichte I. 1784. S. 10 ff.), ist, wie sich auf den ersten Blick ergiebt, unächt.

3) Die Provinzial- und statutarischen Rechte in der Preussischen Monarchie I. S. 265.

4) Dasselbe ist gedruckt bei Crichton S. 14 — 17, und aus dem Original, im Codex Diplomaticus Warmiensis. I. 1860. n. 13. S. 18 — 22. Ueber dies Privileg und seine Veranlassung vergl. Voigt II. S. 568 ff., VI. S. 613; über die Geltung des Lübischen Rechts zu Elbing vergl. Michelsen der ehemalige Oberhof zu Lübeck. 1839. S. 77 ff.

Also die Stadt soll nach Lübischem Recht leben, aber nicht das Recht haben, ihre Urtheile aus Lübeck zu holen. Ob sie bereits in der Zwischenzeit von 1237 — 1246 sich des Lübischen Rechts bedient habe, dafür können wir aus diesen Nachrichten keine sichere Annahme gewinnen. Auf Grund der Vorrede einer Handschrift des Lübischen Rechts zu Elbing, welche jetzt nicht mehr erhalten zu sein scheint, sagt Fuchs[5]), „dass die Bürger zum Elbing die Stadt Lübeck um ihr Recht gebeten hätten und dass Lübeck es ihnen im Jahre 1237 gegeben hätte." Ob diese Nachricht wahrscheinlich ist, werden wir später prüfen.

Fuchs sagt ferner[6]), dass im Jahre 1240 eine Deputation von Elbing nach Lübeck ging und sich von dem Original des Stadtrechts eine Abschrift holte. Dies sei die Pergamenthandschrift vom Jahre 1240. Allein auch hiefür giebt Fuchs keine Quelle an, und was die von ihm angeführte Handschrift betrifft, so ist dieselbe in deutscher Sprache geschrieben und gehört nicht dem Jahre 1240 an, sondern enthält nur die auch in anderen Handschriften vorkommende, vom Jahre 1240 datirte lateinische Vorrede[7]).

Aber später fand in der That eine Gesandtschaft der Elbinger nach Lübeck statt, um das bereits besessene Lübische Recht sich interpretiren und vervollständigen zu lassen. Wir besitzen darüber eine ausführliche, leider undatirte Urkunde[8]). Schultheiss, Rath und Gemeinde von Elbing wenden sich nach Lübeck und schicken 2 Consuln, Henricum Lyvonem et Lutolfen, als Gesandte mit dem Stadtrechtsbuch ab, welches ihnen die Lübecker *in nostre civitatis primo exordio* ertheilt hätten. Elbing würde jetzt mehr

---

5) Beschreibung der Stadt Elbing I. 1818. S. 16.

6) I. S. 17. N.

7) Vergl. diese Vorrede aus dem Lübecker Codex von 1240 bei Hach das alte Lübische Recht. S. 169 f., aus dem Elbinger (und Dirschauer) Codex in C. Diplom. Warm. II. n. 514. — Dass im Jahr 1240 zu Lübeck ein Codex ausgefertigt wurde, welcher bei Versendung des Lübischen Rechts den Abschriften zu Grunde gelegt werden sollte, vergl. Hach a. a. O. S. 6 f.; in manche der Abschriften nahm man nun aus dem Original mit der Vorrede auch irrthümlich das Jahr 1240 herüber, und so erklärt sich auch unzweifelhaft das Datum in der Elbinger Handschrift.

8) Nachdem dieselbe schon von Pauli (Abhandlungen aus dem Lübischen Recht II. S. 183. N. 232) erwähnt war, ist sie in dem Lübischen Urkundenbuch I. n. 165 und daraus in dem C. D. Warmiensis I. n. 119 abgedruckt worden.

als früher (*quam antecessores nostri*, unsere Vorfahren, oder unsere Amtsvorgänger) *a dominis nostris* geplagt *propter jura lubicensia nobis tradita a vobis.* Die Bitte geht nun dahin, die Lübecker möchten *articulos, quos vobis latores presencium et presens littera declarabunt, qui non sunt in prefato libro inserti, quos tamen habemus valde necessarios,* in dem Codex nachtragen lassen. Es folgt dann in der Urkunde eine grosse Zahl von Fragen, über die Nöthigung zur Klage, über die Abrechnung des Ehegatten, welcher zum zweiten Male heirathet, mit seinen Kindern, über den Termin der Mündigkeit u. s. w.

Dann heisst es weiter: *Preterea quidam articuli continentur in ipso libro, de quibus Judex nobiscum sepius contendit,* und es werden 5 Artikel wörtlich aus dem Lateinischen Stadtrechtsbuch mitgetheilt. Daran knüpft sich die Bitte: *petimus ut omnia jura vestra, que nobis scitis esse utilia, in eundem librum scribi faciatis . . . quia diversi nobis statuuntur Commendatores et judices, qui ignorant jura lubicensia et statim nobiscum contendunt, cum ea in scripto apud nos non invenirent.* Die Elbinger holen dann noch einzelne Fragen nach, ob der Rath zwei streitende Bürger zur Aussöhnung nöthigen könne, ob man seine gestohlenen Sachen ohne Richter zurücknehmen dürfe, ob beim Schadensersatz der Richter auch noch ein Strafgeld erhalte.

Wir sehen aus dieser Urkunde unzweifelhaft, dass Elbing zu der Zeit, als diese Gesandtschaft stattfand, einen lateinischen Codex des Lübischen Stadtrechts besass; vergleichen wir die aus demselben wörtlich mitgetheilten 5 Artikel, welche in der Hach'schen Ausgabe den artt. 57, 43, 40, 75 und 81 entsprechen, mit den verschiedenen Texten des lateinischen Lübischen Stadtrechts wie wir sie aus Hach's Ausgabe kennen, so stimmte der Elbinger Codex am meisten mit den als L. und P. bezeichneten Redactionen überein und enthielt einen noch weniger ausgebildeten Text, als die andern Handschriften. Die Handschrift scheint nicht mehr vorhanden zu sein; da es in der betreffenden Urkunde heisst, Elbing habe diese Handschrift von Lübeck *in nostre civitatis primo exordio* erhalten, da ferner Heinrich von Hohenlohe in seinem Privileg von 1246 sagt, er habe der Stadt Lübisches Recht ertheilt, *concessimus,* nicht *concedimus,* so ist es nicht unwahrscheinlich, dass Fuchs mit seiner obigen Nachricht Recht hat und die Lübecker schon 1237 oder bald darauf eine Handschrift ihres Rechts nach Elbing schickten. Auch möchte der Umstand, dass im Jahre 1240 für Rechtsmittheilungen an andere Städte zu Lübeck ein Codex in deutscher Sprache ausgearbeitet wurde, und die Elbinger zunächst nur einen lateinischen Codex besassen, diese Annahme unterstützen.

Die Antwort, welche die Lübecker auf die Elbinger Anfrage ertheilten, ist uns nicht bekannt. Möglicherweise erfüllten sie den ausgesprochenen Wunsch und schrieben dem lateinischen Codex ihre Rechtsbelehrungen hinzu, möglicherweise gaben sie aber auch, um sich die Antwort zu erleichtern, der Gesandtschaft den deutschen Codex des Stadtrechts, mit der lateinischen Einleitung von 1240 mit, welcher sich noch jetzt zu Elbing befindet.

Wann jene Gesandtschaft erfolgte, ist schwer zu sagen; die Herausgeber des Lübischen Urkundenbuchs meinen, bald nach 1246. Da die Elbinger in dem Schreiben von der Gründung der Stadt als in weiterer Vergangenheit zurückliegend sprechen, da sie sagen, dass ihnen das Lübische Recht mehr verkümmert werde, als ihren *antecessores*, und sie ihr Bedauern ausdrücken, die Mutterstadt mit ihren Anfragen und Briefen *sepius* belästigen zu müssen, möchte ich die Gesandtschaft in spätere Zeit setzen, etwa mit Neumann[9]) um das Jahr 1260 herum, jedenfalls vor 1288, da in diesem Jahre die Stadt das Recht erhielt, den Richter einzusetzen [10]).

Das Privileg von 1246 hatte es den Elbingern verboten, in Appellationen sich nach Lübeck zu wenden, und erst 1343 wurde dies Verbot versuchsweise auf ein Jahr zurückgenommen. [11]) Dies hinderte sie aber nicht, auch schon im 13. Jahrhundert öfters von Lübeck Rechtsbelehrungen zu erbitten. So ist ein Anschreiben der Elbinger nach Lübeck gedruckt [12]), in welchem sie um die Entscheidung zweier Rechtsfragen bitten: 1) ob der Depositar als frei von Schuld erscheint, wenn er mit den fremden Sachen auch seine eigenen verloren hat, und 2) was zum Begriff der *vorsate* gehört.

In der Elbinger Handschrift finden sich noch andere Anfragen an Lübeck mit den Antworten. Die Abschrift derselben

---

9) Note zum C. D. Warm. I. S. 211.

10) Privileg des Hochmeister für Elbing a. 1288 (C. D. Warmiensis I. n. 77 b): Dar zu gebe wir in gewalt, daz ir Ratlute kisen mugen icrliches einen solchen Richter, den die bruder liben.

11) Vergl. Voigt V. S. 44, VI. S. 614 und C. D. Warm. II. n. 25 (auch Lüb. Urk.-B. II. 2. n. 769.)

12) Lüb. Urk.-B. I. n. 757 und daraus in C. D. Warm. I. n. 120.

verdanke ich der Güte des Herrn Stadtrath N e u m a n n zu Elbing,
durch dessen Mittheilungen auch die Herausgeber des Cod. dipl.
Warmiensis vielfache Förderung erfahren haben. Ich lasse die
Abschriften N e u m a n n ' s wörtlich folgen und setze nur die entsprechenden Stellen des Lübischen Stadtrechts hinzu oder bemerke
Einzelnheiten in der Note. Vorausschicken will ich nur, dass
manche Fragen der Elbinger höchst auffallend sind, da sie in den
ihnen vorliegenden Exemplaren des Lübischen Stadtrechts bestimmte
und genügende Antwort finden konnten.

A.

Dem hiesigen Codex des Lübischen Rechts in deutscher Sprache, mit der
latein. Vorrede von 1240, welcher mit den ersten 159 Artikeln des Ab-
drucks in Westphalen monum. ined. T. III. p. 639 sqq. bis auf ein Paar
Artikel und die Abweichungen in den Ueberschriften beinahe wörtlich
übereinstimmt, ist gegen das Ende des 13. oder den Anfang des 14. Jahrh.
die folgende Rechtsweisung nachgetragen:

Scripsit nobis discrecio vestra quandam feminam vestram con-
civem in extremis iacentem in presencia fratrum suorum et soro-
rum et duorum consulum rogasse maritum suum eam licere denarios aliquos et suum vestitum egentibus amicis et pauperibus
distribuere propter deum, adhibueritque maritus consensum, fratres autem et sorores, qui simul aderant, tacuerint nec contra dixe-
rint, vnde merito satis et de iure donacio pusilla, quam hiis ita
se habentibus eam fecisse scribitis, debet stabilis permanere. Con-
tinebat insuper littera vestra, dictam feminam retulisse, quod ce-
tera bona singula quecumque essent maritus eius deberet sibimet
integraliter reseruare et quod vnus dictorum consulum ad illa
responderit sic dicendo: *Ita secundum iusticiam ciuitatis*, et quod
hoc prolato tacuerint omnes nec ad ea quisquam ex eis quic-
quam sit locutus, vnde nostram scire desideratis iusticiam super
eo, Scire vos cupimus, quod nulla femina bona dotalicia, siue bona
que produxit ad suum maritum, siue talia bona sint mobilia uel
immobilia, dare, legare uel alienare poterit absque proximorum
heredum consensu, ad quos deuolui debent huiusmodi bona post
alicuius obitum mulieris, Quare cum vt nobis insinuastis fratres
et sorores ipsius domine consensum non adhibuerint ad premissa,
et dictus consul protestacionem fecerit coram assedentibus sic
dicendo: *Ita secundum iusticiam ciuitatis*, heredes proximi dicte
femine tollent medietatem quorumlibet bonorum, que produxit ad

maritum suum hec femina, et reliquam medietatem maritus eius secundum nostre ciuitatis iusticiam retinebit.

Vergl. Lüb. R. (Hach) I. 9, II. 21, III. 127.

B.

Etwa derselben Zeit [13]) gehört die Abschrift der folgenden Rechtsweisungen an, welche sich in dem zweiten Originalcodex befindet, welcher 1295 ausgefertigt die Bardewiksche Recension enthält und dessen 217 Artikel mit Art. 1 — 214, dann 234, 240 der ältern Fassung des Cod. II. und Art. 234 b. des Cod. III. bei Hach „Alt. Lüb. Recht" übereinstimmen:

I. Viris prouidis et discretis Consulibus Ciuitatis Elbingensis Aduocatus ceterique consules seruicii et honoris quantum possunt, recepimus litteras vestras Jn hec verba, quod quidam hospes in ciuitatem vestram veniens quemdam vestrum conciuem accusans coram judicio, quod ipse vester conciuis vna cum adiutorio suorum amicorum super ciuiterium in nocte sancti Nicolai occidit amicum dicti hospitis et ipse dictus vester conciuis pro iam scripto homicidio profugus factus fuit, quod ipse hospes testabatur in communes consules et in alios probos homines quam plurimos fide dignos, qui testes nominati et prouocati vestri burgenses quam plures viri honesti et hereditati omni eciam laude digni testimonio sui iuramenti et tactis reliquiis protestantes quod jdem vester burgensis pro iam dicto homicidio profugus factus fuit, vnde noueritis quod nos ad hec taliter respondemus et quod nobis super hoc taliter videatur, quod si prout superius est premissum dictus burgensis vester per testimonium burgensium vestrorum fidedignorum et hereditatorum coram iudicio vestro pro dicto homicidio sit connictus uel si adhuc per testimonium talium virorum vt predicimus conuinci poterit pro eodem et sic profugus factus sit similiter pro eodem dictus burgensis vester pro predicto homicidio per singula et integraliter respondere teneatur.

Vergl. auch Lüb. R. II. 90.

II. Scripsistis nobis quod si aliquis hospes cum burgensi vestro aliquo ad annum dimidium seu vltra vobiscum conuersatur et inter ipsos neque in ecclesia uel plateis seu coram iudicio simul incedentes nulla querela sive strepitus mouebatur, et ipse hospes postmodum dictum burgensem vestrum bene hereditatum pro ho-

---

13) Wegen Erwähnung des Sifrid de Bokholte gehören diese lateinischen Schreiben der zweiten Hälfte des 13. Jahrhunderts an. Vergl. unten N. 16.

micidio invastauit, quantum in hoc dictus hospes excesserat, hoc a nobis petiuistis vobis litteratorie remandari, vnde noueritis quod vobis taliter respondemus, quod si sic sit vt dixistis, si aliquis hospes burgensium vestrorum aliquom hereditatum siue non hereditatum invastauerit pro homicidio et hoc probare et perficere non poterit, licet eum non catenauerit Idem hospes dicto burgensi tamen lx solidos emendare teneatur, et si eundem burgensem incatenauerit et quociens eum ad iudicium duci fecerit et de iudicio iterum in catenas tradiderit tociens sibi lx solidos emendare teneatur.

Lüb. R. II. 78, 186. III. 84. 147. 402.

III.   Honestis [14]) viris Consulibus ciuitatis Elbingensis Consules Lubicenses honoris. et obsequii quantum possunt Ad illud quod quidam alligauit alii furtum, qui alius factus est innocens per testimonium sufficiens, dicimus quod furtum alligans fecit violenciam que *Silfwolt* dicitur in vulgari, fecit eciam calumpniam ei, que in vulgari dicitur *vorachtunge* [15]).

Lüb. R. II. 77. 78, III. 147.

IV.   Et (ex?) quo illi cui furtiue fuit ablata sua pecunia eadem pecunia reddita fuit sine strepitu uel rigore iuris sed furte (forte?) per fratres occulto sicut in vestra littera tetigistis, judex in ea partem sibi non poterit vendicare.

V. Quia ille, qui pro quodam fideiusserat ut eum coram iudicio vestro judici presentaret, eum coram iudicio iudici presentauit, de hac fideiussione liber est et solutus et nichil ad eum, quod post istam presentacionem ille de iudicio recessit. Predicta nobis per dominum Sifridum de bokholte [16]) in vestris litteris demandastis. Puella de qua nobis scripsistis nemini quidquam dare potuit in hereditate quam habuit deuoluta ad eam ex obitu aliquorum nisi consensus ad esset proximorum suorum.

VI.   Quidam ut nobis scripsistis incusauit quendam pro XX marcis denariorum et testes testificati sunt de XX marc. argenti [17]). Ad

---

14) Hier scheint ein neues Schreiben zu beginnen.

15) vorachten in demselben Sinne von falscher Anklage Lüb. Recht II. 77, 78.

16) Sifrid de Bokholte wird als Rathmann von Lübeck in lübischen Urkunden von 1256 — 1293 erwähnt, Lübisch. Urk.-Buch I. n. 226, 227, 307, 552, 555, 607.

17) Ueber die Preussischen Münzverhältnisse vergl. Voigt Geschichte III. S. 515 ff.

hoc dicimus quod iure nostro minor summa solui debet; si tamen incusans errauit bene decet quod apud eum qui debet exponere pecuniam promoueatur peticionibus vt veram summam debiti consequatur.

VII. Homines illi qui male tractauerunt illum cui clauem ualuae vestre commiseratis, debent ei et vobis facere emendam, quia eum in seruicio ciuitatis offenderunt vt vigilibus constat. Cui clauigero vos culpam dare poteritis, quod inuentus fuit negligens in claudendo et utrumque non coram iudicio, sed debet fieri ⸱in vestro consistorio coram vobis.

Lüb. Recht II. 220.

C.

Ferner befinden sich in demselben Codex noch die nachstehenden Rechtsfragen und Responsa vermerkt, deren Eintragung der Schrift nach in eine spätere Zeit, etwa in die Mitte des 14. Jahrh. fällt. Die vorstehenden 5 letzten Responsa sind hiebei wiederholt und bilden den Schluss.

Umme dise artikil hat man vrage getan an die herren van lubek. Di han in sulchir wiz geantwortet in iren briuen.

1. Interrogacio. Ab ein man moge einen besezzenen burger adir vnbesezzin ladin vz vnsem gerichte in ein geystlich gerichte umme eine volendete sache.

Responsio: Non potest fieri in causa prius terminata.

Lüb. R. III. 366.

2. Ab ein man habe in vnser stat einen son, der ein munch sy vnd laze ouch tochter kindere nach sinem tode, welch vnder den beydin nehest erbe moge sin, erbe vf czu börin.

Monachus non tollit hereditatem nobiscum.

Lüb. R. III. 281.

3. Ab ein schiltwechter wirt missehandelt vnd angeverteget by nachtslafender Düt, wy daz der schiltwechter volkomen söle vnd waz der bruche sie, die in angeverteget habe.

Si excessus eius exigit emendam lx solidorum, tunc talem excessum testificari possunt homines hereditates non habentes. Si vero maior est excessus, illum testificabuntur homines proprias hereditates habentes. Sed inuasor pro eo quod eum inuasit nocturno tempore post campanam cereuisie, vadiabit Tres marcas argenti.

Lüb. R. II. 220. Ueber das Zeugniss vergl. II. 109, 110 (mit den Noten), III. 257.

4. Ab ein man kumet vor den sitzendin stul vnses ratis,

her sy ein gast adir ein burger, vnd handilt einen Ratman adir
mer vbele in sinem czorne vnd vreuelich mit dem grosen worte
waz darumme sine bruche sin.

Consuli male tractato extra sedem in seruicio ciuitatis vadiabit lx solid., ciuitati iii marc, cuilibet consuli X solid. Sed si Consul male tractatus est in sede, vadiabit duplicatum. Si plures
sunt Consules modis similibus vadiabit.

• Lüb. R. I. 81, II. 47. vergl. auch IV. 41.

5. Ab der sitzende Rat van dem stule besende einen man,
her sy gast adir burger vmme sache welchir hande di sy, vnd der
kome vor den sitzenden Rat vnd antworte vreueliche vnd czorn-
liche dem rate vnd ouch smeliche, waz sine bruche sin.

Qui coram consilio presidenti facit invrbanitatem que vnlust
dicitur in vulgari, Illi plane mandabitur quod cesset; si tunc non
cessat, mandabitur ei per denarios; si adhuc non cessat, tunc illi
denarii per quos ei mandatum est ab eo recipientur.

6. Ab czwene man in vnsir stat schelin mit einander vnd
der selbin czweyer einer mache eine samenunge dar nach mit sinen vrunden vnd vmme trete den andern vnd slahe en, Ab di selbe
samenunge bruche habe an der vorsaze vnd ouch an andern
bruchin adir nicht.

In der sake ist vorsate. Et quilibet qui fuit in congregacione
que samenunge dicitur ad percuciendum, vadiabit eciam vorsate.
Et si ibi est vt in vulgari dicimus bla afte blut, illud insuper ad
judicium pertinebit.

Lüb. R. I. 91.

7. Ab ein [man] nemet mite vnd czuget eim andirn sin gut
abe, waz sine bruche darumme moge sin.

Responsio. Iste vadiabit lx solid. et si notum factum fuit Consilio, quod iniuste testificatus est, tunc de cetero nunquam in aliqua causa poterit esse testis.

Lüb. R. II. 108, III. 8, 100, 339.

8. Interrogacio. Vnde ab ein man kome vnd czuge dem
andirn sinen halz adir sine hant abe vnd wurde dez vorwundin,
daz her vnrecht habe geczuget, wy man den man gewinnen moge,
adir waz sin bruch darumme moge sin.

Responsio. Ad istud in presenti non respondemus [18]).

---

18) Die Bestimmung in n. 7 bezieht sich auf Civilsachen. Man war sich

9. Interrogacio. Vnd ab ein man vormunden setzet sinen kindern in sinem tot bethe vnde stirbet, Mogin di vormundin der kinder gut sich underwiudin sundir vrkunde der ratmanne vnd der nehisten vrunde, die den kinderin czu geborin.

Responsio. In tali casu, Si amici scire desiderant, scire debent; si non sunt amici, Consules debent scire.

Vergl. Lüb. R. II. 101.

10. Interrogacio. Ab ein man vnse burger habe Tvsent marc adir me an Erbe vnd an andirm gute buzen der stat vnd binnen. vnd habe kynder mundik adir vnmundik. vnd der eins abe sundirn wolle, In sime testamento mit hundirt markin vnd gebe den andirn kindirn daz andir teil des gutes vnd erbes genczlich vnd gerlich almetalle. ab daz stete moge sin adir nicht, adir waz ein recht sy.

Responsio. Bene potest dare sic sua conquisita bona sicud ei placet.

11. Einer vrowen vnd irer tochter ist erbe an erstorven in vnser stat. vnd sint beyde witewin vnd die eldiste vrowe hat noch einer tochter kint lebinde. vnd daz ist der iungisten vrowe vol swester kint. di selbin vrowin habin daz selbe erbe vorgebin vor den ratmannen vnd wollen dez di selbe gabe nach irme tode ymmer stete blibe. vnd engunnen dez selbin erbis dem vorgenanten kinde nicht. Nv bite wir einer berichtunge dar uf. Ab di gabe stete moge blibin adir nicht, wanne daz selbe kint sprichit dawidir.

Non possunt dare sine consensu pueri contradicentis, de quo puero facitis mencionem.

12. Si vir et mulier matrimonialiter coniugati et mulier premoriatur viro. vir tenetur et debet reddere proximis heredibus mulieris medietatem omnium bonorum cum ipsa muliere sumptorum sive fuerint multa uel pauca.

(Umschreibung von I. 9.)

13. Si vero vir premoritur vxor preanticipabit bona que ad ipsum virum portauit. aliorum vero bonorum si testamentum non fecerit. ipsa domina accipiet medietatem et proximi ipsius viri aliam medietátem.

---

in Lübeck bewusst, dass bei einem falschen Zeugniss im Criminalprocess eine härtere Strafe auszusprechen sei; doch gab man keine Antwort auf die abstracte Frage, da man in dem Stadtrecht keinen Anhalt hatte.

(Umschreibung von I. 8.)

14.   Mulier eciam nichil potest alicui conferre siue dare sine consensu procuratoris.

(Umschreibung von I. 21.)

15.   Nullus hospes potest testificari super ciuem non hereditatum in illud quod redundat in supremum siue sanitatem ipsius ciuis.

16.   Si eciam quisquam hospicium alicuius hostium violenter frangendo intrauerit et in eodem hospicio comprehenditur, illa violencia redundabit in suum supremum.   Si uero post talem violenciam confractor hospicii deueniret et vinci posset sive cognosceret se talem violenciam perpetrasse, ipse X. marc. excessisset et huiusmodi testes debent esse hereditati.

17.   Nullus vir aut mulier potest hereditatem per mortem ad ipsum vel ipsam deuolutam thewtunice dictam vorstoruen erue resignare coram consulibus nisi cum consensu proximorum. ad quos resignacio spectat. et ad quos resignacio poterit deriuari. et coram consulibus vtrum eciam bona fuerint multa seu pauca.

18.   Nulla domina potest dare et resignare suo marito bona sua sine consensu proximorum.   Vir autem potest dare sue vxori omnia sua bona mobilia et immobilia exceptis hereditatibus per mortem deuolutis.

19.   Si aliquis hereditatem suam pro redditibus annuatis vendiderit alicui. ille qui talem hereditatem emit. potest quandocunque maluerit resignare hereditatem emptam pro redditibus sine vltronea requisicione ipsorum reddituum.

20.   Quidquam eciam in molendinis aut stubis subtractum fuerit per furtum. maiorem habet iusticiam et striccius debet iudicari. quam si alibi subtractum esset.

Ad illud quod quidam alligauit etc. etc. v. supra e reg. signi §.

IX

Hanseatischer Recess vom Jahre 1419.

Den nachfolgenden hanseatischen Recess verdanke ich der Güte eines früheren Zuhörers, des Herrn Dr. jur. F a b r i c i u s zu Stralsund, welcher mir im Januar 1863 eine Copie desselben mit dem freundlichen Anerbieten übersandte, von der interessanten Urkunde gelegentlich Gebrauch zu machen. Er schrieb mir: „Leider habe ich über Veranlassung des Aufsatzes, sowie über die Concipienten desselben nichts entdecken können. Die vorgehenden und nachfolgenden Recesse, soweit sie von den Stralsunder Hansetagsgesandten aufgezeichnet sind, geben keinen Aufschluss. Das Original, von dem ich die Abschrift genommen, befindet sich im Stralsunder Stadtarchiv."

Der Text ist an vielen Stellen verdorben, wie sich auch besonders bei den zahlreichen Stellen des Corpus juris ergiebt. Doch habe ich, da das Original mir nicht zugänglich war und die Copie mit Sorgfalt angefertigt ist, nur hie und da mir Aenderungen zu machen gestattet und dies dann bemerkt. Indessen auch in dieser unvollkommenen Gestalt dürfte der Recess den Lesern von Interesse sein, da die von der historischen Commission unternommene Ausgabe der Recesse lange auf sich warten lässt und zunächst nur die ältere Zeit der Hanse umfassen wird.

Die städtischen Sendboten verbanden sich im Jahre 1419 zu Lübeck zu gegenseitigem Schutz, um den Vorladungen vor das Reich, d. h. vor das königliche Hofgericht, ohne dass vorher die Klage bei dem inländischen, ordentlichen Richter angebracht war, und den wegen Nichtbeachtung der Vorladung ergehenden Achtbriefen zu begegnen. Obgleich der Kaiser kein Recht zu solchen Vorladungen und Mandaten habe, seien sie doch innerhalb der letzten 4 Jahre häufig zum Schaden der Städte erlassen. Um ihre Ungültigkeit sowohl nach dem Kaiserrecht, als auch nach dem Sachsenspiegel zu beweisen, liessen die Städte ein Gutachten (*Artikel*) aus diesen Quellen heraus bearbeiten. Sie seien bereit, sich ihren Anklägern vor dem ordentlichen Richter zu stellen; gegen das Recht erlassene Achtbriefe würden sie gegenseitig nicht beachten; erführen sie noch grössere Beschwerungen vom Reiche, als die Acht, so wollten sie sich mit Rath und That unterstützen.

Dies war der Beschluss, welcher durch ein ausführliches juristisches Gutachten gerechtfertigt werden soll. Dasselbe enthält zunächst eine Anleitung, welches Verfahren zu beobachten sei, wenn sich Jemand mit einem königlichen Achtbrief in der Stadt einstellt und gegen die Person oder das Vermögen seines Gegners, der in die kaiserliche Acht gebracht ist, die Execution begehrt. Dann folgt eine Deduction, um nachzuweisen, dass dies Verfahren den particulären und gemeinrechtlichen Regeln des Processes nicht entspreche; sie zerfällt, wie es auch der Beschluss andeutet, in Artikel; doch findet sich in unserm Exemplar nur einmal die Ueberschrift *primus articulus*.

Die Ausarbeitung ist von grossem Interesse für die Geschichte der Aufnahme der fremden Rechte, da sie den Sachsenspiegel mit seiner Glosse und das Corpus juris civilis mit seiner Glosse und Literatur (Bartolus und Cynus) als Quelle benützt. Dass ein Gelehrter oder eine Commission von Gelehrten die Ausarbeitung übernahm, kann wegen dieser Quellen und wegen der logischen Argumentation nicht bezweifelt werden. Es findet sich auch nicht das leiseste Bedenken darüber, dass das Römische Recht Kaiserrecht sei und dass es im Allgemeinen auch in Deutschland zur Anwendung kommen müsse. Aber es verdient beachtet zu werden, dass das Römische Recht nicht als das höhere oder vorzüglichere Recht gilt, sondern dass der Sachsenspiegel als Recht des sächsischen Landes, der sächsischen Art überall in den Vordergrund gestellt wird und die Argumente aus dem Römischen Recht erst in die zweite Linie kommen. Welches Verhältniss aber zwischen dem Römischen Recht und dem Sachsenspiegel bestehe, darüber fand der Verfasser keine Veranlassung, sich auszusprechen; doch ersehen wir aus dem ganzen Inhalt, dass er die römischen Argumente in derselben Tendenz benützte, in welcher der Glossator des Sachsenspiegels auf die fremden Rechte zurückging. Nicht um das sächsische Recht zu verbessern oder zu modificiren, sondern um dessen Uebereinstimmung mit den Grundsätzen des gemeinen Rechts darzulegen, beruft sich der Verfasser unserer Deduction auf den Inhalt des Corpus juris; dass es dabei an ge-

künstelten Parallelen nicht fehlt, darf uns nicht Wunder nehmen.
So wenn z. B. der Sachsenspiegel bestimmt, dass der Sachse nur
auf sächsischer Erde gerichtet werden soll, beruft sich der Verfasser auch auf c. un. C. III. 14, wonach über personae miserabiles
ausserhalb ihrer Provinz kein Urtheil ergehen soll. Wo das fremde
von dem einheimischen Recht abweicht, da trägt er, ebenso wenig
wie Johann v. Buch, keinen Augenblick Bedenken, dem sächsischen Recht, welches er auch wie Buch eine besondere *Freiheit*
nennt, den Vorrang zu geben.

Der Inhalt des Beschlusses und Gutachtens zeigt ebenso sehr
das kräftige Rechtsgefühl der gekränkten Städte, als ihren festen
und stolzen Willen, sich der kaiserlichen Macht und Willkür nicht
zu beugen. Besonders charakteristisch ist die Aeusserung am
Schluss: *Vortmer wan de rikes hoff were alse he scolde so mochte
men ok anders don, sunder want des nicht en is, alse he scolde etc.,
so mot me don, alse me mach.*

Auffallend ist, dass während doch in jener Zeit wohl ziemlich
alle Städte privilegia de non evocando besassen [1]), denen gemäss
nur bei Rechtsverweigerung die Klage bei den Reichsgerichten
angebracht werden durfte, das Gutachten nur auf allgemeine
Rechtsbestimmungen und nicht auf besondere Privilegien Rücksicht
nimmt. Ferner ist höchst interessant die Behauptung, dass in
solchen Fällen, in welchen das Reichsgericht competent sei, über
die Städter nur auf sächsicher Erde das Hofgericht abgehalten
werden sollte. Es erinnert dies an die alten sächsischen Bestimmungen über das Handgemal, wonach ein Schöffenbarfreier bei
schweren Criminalklagen, besonders auch wenn er geächtet werden soll, nur am Ort seines Handgemals, in terra nativitatis suae
zu belangen ist [2]). Auch den Hansestädten war es nicht gleichgültig, an welchem Ort über sie Gericht gehalten wird; nur da
wollen sie sich dem Richter stellen, wo dasselbe Recht herrscht,
welchem sie überhaupt unterworfen sind.

Einen gewissen Anhalt bot ihnen dafür Sachsensp. II. 12.
§. 2 dar, mit seinen Worten: *binnen sessischer art.* Dass man aber

---

1) Schon im 13. Jahrhundert anerkannten es die Kaiser ganz allgemein,
dass die Städter nicht evocirt werden sollten; vergl. Mon. Germ. LL. II. p.
283, 399 und Jahrbuch von Bekker und Muther I. S. 458 ff. und Frank-
lin de justiciariis curiae imperalis 1860. p. 85 seqq.

2) Homeyer Handgemal S. 59 ff.

wirklich einen solchen Grundsatz auch von Rechtswegen beob-
achtet habe, dass er wirklich ein Stück des Reichsrechts auch für
die Städter in späterer Zeit gewesen sei, dafür finde ich sonst
keine Spuren. Insbesondere enthalten auch die zahlreichen uns
bekannten privilegia de non evocando nicht die Bestimmung, dass
wenn wegen Rechtsverweigerungen oder in appellatorio das Hofgericht erkennen sollte, der Ort für die Abhaltung desselben irgend
wie beschränkt sei. Ja auch nach dem Sachsenspiegel selbst galt
kaum ein solches Princip ganz im Allgemeinen, denn III. 33. §. 2
sagt, dass vor dem Könige der Beklagte *in allen steden* nach seinem Recht antworte, ausser (§. 3), wenn es sich um einen Zwei-
kampf handele — da brauche er nur zu antworten *uppe der art
dur he utgeboren is* — oder (§. 4) bei Klagen wegen Grundbesitz,
für welche das forum rei sitae gilt. So findet also der Anspruch
der Hansestädte einen rechtlichen Grund allein in den Worten des
Sachsenspiegels *binnen sessischer art* (II. 12. §. 4), und hier handelt es sich allein um den Fall, dass ein Urtheil gescholten ist und
an das Reich gezogen wird; dann sollen die bestimmten Boten,
welche das Urtheil holen, zum Hofe fahren, *svenne se den koning
erst erschet binnen sessischer art.*

Welche Verhältnisse und Vorgänge, welche besonderen Con-
flicte zwischen dem Kaiser und den Hansestädten diesen Recess
hervorgerufen haben, bin ich ausser Stande mitzutheilen. Weder
in Sartorius Geschichte des Hanseatischen Bundes, noch in
Aschbach Geschichte Kaiser Sigismund's findet sich eine Nachricht,
welche zur Erklärung oder Motivirung dieses Beschlusses dienen
könnte. Nur ganz im Allgemeinen sagt Sartorius II. S. 165:

„Zwar sind mehrere Beispiele vorhanden, dass kaiserliche
Edicte, Urtheile und Sprüche gegen einzelne Hansestädte publicirt
wurden, wenn sie von ihrem Landesherrn beim Kaiser verklagt,
oder was noch häufiger der Fall war, wenn bei ausgebrochenen
innern Unruhen der vertriebene und unterdrückte Theil des Stadt-
Magistrats um Hülfe zu Recht sich an ihn wandte. In diesen
Fällen erfolgten kaiserliche Citationen vor dem Hofgerichte zu erscheinen, und es ward auch wohl Acht und Oberacht gegen die
Widerspenstigen erkannt. Allein dies Alles betraf nur einzelne
Theile, nicht den ganzen Bund, Theile, mit denen er selbst meist
unzufrieden war, und welche eben deshalb von ihm Preis gegeben
wurden. Jedoch auch diese Einmischung des Kaisers war der
Hansa oft so zuwider, dass sie es allen ihren Mitgliedern zur un-

verbrüchlichsten Pflicht machte, bei jeder solchen innern Gährung durchaus keinen andern Richter, als sie selbst anzuerkennen. Diesen alleinigen Gerichtszwang wollte der Bund nicht nur in allen Streitigkeiten der Hansestädte unter einander, und des Raths der einzelnen mit der Bürgerschaft, sondern auch in jedem andern Zwiste üben, worin eine der Mitverbundenen mit Fremden, ihren Landesherrn oder andern Nachbarn verwickelt ward."

Vielleicht mögen Vorfälle in Danzig eine specielle Veranlassung dargeboten haben; einige aus der Stadt vertriebene Aufrührer hatten im Jahre 1417 das Urtheil des Reichsgerichts erwirkt, dass der Bürgermeister und mehrere Rathspersonen geächtet wurden, und den König 1418 zu einem Schreiben veranlasst, dass die Gemeinde die Geächteten nicht ferner in der Stadt dulden und keine Gemeinschaft mit ihnen haben sollte. Der Hochmeister des deutschen Ordens beschwerte sich 1419 über die Evocation vor das Hofgericht [3]). Möglich ist es, dass diese Zwistigkeiten zugleich für die Hansa eine Veranlassung wurden, ihr Jurisdictionsverhältniss zu den Reichsgerichten einer eingehenden und allgemeinen Berathung zu unterwerfen. Aber andere Vorfälle werden dabei mitgewirkt haben; denn wenn es sich bloss um den Danziger Streit gedreht hätte, würde man unzweifelhaft sich nicht besonders darauf berufen haben, dass ein Sachse auf sächsischer Erde gerichtet werden müsse, sondern auch das Verhältniss des deutschen Ordens zum Reich erwähnt haben.

Wendisch recess Lubek vff Cantate A. 1419.

Witlik sy dat in deme iare vnses heren MCCCCXIX des sondages Cantate der stede sendeboden hyr na gescreuen bynnen Lubeke to daghe vorgaddert alse van . . . [4]) samentliken hebben vorramet vmme de vnwontliken ladinge ere rede, borghere vnde inwonere vor dat hilge romissche ryke ane voruolghinge enes yewelken vor sinen eghen bynnenlandesschen richter, twiuelende efte na kyserrechte vnde na sassescher vrigheide sulke ladinge vnde navolghende mandate de keyser mqghe gheuen, alse he nu in den

---

3) Voigt Preussische Geschichte VII. S. 856 ff.
4) Lücke des Manuscripts von 4½ Zeilen.

neghesten ver iaren vele gegheven hefft, den steden vnde eren
inwoneren to groten vorderflikem schaden: so hebben se en-
drachtliken vorramen laten desse nagescreven articlen vte deme
keyserrechte vnde deme sassenspeighele vppe vor beteringe, de
to bringende islike in sinen rat vnde dar denne also nutliken vnde
mit ernste an to sprekende, dat men by deme dat deme hilgen
romisschen ryke do, wes men des na schuldigheme horsame in
deme rechten plichtich is, nicht ouer enghene vnd vorlate vryg-
heide, rechte vnd olde louelike wonheide dar de lande vnde stede
mede bewedemet syn, sunder dat en islik by alsedan vrigheiden,
rechten vnd alden louenliken wonheiden bliue, rechtes dar na to
pleghende, to gevende vnd to nemende [5]).

Unde hebbet na inholde der nascreuen articlen vor·dat beste
vnde nutteste gekoren vnde ok bevestliken besloten vpp behach
ere rade, welk behach ere rede to Lubeke wedder scriuen scholen bynnen nv vnde assumptionem Marie negest komende mit der
stede ingesegelen, also dat vmme merer redelecheit vnd zekerheit,
eft des wol in deme rechte von noet en were: so schal en iewelk
rad, stad, edder inwoner, alse de vor dat hilge ryke edder vor dat
hoffgerichte geladen werd, sik vorbeden, so dat men dat bewisen
moghe, eft des nod worde, dat men cleghere to rechte to ant-
wornde vppe sassescher ard [6]), wor sik dat in deme rechten gebort vnde darumme van deme clegere esschen dat he vorder un-
ghemakes vordreghe, eft de geladene den clegher bebben kann.
vnde eft danne de clegere siner ladinge volghet vnd dar vp sententien vnd achte weruet, de scholen de stede unmechtig vnde
krafftloes in eren gebeden holden; vnde eft darumme ieninghe
beswaringe ouer ieninghe stad, de dat also helde, van deme ryke
also achte edder andere beswaringe ghinge, de scholden de anderen stede ok unkreftich holden vnde de stad vnd ere inwonere
holden alse vnverachtede lude vnde mit en keren vnde wenden late,
also dat wonlik vnd iewerlude gewest is. vnde effte andere vnwon-
like mandate van dem keysere quemen, de deme gemenen gude
vorvenklik weren, an welker stad besundere, de stad schal mit
den anderen steden, beleghen dar by, rades soken er se de mandate vorvolghen; vnd eft darumme grotere beswaringe dan de
achte queme wedder recht van deme ryke, sulke beswaringe scho-

---

5) Dieser Satz scheint corrumpirt.
6) Hier fehlt etwas wie: bereit sei.

len de stede mit rade vnd mit dade helpen wenden vnde de last samentliken draghen.

———

Wise [7]), wo de achte vnkreftich werd geholden mit reddelicheit na inholde der nagescreuen articlen. So wan de clegher in ene stad komet vnde deme rade sine breue antwordet, so schal de rad de breue tuchtliken etfan, vnd eme gude antworde geuen, so dat se eme gherne willen deme hilgen ryke to eren ouer sinen wedderpart rechtes ghunnen, eft he dem in ereme gebede [8]) vorneme; efft eme dan ghenoghe? So secht de cleghere lichte ya. Des neme men bewisinge mit enen notario. Also danne in der stad komet de ghenne, den de klegher in der achte holdet, edder sin gud, so mod de klegher dat gud edder ene bekumeren vppe recht, so schal men dat bestellen, dat dat gud gheborghet werde, vppe dat de man nenen schaden neme, vnde eft de man dar suluen nicht by wesen mochte, dat he enen mechtich make. Also danne de bekummerde man edder sin procurator torechte komet, dat gude vnde sine personen to entsettende, so late he darumme dingen, dat de klegher de breue, alse sententie vnde achtebreue, de he van deme ryke hebbe, vorbringe to wynne vnde to vorluste, dat men eme lichte vindet.

Dar na alse de vargebrocht sin, so vraghe de anklaghende [9]), eft he sik icht mit rechte weren moghe ieghen de breue, sik vnde sin gud to beschuttende? Se vint men ia. So vraghe he dan vmme en recht, wor men den Sassen to rechte anclaghen schole? So vindet men: vor synen richter vppe sasscher ard, id en sy dat sin richter deme klegher rechtes geweigherd hebbe, vnde de klegher dat bewise, also recht is, so moghe he ene anclaghen vor deme ryke edder des rykes bevolnen richter vppe sassescher ard. Also da gevunden is, so vraghe he na dem male, dat de rechte ieghen en ghegan sin vnde gehandelt buten sassescher ard, eft dat icht onmechtich schole sin. So vint men: ya. So vraghe vord, eft dan he und sin gud dann icht kummerloes schole sin. So vindet men: yaa.

———

7) Dies ist die dem Beschluss des Hansetages als Anlage beigegebene Deduction.

8) Die Abschrift hat: gebe.

9) Der Sinn verlangt: Der Angeklagte.

Vortmer: Eft uo de koning ladinge unde sententien vppe sassescher ard gegeuen hedde, vnde doch de kleghere nichten hedde
sine antsprake vorvolghed vor des geladenen eghenen richter: so
vraghe men, eft de klegher to des rykes breven icht bewisen
schole, alse recht ys, dat he ene beclaghet hebbe vor sinen eghe-
liken richter vnde eme rechtes gheweigerd sy? So vindet men:
iaa. So vraghe man vord an, efft he des nicht en wise, eft he
dann icht vellich sy? Se vind man: ya. Vnde eft dann de koning
tomale tornich werden [10]) wolde, so hebben in dat gemeine in den
steden dessen ordele de vorspraken gevunden, dar nicht grotes
an to bekomerende ys.

Primus articulus

Off en Sasse en ordel scheldet vor den koning jedoch so en
darff he to deme koninge nicht varen vmme dat recht, so lange
also de koning nicht en is bynnen sassescher ard. Dit hevet men
in deme Sassenspeighele in dem twelften articlen in deme anderen boke, dar steit also[11]): Scheld men ordel, dat (sal) men then
an den hoghesten richter, tolest vor den koning. Dar na steit:
Wan men den koningh vernymt bynnen sassescher ard, so scholen se to ene varen vnde dar na bynnen VI weken dat ordel wedder in bringen.

Wo efte danne en koning nimmer vppe sassescher ard queme,
scholde danne dat ordel vnde dat recht allent open bliuen? Secge:
dat en dorste; wente de ienne, deme de vordrote, de mochte then
an den koning, vnde laten dat schulden ordel beuelen bynnen
sassescher ard eneme (de) dat richte sete van des rykes weghene.
Gelikerwys alse men secht in dem rechte Codice [12]) Quando Impe-
rator inter pupillam vel viduam et miserabiles personas cognoscat,
in deme enen gesette, darynnen wedewen, vnmundighe kindere,
krankelude van oldes ghevryet sin, dat men der ute erer provincien nicht to rechte laden schal also ok de sassen gevryet sin.
Dar de lerer Cynus und Bartolus vraghen: We efte dann der
prouincie richter rechtes weigherd edder nicht richten kann, mach
men dann de personen vte de prouencien laden? dar secget se:
nen. Mer er priuilegium schal men den personen holden, vnde
bevelen de sake bynnen landes.

---

10) Handschrift: werdich.
11) Sachsp. II. 12. §. 4.
12) c. un. C. III. 14.

Item na screuen rechte so en schal (men) nemanden anderen laden laten vor dat ryke, so lange alse des schuldighen richter ouer ene nenes rechtes weighert.

Wo efte des schuldighen richter nicht richten wolde, mach dan de kleger den schuldigen vor dat ryke laden laten? Secge na gescreuen rechte noch nicht sunder de klegher schal an vallen den biscop, dar de richter under beseten is, dat de den richter essche, eme rechtes to helpende.

Wo off de richter de biscopes esschinge maninge edder dwanges nicht en achtet, mach dan de klegher den schuldigen laden laten ver dat ryke? Secge: Jaa, na gescreuen rechte, sunder na sassescher vrigheit, so ne mach men de Sassen buten sassescher ard nicht laden vor dat ryke, offe wol sin eghelike richter rechtes weigherde vnde oke des bisscopes dwang nicht en achtede. Wente de Sassen sint gevriet, dat men se buten sasseschen ard nicht laden mach, alse vargerord ys in dem ersten articlen, dar de glose by secht [13]). Merke, dat wy Sassen nicht doruen to houe komen, de hoff en kome vns uppe sassescher ard, vnde so sint de Sassen gevryet gelyk de wedewen, Sunder de wedewen mach man nicht laden buten erer provincien, alse Bartolus vnde Cinus secgen in deme vorbenomeden gesette, allegeret in deme anderen vargerorden gesette, articlen, off wol en richter rechtens weigherd vnde vnwengbelik ys.

Vortmer eft ein stad vppe sassesch ard belegen keyservrig is, de stad en schal men ok buten sassescher ard nicht laden, wente de stad er se [14]) keysererige [15]) ward, do hadde se de suluen vrigheide, de de anderen stede in sassescher ard beleghen hebben, vnde in deme dat se dar under dat ryke ghekomen is, so ne heuet de stad der vrigheit nicht vorcheghen, lege Quod fauente codice, de legibus [16]), dar gescreuen steit wat weme to ghunsten sobut, dat en schal men nicht to schaden keren.

Wo kan danne dem klegere recht wedder varen, alse men den Sassen buten sassescher ard vare dat ryke nicht laden mot vnde sin richter ok vnbedwingelik van sinen biscope ys? unde wo mach [17])

---

13) Gl. zu Schsp. II. 12.
14) Die Handschrift hat statt er se: ep.
15) keisorvrige?
16) c. 6. C. I. 14.
17) Die Handschrift hat: nach.

men ok recht der keyservrien stad off manen, mach men se var
dat ryke nicht laden buten sassescher ard na deme male, dat de
stad bynnen sassescher ard nenen heren heuet? Secge dar to,
alse in deme anderen articlen mit den wedewen, dat de klegher
mach an dat ryke theen unde laten sik enen richter gheuen to
syner zake bynnen sassescher ard vnde also recht irmanen, offt
de stad nicht bynnen hebbe enen richter van des rykes wegen.
Vnde in der wyse so wert deme sassen sine vrigheit behalden,
vnde deme klegere wert rechtes gehulpen.

Wo effte en den anderen laden lete vor dat ryke en vnver-
volghet vor synen properen richter also vorgerort is, schal de
ghenne des nicht vorbeteren? Secge: ia na keyserrechte, si schole
de sulven pyne liden de de richter scholde geleden hebben, efte
he eme rechtes geweighert hadde.

Wo schal de richter de rechtes weighert darumme ok van
deme ryke gestraffert werden? Secge: ia na keyserrechte; dat keyser recht van dessen vorbenomeden article, de vppe dat recht
theyn hestu in dem tytulo Ut differentes [18]) iudices, collatione
nona [19]), so ludende van worde to worde:

Ex quo nos deus romano preposuit imperio, omne habemus
studium vniuersa agere ad utilitatem subiectorum commisse nobis
a deo rei publice et illa facere que omnem difficultatem, lesionem
atque contentionem privent, ne occasione [20]) litium et aliorum
quorundam discedere cogantur a propria patria et in peregrinis,
affligi. Propterea igitur et in presenti prospeximus presens [21])
edictum ad omnes dirigere subiectos et palam facere omnium ci-
vitatum et vicorum habitatoribus, quatenus, si quis habuerit contentionem aduersus aliquem sive de pecuniaria causa sive de subla-
tione rerum mobilium vel immobilium seu se moventium sive de
criminalibus, prius interpellet clarissimum prouincie iudicem, ut
et ipse secundum nostras leges examinet ea [22]) que proponuntur
et unicuique iusticiam servet. Si vero aliquis adierit iudicem
prouincie et non meruerit iustitiam, tunc jubemus eum adire suum
sanctissimum archiepiscopum et ipsum mittere ad clarissimum pro-

---

18) Die Handschrift hat: dissentientes.
19) Novella 86 (Coll. IX. tit. 10).
20) In der Handschrift: accione.
21) Die Abschrift hat: potius.
22) In der Abschrift: exaretur.

vincie iudicem aut per se venire ad eum et preparare²³) eum, ut omnibus modis audiat interpellantem et liberet eum cum iusticia secundum nostras leges, ut non cogatur peregre de sua patria proficisci. Si vero etiam sanctissimo archiepiscopo compellente iudicem cum iusticia determinare interpellantium causas iudex differt discernere negotium et non seruat litigantibus iusticiam, iubemus sanctissimum civitatis illius archiepiscopum dare ad nos literas ei qui non meruit quod justum est, insinuantes, quia coactus ab eo iudex distulit audire interpellantem et judicare inter eum et qui ab eo conuentus est ut hoc cognoscentes nos supplicia inferamus iudici prouincie, quum interpellatus ab eo qui iniusticiam passus est et coactus a sanctissimo archiepiscopo non iudicauerit, que in dubitationem venerunt. Si quis vero estimans habere se aduersus aliquem quamlibet accionem neque provincie clarissimum iudicem interpellet neque sanctissimum civitatis episcopum adeat et ita veniat huc absque literis deo amabilis episcopi²⁴) civitatis sciat, quia et ipse tales sustinebit penas, qualis futurus esset sustinere iudex interpellatus ab eo si non studuisset ei servare iusticiam. Hec autem omnia sancire perspeximus propter vtilitatem eorum, qui habitant per civitates et vicos, ne priuati propriis provinciis et ipsi in peregrinis affligantur et res eorum ledantur.

Wo eft ener geladen worde vor dat ryke vnvorvolged alse vore gerored is, dochte ok de ladinge vnde de navolgende mandate? Secge': nen, wante de ladinge vnde de navolgende mandate sint wedder dat gemeyne recht unde wat de richter scrifftliken budet wedder dat gemeyne recht dat schal men holden alse vngescreuen, edder vngeboden, alse in dem keyserrechte²⁵). Vt nulli iudicum collatione noua in deme §. Si vero. Si vero et precepta cujuslibet iudicis sunt et priusquam insinuentur hec aut precipientem aut ad quem precepta facta sunt contigerit removeri de cingulo et sic qui factus fuerit index haec suscipiat et exigat, si legitime facta sunt. Si vero contra legem aut contra publicum facta sunt, hec pro non scriptis esse iuberemus.

+ Hic sequetur²⁶) post duo folia in signo tali ⌗ Item were dat ghemene recht, wil dat nemand etc:

---

23) In der Handschrift: perpetrare.

24) In der Handschrift: episcopus.

25) Nov. 134. c. 6 (Coll. IX. tit. 9).

26) Um nicht den Text zu ändern, behalten wir diese fehlerhafte Anordnung bei. Die hieher gehörende Stelle findet sich auf S. 185.

Wo effte en sulk vnredelik man dar kegen [27]) dat gemeyne
recht van dem rike ieniger stad rade gesand worde, darff de rad
dar tor stund vorvolgen? Secge: nen. Wante dat dicke schut,
dat vnredelike mandate wol van deme rike komen sunder des koninges witscop unde ok wol mit des koninges witscop mit swarer
anclage, so dat he der mandate nicht wol weggeren en kan vnde
de eme doch leue unvorvolged den voruolged blieuen vnde
ok vnder wylen eyn dink daling (?) dat vnredelik is under dar
ene achte na meyed (?). Dar vmme hebben de keysere sulven vere
gegeuen den vndersatten des rykes in dem rechte, eft sulke vnredelik mandate van dem ryke komen, wo se sik dar by hebben
scholen, vnde secht dat recht, dat de vndersatten mogen dat vnredelike mandat to sik nemen nicht dat se dat voruolgen, sundern
dat se dat wedder umme an den koning senden vnde vnderwysen
eme der vnredelicheyd des mandates und vorbeyden der anderen
bedinge. Dus leret de keyser in sinem rechte ut nulli iudicum
collatione nona [28]): Si vero ad lesionem est fisci nil super eo
omnino agi, nunciare vero nobis primum, ut secunda [29]) nostra de
hoc fiat jussio; et de mandatis principum, collatione III §. Si quis
autem [30]), cui tale quid jussum est, veniat, omnino non respicias
eum nisi sacram nostram pragmaticam ostendat formam pro hoc
scriptam tunc suscipiens quidem talem formam, non autem aliquid
agens ex ea, antequam [31]) ad nos nuncians secundam preceptionem
suscipias.

Wo eft eyn Koning eyn vnredelik mandat eyner stad sendet
vnde de stad dat vorvolget, mach de stad den koning villikest
straffen edder de ko. de stad dar umme dat de stad dat mandat
vorvolged hebbe? Secge, de koning moge de stad villikest dar
umme straffen, den de stad den koning. wante dat recht des rykes heft de lere [32]) gegeven dat men sulke mandate nicht vorvolgen schal, unde in deme dat de stad denne sulke mandate
vorvolged, so deyt de stad tegen des koninges willen vnde vn-
redeliken darto, vnde eft de stad den koning straffet de koning
mach antworden, wy sin vnbeddich mit velen zaken, dat wy des

27) Die Handschrift hat: dat tegen.
28) Nov. 134. c. 6.
29) In der Handschrift: secundum.
80) Nov. 18. c. 4 (Coll. III. tit. 4).
31) Die Handschrift hat irrig: nunquam.
82) Handschrift: vero.

allet nicht warden konen, dat alle ding redelken dor gan. Dar
vmme hebbe wy iu eyn lere geuen in dem rechte, wo gy iu to sulken
mandaten hebben scholen, vorsume gy dar an, de schuld is iuwe
vnde nicht vnse.

Dar vmme seged de glosse dés keyserrechtes vor alligeret
vppe dat wort nuntians, aldus dit recht is wedder de wemodigen
bloden prelaten unde stede de alse sere vruchten des paweses
edder keysers breue, dat se doch nicht scholden vruchten alse
dat recht hir leret vnde hir beneden ut nulli iudicum § et hoc
vero iubemus. vnde in deme dat se den mandaten horsam sin so
dot se dem pawese vnde dem vorsten des rykes vnrecht. Sunder
eft se den mandaten nicht en volgeden, so deneden se deme pawese edder dem vorsten.

Wo eft eyn Sasse vmme pennige schuld edder vmme erue
wurde vor dat ryke laden rechtlicken edder redelike, wante deme
clegere nich recht weddervaren konde vnde des tuchnisse van dem
bisscope brechte, so dat eme de keyser dan mit rechte ene ladinge geve vnde na der ladinge to rechten tyden dem clegere ordel vnde rechte geve, dat de schuldige dem cleger schulde eyne
summe penninge entrichten bynnen ener beuolén tyd edder dat
gut rumen, vnde de schuldigede unhorsam werde, mach de koning den vorwunnen dar vmme ok wol tor stund in de achte tor
stund don [33])? Secge: nen, na sasseschen vnde kyserrechte, wante
de rykes achte is des rykes vorvestinge, sunder umme penninge
schuld edder erve gud so en mach men nymande vorvesten; dar
vmme en mot men ok nicht achten. Wo schal men den den to rechte
bringen? Isset vmme penningeschuld, so schal men den vorwunne-
nen panden. Isset umme gud so schal men den cleger in dat gut
wysen, dat des rykes achtere vnde vorvestede lude des rykes en
sy. Det hestu in dem Sassenspegele in deme dorden boke in
deme sesteyende articule [34]), dar also steyd. Des rykes achteren vnde
voruesteden luden darff nyemand antworden in deme richte, dar
se inne vorvested sin. Unde dat men nymande voruesten schal
dan vmme clage de an dat liff geyd, dat hestu in deme ersten
boke in dem lxvij articule [35]) in deme textu vnd glosse dar so
steyd: Vmme anders nyne clage schal men den man vorvesten ane
vmme de de eme an dat lyff edder an de hand gan.

---

33) Handschrift: dor.
34) Sachsp. III. 16. §. 3.
35) Sachsp. I. 68. §. 1.

Wo wat vordels is eyner stad, dar ane, eft se vnhorsam is
vmme penningschuld deme ryke, vnde vppe de stad dar vmme vnde
vppe de inwonere pandinge erleved werdet van dem ryke, vnde
nicht de achte? Secge; mennigerleye vordel is dar ane, eyne, dat
eyn iewelik dan noch mit der stad menschop hebben sunder breke.
anderen, wan men panden erleuet, dat mot de cleger edder sin
procurator, vnde anders nymend mit rechte vorderen vnde de
pande voruteren in mynneringe siner schult, alze rechte ys. Ytem
de stad, dar so panden over georlovet ys van dem rike de mach
klagen in dem gerichte vnde menmot antworden. Item de sulue
stad mach richten, offt se richte hefft. Item na iare unde dage,
so vorluset se nicht len vnde eghen, da se vorlore off se in der
achte mit redelicheid were. Dus ys eyn grot vnderscheid twisschen
dem enen vnde deme anderen; vnde wante man in erweme (?)
rechte tegen den vnhorsamen sal anheven mit der lichtesten pene,
so sal men nymende vmme schult etc. voruesten edder in de achte
don.

Wo effte eyn man mit achtebreuen kome an ene stad vnde
vorderinge essche auer de borghere der stad, de in der achte
sin, vnde doch so nicht ghewaren ys mit der ladinge alse vorge-
nomet ys etc. Secge: men schole deme rechtes gunnen vnde de
borger mach esschen dat se er achtebreue vorbringe, citacien unde
sententien, vnde vindet man dat nicht gevaren ys also vorgeno-
met ys man mach den burger los delen, vnde off dan de clagere
dat recht schildet isset bynnen landes, de richter deleck (?) also,
isset vuer an den koning geschulden, vnde sik dat also geboret,
wan de koning denne vppe sassescher ard kumpt, weme des dan
lustet, de vorvolge de geschuldene sake.

Item off de clegere, dem sine breue vnmechttich gedelet sin,
dar to dem koninge the, eme clage, vnde de koning tornich werde
ouer den richtere, de richtere bede sik to rechte in siner land-
ard da vyndet men eme na sassescher vryheid, dat he recht gerichtet heft unde ok na keyserrechte. Edder me vorhelde (de)
vorvolginge der mandate vnde scrieue de mandate dem koninge de
vnredlicheid der mandate vnde vorbede de anderen boden.

Villichte wan he vornemed dat men ok de vnredelicheit er-
kennet, he leted sick genogen. Aldus mach ok en iewelk richter
don, off de citacie redelik geghan ys vnde an der gebrek is, so
dat de tyd twisschen der sentencien vnde achte to kort is edder
off de tyd lange noch ys dat id doch der partie nicht witlik ge-

dan ys dat se dem rechte genoch don scholde. Item offt ed der
partien witlik gedan sy, so en ys de tyd twisschen der witlicheid
vnde der achte to kort, so dat ed der partien were vnmogelik
bynnen der tyd vul to donde, vnde na sasseschem rechte ys de
tyd na der witlicheid verteynnacht, so dat men panden mach
nicht achten. Vnde na keyserrechte veer mande na der witlicheid, anders mochte, de ghewunnen hefft, siner sentencien verswigen,
wente up den lesten dach so en queme de dult des richters deme
klagenden nergen vore, dat doch dat recht nichten wil.

Item [36]) wente dat ghemeyne recht wil dat nemande vor
dem rike beklagen edder laden scal zo wan zin eghenlike rightere
dem cleghere nighte rechtes weygert, also du hevest in deme articule beghinnende si qui nos deus hir vore vnde wanne wat
schut yeghen dat dat rechte vorbudet, dit en is allene nicht vnnutte sunder dat scal wesen, alse unghedan edder vngheschen, also
du hevest to male clar in deme ghezette des keyzers: Non dubium
de legibus [37]), dar also steid:

Ea que lege fieri prohibentur, si fuerint facta, non solum
inutilia sed pro inscriptis [38]) etiam habeantur licet legislator fieri
prohibuit tantum, nec specialiter dixerit inutile esse debere, quod
factum est. Sed si quid fuerit subsecutum ab eo vel ob id quod
interdicente lege factum est, illud quoque cassum atque inutile
precipimus.

dat so vele bedudet, alse dat ghedan werdet yegen dat dat recht
verbudet, dat en is night allene vnnutte sunder men scal dat also
halden also ny gheschen. Wattan dat de recht settere allene
dat verboden hevet vnde dar night by gezecht heuet, off dar wedder schee, dat dat vnnutte vnde alse vngheschen scole wezen, vnde
isset dat darvon dat wedder recht schut, was na volget dat scal
ydel vnde vnnutte wezen. Worvmme volghet clariken, da de la-
dinghe de zo schut alse vorgherort is vnde vort alle ordele vnde
achte, de vppe de ladinge volgen, vnkrefftigh vnde vnnutte wetzen
scalen. Dar vmme ze mach men de zo delen in den righten

---

36) Dies ist der oben S. 181 ausgelassene Abschnitt.
87) c. 5. C. I. 14.
38) In dem Codex steht: infectis.

bynnen land, of de cleghere wene vmme der achte willen anvor-
dighet alse vorgerort is.

Vortmer wan de rikes hoff were alse he scolde so mochte
men ok anders don, sunder want des nicht en is, alse he scolde
etc. so mot me don, alse me mach.

Inhaltsverzeichniss.

Druck von M. Bruhn in Braunschweig.